文创产品设计创新研究

谢世贤　侯智慧◎著

时代文艺出版社

图书在版编目（CIP）数据

文创产品设计创新研究/谢世贤,侯智慧著. -- 长春：时代文艺出版社,2023.11
ISBN 978-7-5387-7427-6

Ⅰ.①文… Ⅱ.①谢… ②侯… Ⅲ.①文化产品－产品设计－研究 Ⅳ.①G114

中国国家版本馆CIP数据核字(2023)第232357号

文创产品设计创新研究
WENCHUANG CHANPIN SHEJI CHUANGXIN YANJIU

谢世贤　侯智慧　著

出 品 人：	吴　刚
责任编辑：	孟宇婷
装帧设计：	文　树
排版制作：	隋淑凤

出版发行：时代文艺出版社
地　　址：长春市福祉大路5788号　龙腾国际大厦A座15层　（130118）
电　　话：0431-81629751（总编办）　0431-81629758（发行部）
官方微博：weibo.com/tlapress
开　　本：710mm×1000mm　1/16
字　　数：232千字
印　　张：15.25
印　　刷：廊坊市广阳区九洲印刷厂
版　　次：2023年11月第1版
印　　次：2023年11月第1次印刷
定　　价：76.00元

图书如有印装错误　请寄回印厂调换

前　言

随着科学技术和经济的高速发展，人们意识到文化也是国家核心竞争力之一。只有文化资源转化成现实的竞争力，才能更好地推动社会、经济、文化发展。新时期文化创意产品设计成为社会的热点，现阶段学术界已从不同的角度对文化创意产品设计进行了研究。

从文化创意产品内涵上讲，我们必须明确其在产品整体中每一个层次的内容；而从文化创意产品外延上讲，其分类应当紧密结合地域文化背景及其经济发展的实际情况，并在此基础上选择最合理的发展模式和发展目标。本节通过探析文化创意产品的内涵和外延，介绍了文化创意产品的主要分类，即核心类、外围类和延伸类；同时通过对他国文化创意产品的认识，为我国文化创意产业的健康发展提供了理论基础和实践依据。

文化创意产品设计需增强品牌的发展意识，加强可持续性。高度发达的科技和快速传播的信息使产品的技术及管理模式容易被模仿，因而创意产品设计文化资源开发的研究中，应加入品牌以及文化创意产品市场的理论研究。以文化为核心资源，树立消费认知，构建文化专属品牌产品即文化衍生产品，形成文化品牌，可提升文化创意产品的影响力和生命力。

增强可持续化发展平台的建设研究，文化创意产品设计不再只是简单的外形上的创意设计，它涉及产品质量管理、审美设计、品牌塑造、服务、创新人才、创新环境以及产业链等深层次的问题，包含了对各种设计、文化资源的分配与管理，以及对产品经营、营销策划等相关战略的整体规划与部署。将教育、研究、开发、生产、销售、消费等领域有机结合，理顺整个文化产品设计开发渠道，使文化创意产品设计得到可持续化发展的机会与平台。

目　录

第一章　现代文创产品相关概念

第一节　文创产品基本概念 ……………………………………… 001

第二节　文创产品基本特征 ……………………………………… 003

第三节　文创产品设计方法 ……………………………………… 011

第二章　现代文化创意产品设计理论基础

第一节　创意产品设计文化基础 ………………………………… 014

第二节　现代文化创意产品设计理论基础 ……………………… 032

第三章　文化创意产品市场价值的实现

第一节　文化创意产品的价值分析 ……………………………… 046

第二节　文化创意产品市场价值的影响因素 …………………… 053

第三节　文化创意产品市场价值评估 …………………………… 073

第四章　现代文化创意产品设计思维解构

第一节　创新思维概述 …………………………………………… 094

第二节　文化创意产品设计思维能力 …………………………… 109

第三节　文化创意产品设计的创新思维 ………………………… 118

第五章　现代文化创意产品设计解构

第一节　文化创意产品设计的架构 …… 134
第二节　文化创意产品形态设计 …… 145
第三节　文化创意产品色彩设计 …… 163

第六章　文化创意产品的开发设计

第一节　传统文化元素与文化创意产品设计 …… 178
第二节　多感官体验与文化创意产品设计 …… 182
第三节　色彩文化与文化创意产品设计 …… 186
第四节　仿生设计与文化创意产品设计 …… 191
第五节　文化新经济与文化创意产品设计 …… 194
第六节　非遗文化与文化创意产品的设计 …… 197

第七章　现代文创产品营销研究

第一节　文创产品市场营销策略 …… 200
第二节　校园文创产品开发设计与营销 …… 202
第三节　博物馆文创产品的营销 …… 204
第四节　宫廷刺绣文创产品营销 …… 208
第五节　文创产品网络营销中的知识产权 …… 212

第八章　现代文化创意产品设计的应用研究

第一节　文化创意产品的交互设计与应用 …… 216
第二节　3D打印在文化创意产品设计中的应用 …… 219
第三节　传统元素在文化创意产品设计中的应用 …… 221
第四节　蓝印花布在现代文化创意产品中的应用 …… 226
第五节　茶文化创意产品设计在数字平台上应用 …… 231

参考文献 …… 235

第一章 现代文创产品相关概念

第一节 文创产品基本概念

文创产品的概念是随着时代的发展而变化的，真正的文创产品需要着眼于生活方式，注入创作者的真实情感，才能感动消费者，才能体现其真正的文化意义，否则，就仅是普通的工艺品。想要弄懂这一点，就要从文创产品概念的产生和发展说起。

一、初级阶段：印有地方景观或元素的纪念品

文创产品的概念起源于工艺品，或者说它就是从工艺品发展而来的，一开始的文创产品只有"创"，没有"文"，"创"就是创造出来的工艺品或者产品，"文"就是带有文化意义这一层面的认知。以前，人们旅游外出时总会买一些纪念品，如景区的纪念币、手链和挂饰等。旅游业的兴起造就了景区的开发及经济的发展，景区也就出现了贩卖纪念币、纪念首饰、纪念模型等现象，并且这些纪念品上往往有当地标志性的建筑或景观，这说明其实在一开始，这种纪念品就已经有了文创产品的雏形，但是没什么实用性。比如到某个寺庙祭拜，带回来的纪念挂饰可能象征着平安和健康等，

但这只是将一种主观意愿加在这个纪念品上，其本身并没有真正的文化意义，也没有文化符号。这就是文创产品的雏形，也是文创产品的起源和初级发展阶段。

二、中级阶段：带有"贴牌"的实用产品

这个阶段的文创产品已经脱壳蜕变了，不单单是简单的纪念品，还有了品牌和产品商标的概念。人们对文创产品概念的理解并不是一步到位的，一开始，博物馆做文创往往是直接复制或者是简单贴牌，比如，从1996年就开始做文创的上海博物馆，当时售卖的文创产品就是博物馆中文物的复制品或者是按比例缩小后的挂件。但是随着历史的发展，上海博物馆又推出了全新的文创产品，以青铜器为原型和参考的青铜父乙觥珠宝盒，仿古质地的材料做工精致，表面点缀着花纹和图案，集观赏、纪念、实用为一体，既具有观赏纪念意义，又具有实用性。后来，上海博物馆又将文物中的色彩和花纹配饰融入文创产品的设计中，进一步发展了文创产品。文创产品发展到近几年，品种和类别已经不局限于其本身了。比如，故宫博物院联名的口红和面膜已经不再局限于做博物馆本身的文创产品，这些文创产品不仅配色新颖，还保留了故宫原本的韵味，口红外壳的花纹和图案也非常有特色，既时尚又不失故宫特色。文创产品的发展体现出的是一条与时代紧扣、不断探索的道路，并且开始考虑消费者的体验，增强甚至拓展消费者的体验。与热门知名品牌联名，推出具有"网红效应"的文创产品，是网络时代发展到一定阶段的成果。文创产品发展到这个阶段，已经不再是单纯的产品概念了，也不是仅仅含有单纯的文化了，重要的不是形式感，而是真正有内涵、有故事、有文化、有理念、有创新和有表达内容的产品，这些才能称为文创产品。

三、文化创意阶段：拥有多维度或更深层次的文化价值表达

为什么这个阶段是文化创意阶段而不是高级阶段，是因为文创产品的核心是用设计来驱动消费升级，更关心消费者的体验，更注重设计师的设计情感，这个发展是具有无限潜力的。由于设计的思维是不可能有上限的，只能随着人类社会的发展而不断发展，所以文创产品的"高级阶段"相当于是给思维的发展画上了界限，所以这个阶段更应该是文化创意阶段，产品的使用价值是其一，但更重要的是文化和理念的传播。

比如，泰国"NEWARRIVALS象"的文创策划，从受伤的小象能找到了故事和公益价值，结合泰国本地特色的符号和象征，来给受伤的小象腿部安装不同的假肢，引发了更深层的文化意义思考。各种色彩和花纹的小象不仅是具有色彩完美融合的外表，更表现了设计者想要传达的一种保护生态、保护珍稀野生动物的环保理念，文创产品在这个时候就是文化传播的一种媒介了。

文创产品的概念及意义是随时代的发展而变化的，我们应该思考如何利用文创产品来推动社会和国家的进步，而不能仅仅停留在消费品的观念上，因此，文化创意是最有价值的文创产品的概念不是一成不变的，而是随着社会的发展和设计者思维的进步而不断发展的，具有无限潜力，我们应该紧跟时代，着眼于生活方式，注入真实情感，这样，文创产品才会不断推陈出新。

第二节　文创产品基本特征

一、地域性

（一）地域文化概述

地域文化广义上是指某一区域的地理状况、文化特点及人们的意识形

态，狭义上是指某一区域在历史发展中经过长期的积淀，在民俗节日、建筑表现、艺术水平（包含体育、音乐、服饰等）、生活方式等多个层面都形成一种独特的文化特征并至今仍然作为当地的文明继续发挥着作用。这种文化特征结合当地的地理环境与思想观念融合成特殊的文化体系，与其他地域的文化体系具有差异性。地域文化是这一区域人类全部物质与精神活动的总和，是地域发展的核心。

为了满足人类物质层面的需求，产品出现了，而在越来越重视精神层面的今天，产品已不仅仅是物质需求的载体，还成为传播精神文化内涵的载体，通过历史文化、传统工艺、艺术作品等，图案材质、民族传说、风土人情、工具功能等均可作为设计元素，加以创新，同时具有商业性质，即文化创意产品，并作为产品的一大分支。

（二）地域文化对文创产品的影响

1. 文创产品的定位

开发文创产品的第一考虑因素是市场定位。通过市场调研，了解文创产品的消费者群体、发展现状及其未来发展趋势。文创产品的消费者群体分为本地消费者与外地消费者。本地消费者与区域文化容易产生共鸣，主要作为自用和伴手礼赠予他人。因此文创产品定位所需考虑的问题是：如何在外观、功能和精神内涵上打动本地消费者，吸引顾客二次购买；如何通过某种表现形式传播文化在门店及线上途径吸引外地消费者。

由于生产力水平的提高，经济政策随之开放，目前，开发地域民族特色的文化创意产业时期还处在初级阶段，行业前景具有蓬勃的生命力，但各地区市面上销售的文创产品的趋同现象越来越严重，要在众多文创品牌中崭露头角，与地域文化相结合是最恰当的选择，一些文创品牌正在朝这个方向探索，但大多数都是循规蹈矩，将地域文化中的图案、形状等直接复制在产品上。

文创产品的定位，首先是外观与功能上，需美观实用，将地域文化元素进行提炼处理创新，其次是情感体验，将地域文化表达的情感与消费者情感，形成连接与互动。突出地域文化，降低品牌的商业性质，以文化贴近消费者生活。

2. 文创产品的设计

文创产品的设计是开发文创产品的一个重要环节，除了功能需齐全，还需有美感。在种类上，大致分为原生态产品（如玉石、标本等），手工艺产品（刺绣、根雕、瓷上绘画等），艺术衍生品（艺术作品再利用）。在用途上，分为办公用品、生活用品、以及线上自媒体（如表情包、壁纸等）。图形纹样可通过建筑、民俗节日、地域特殊工具，民族服饰/配饰，当地的民族传说、风土人情、生活习惯，将抽象的文化提取和绘制成具象的图案或形象。呈现方式多种多样，可采用手绘插画、雕刻等多种艺术化手法或传统工艺，给文创产品赋予传承地域文化的使命。地域文化在文创产品中的运用可以遵循如下步骤：对当地特色文化素材进行收集、整理和提炼，应用形式美法则将提取素材转换为设计符号，把设计符号再处理为文创产品能够表现地域特色的方式，可以直接将特色符号附着在产品上，也可以间接表现。

文创产品还可开发"爆款"，如故宫文创产品中的彩妆等，既能激发年轻消费者的购买欲，潜移默化使他们了解历史，也顺应了时代发展的潮流，将现代气息浓厚的产品与传统文化建立联系，带来文化效应与经济效应。

3. 文创产品的意义

文创产品有其经济意义和社会意义。文创品牌的发展有助于传播地域文化，打造地域形象，促进地域经济发展。

（1）传播地域文化。文创品牌的建立必然需要地域文化资源的支撑，文化本是一个抽象的词，通过具体产品直观地呈现出来。地域特色显著，造型精美，用途广泛的文创产品被各地的消费者购买，地域文化也随之传播，作为日常用品或装饰品渗透在人们的生活中。

（2）打造地域形象。文创产品大多被陈列在地区景点等地方，千篇一律的产品自然提不起消费者兴趣。购买行为一旦完成，无论是自用或是赠予亲朋好友，都是对地域文化的一种传播与肯定，为树立良好的地域文化形象打下坚实基础。

（3）促进经济发展。地域文化挖掘得越是深入，文创品牌识别度越高，知名度也就越高，需要参与文创产品开发的人才越多，创造并扩大了就业机会。好的文创产品还会给当地文物单位带来可观的经济收入。在素质化社会，追求精神食粮的人增多，文化元素显得格外重要，文创产品兼具功能性与艺术性能够促进消费。

将地域文化与文创产品相结合，为文创产品带来了新的文化内涵。地域文化在文创产品中的重要性在于地域文化的特殊性，地域文化从历史到未来一直存在着并具有巨大价值，而文化创意产业承载着传统文化才有意义。通过深度挖掘地域文化资源，合理开发出别出心裁的文创产品，使更多的人想要了解各地域差异性，了解中华传统文化。

二、民族性

民族性是文化的重要组成部分，民族性能够激起民众的共鸣，所以将民族性应用到文创产品中，以突出的民族性优势带动文创产品的进步，为文创产品特色化发展提供帮助，并且实现对民族性的传承。

（一）民族性在文创产品设计中的特色、现实表现

文化创新发展基础上，文创产品设计开始从其中渗透民族性，民族性凝聚民族精神，并且本身是民族化的象征，所以具有更深层次的思想境界。作为文化发展的精髓，多样的民族性能够丰富文创产品内涵，并且整合物质、精神以及地域文化模式，构成完整的文创产品框架。因为民族性对民族发展与经济进步等进行了融会贯穿，所以其中蕴含深厚的文化创意价值。文创产品设计中应用民族性，必须正确认识民族性中的精神。以民族性作为产品设计主体，激起人们对文化的共鸣，这样符合设计理念的同时，还能够体现出文创产品的独立性。民族性的传播性也是主要文创设计需求，

传播性能够传承民族性，并且对民众具有很强带动性，这也是文创产品中民族性的主要特色。

民族性在文创产品设计中的现实表现，主要是因为民族性具备传承与创新精神，能够为文创产品的创意设计增添光彩。尤其是文创产品的设计融入民族性，无形中促进民族团结，为民族发展提供更多推动力。对于经济发展较为落后的民族地区，通过文创产品的设计，带动经济发展，帮助其缩小地区差异。经济文化不断交融的过程中，民族性正在遭受各种冲击，尤其是全球化发展中，各国文化交汇，为民族性传播与发展带来阻碍。这种情况下，文创产品中融入民族性，能够更多的将民族性展示在民众面前，更直接的接触民族性。当然民族性在文创产品现实表现方面存在一些不足，这些都必须在探索与实践中得到改善。

（二）文创产品中民族性功能

首先，文创产品中应用民族性元素，帮助文创产品突出设计的个性化，并且满足创新设计的精神需求，在文创产品与民族发展之间架起维系桥梁。作为特殊的设计产品，文创产品区别于工业化生产设计模式，其中蕴含着精神文化，并且民族性的设计融合，激起消费者的民族情感，更多地了解地域文化特色。

其次，民族性属于大众文化的组成元素，民族性中具有明确的大众情怀，所以将民族性以文创设计的方式展现，传承民族性的同时也能够增强民族性自信心。民族性文创产品设计过程传递着精神文化力量，普及民族性基础上增加民众文化内涵，并且为文创产品的设计创造更多经济价值。

（三）文创产品设计中民族性设计发展方向

第一，对民族性在文创产品设计中的应用，必须深入挖掘民族性元素，同时还要精准地掌握其中展现的民族性特色。我国民族性多样，其中包含民族发展历史以及各种风俗习惯等。对民族性挖掘期间，必须注重其灵魂的表达，凝聚民族性核心竞争力，引起民众的精神共鸣，进而创造更多经济效益。

第二，民族性在文创产品中的应用必须创新传统表现形式，尊重文化创新要求，创新是带动文创产品设计的关键所在。文创产品设计期间，勇于尝试更多全新的表现形式，时刻保持与时代发展相符，满足大众对文创产品消费需求的同时，还要打造独特的文化构思模式，重视设计视角，将民族性中比较抽象的价值资源以形象的方式展示出来，升级文创产品的内涵。

第三，重视文创产品的品牌设计。民族性在文创产品中的设计必须尊重民族精神，并且将民族性特色凸现出来，为文创产品打造更加明确的发展道路，这样才能提升对消费者的吸引力，并且也能够提升消费者对于文创产品的忠诚度，真正做到经济、社会、文化的共赢。

（四）文创产品设计中民族性的体现

文创产品创意设计中应用民族性，不仅可以加大传承民族性的力度，还能够促进民族性发展区域的进步。我国是多民族国家，地域辽阔，经济发展具有不稳定性，所以一些不发达地区的民族性传承不够理想。将民族性融入文创产品设计中，既很好地宣传了特色民族性，也为地区经济发展带来更多推动力。正因为如此，文创产品设计中民族性体现发展需要朝着这方面创新，进而达到发展与传承的目标。同时还需要为民族性增添合力，因为民族性产品在设计中，必须结合其他民族性，所以需要实现多方协调、统一筹划。

综上所述，创新文创产品创意中民族性的应用方式，真正认识到民族性传承与创新的重要性，凝聚更多民族性发展力量，推动文创产品发展的同时传承民族性。

三、文化性

（一）传统文化元素在文创设计中的应用

1.传统图案纹样应用

传统图案纹样是由历代沿传下来在不断地发展演变中形成的具有独特民族艺术风格的图案，在古代文化艺术宝库中有很重要的地位和研究价值。图案纹样从开始到现在可分为，原始社会的图案、古典图案、民间和民俗图案、少数民族图案等，它们在艺术上极具特色，且富有寓意，讲究装饰的美感，图案也丰富多样，其中包含人物、走兽、花鸟、日月星辰、风雨雷电、文字等，以神话传说、民间谚语、历史故事为创作题材，传统图案也是文创设计中应用最广的元素，中国的传统图案纹样来源很广，经过先人们的艺术提炼和演变而成，有着魅力十足的美学价值，例如我们经常见到的祥云纹、水纹、锦鲤纹、龙纹、瘦子、寿字纹、回纹等等寄托着当时的人们对美的一种探索。我国是一个多民族的国家，通过多种手法，对图案进一步做细致的研究，使其融合现代设计理念，使文创产品的外在形式与内涵达到共生的效果，又能够提升中国传统文化在当代社会的影响，独特的艺术特点和文化内涵，为世人所喜爱。传统图案是文创创意品中应用范围最广、最多的传统文化素，设计师在进行产品创意设计时会将传统图案古为今用，与创意方案相结合，运用设计方法使产品更好地走进当代人们的生活，并传承优秀的传统文化。

2. 文字符号应用

文字符号设计常用解构、重构等设计手法，出现在产品外在形式或是局部特征，或代表一种独特的文明，其文字有着独特的美丽。文字本身的意义是博大的，其文化底蕴是深厚的，将文字艺术与现代设计相结合，经过现代的设计将字体形态美学更好地在文创产品中体现，能更好地让人去主动了解中国的文化，将产品背后呈现的艺术格调、人文情怀和灿烂的文化传递给社会。文字在我国有着数千年的文化积淀，文字表现形式的多样性和自身的特征可以创造出更多优秀的文创创意产品。中国的象形文字就经常出现在文创产品设计中，它来源于图画文字，强有力的特征其使成为设计师经常使用的文字符号，通过设文字为灵感基础，创造出与相辅相成的产品，既赋予产品文化内涵，又具有潜在的传播性，随着文创市场的火热，文创产品可以作为文字传承和实际应用的载体，让文字符号以另一种形式表现在产品中，在设计与创造中，使优秀的文化在继承中进一步得到更好的发展，目前市场上基于汉字设计的文创产品有很多，以文具为主。

多样性设计的文具也让越来越多的人爱上学习,爱上写字,爱上设计,更提升了文字符号的艺术文化价值。

3. 现存的文化艺术瑰宝应用

书法、国画、雕塑、版画、古董、剪纸艺术、陶瓷、篆刻等等不同艺术类别都我国的文化艺术瑰宝,其中包含了非物质文化遗产以及物质文化遗产两个类别,蕴含着中华民族特有的精神价值、思维方式、想象力,和优秀的创造力等。当今我们在探究于其"美"的价值,传承历史留给人类的宝贵财富时,以文创产品为载体的体现文化遗产精髓的物品便应运而生。

历史文物的造型、色彩、装饰、制造工艺等,其中往往蕴藏着独特的艺术文化价值,设计师从中提取相关元素或艺术符号进行创意设计,对历史文物的模仿和引用加工是文创产品产生的主要形式,具体包括造型模仿、纹样运用、色彩提取以及特性引用等四种方式,形成具有"中国味"的文创产品。

如近两年火爆网络的故宫文创,将千百年的文化底蕴做适当提取,设计出融合中国特色元素的文创产品,受到消费者一致好评,故宫文创的口红,色彩取自故宫院藏文物,外观的设计灵感来源于清宫后妃服饰与绣品。蕴含吉祥寓意的紫禁太平有象书签,取自故宫博物院藏清代錾胎珐琅太平有象的形象,寓意天下太平、五谷丰登、江山永固,设计师将题材加以创作,赋予新的生命力与产品结合。文创产品的创作仅通过与文物的借鉴是远远不行的,产品要让人感受到它所带有的传统的美学意义,和优秀的传统文化经久不衰,在当今社会依旧璀璨,为人们所喜爱。

(二) 文创与传统文化元素结合的意义

文化是人们生活中所形成的精神产物,设计是为了更好地服务于人类,造福人类,产品则是实现他们想法的产物,文化的价值是文创产品的核心因素,是促使它发展的主要推动力。当今我国国家实力、国际地位都有了显著性的提高,世界人民对我国的传统文化产生了极大的兴趣,这时就需要设计师在传统文化中挖掘创作灵感,并与现代设计手法结合,来创造文创产品。文创产业的发展需要以传统文化为根本，这样我们才能立足自己的本土文化，对外才能更好地传播中国文化。传统文化是积淀了无数先人的智慧创造出来的文化瑰宝，具有跨越时代的价值，应在当代生活中更好地去发扬与继承，好的文创产品不仅仅能引发人们对我国传统文化的探索与研究，还能体现出当代人们的精神面貌，树立我们的民族文化自信心。所以我国的文创产业应与传统文化元素结合，才能更好地推动文化产业的繁荣发展，更好地向世界展现我们优秀的民族文化。

我国的文创产业发展前景可期，有着巨大的市场发展潜力，在世界上有着独特的文化优势。不久的将来，我国的文化事业会更加繁荣地发展，中国优秀的传统文化元素在设计中会得到更好的应用。增强我国的文化自信心与文化软实力，国家的文化产业将是一片欣欣向荣，在国际的大舞台上散发出更加璀璨的光芒。

第三节　文创产品设计方法

近年来，随着我国文化产业的发展，基于文化兴起的文创产业同样得到了快速发展，在进行文化产品开发设计的过程中，要遵循基本的文创产品开发理念，构建现代文化产业发展体系，提升产品设计的科学性、合理性，满足当前社会公众对文创产品的需求。在现代文创产业发展体系中，博物馆异军突起，依托深厚的文化底蕴，所设计的文创产品更具时代特征，探寻科学的文创产业设计路径，特别是借鉴博物馆文创的发展经验，对提升文创产业发展具有重要意义。

一、文创产业发展概述

文化创意产业是一种新型的产业，最早出现于欧美发达国家。我国的文化创意产业发展起步较晚，但是我国具有悠久的历史文化，具有丰富的文化底蕴和开发价值。文创产业是我国自然文化和人文文化的集大成者，也是文化教育和传播的最佳首选，所以文创产业具有非常大的开发价值和潜力。

二、文创产品的设计与开发优化路径

（一）提升文创产品的文化底蕴

毋庸置疑，文创产品依托文化本身，是对文化的传承与发展，其通过具有个性化、艺术性的设计，让文化依托于文创产品之上，进而提升文创产品的传播效果。在文创产品开发实践中，由于理念和认知的问题，设计者过于注重文创产品开发的新奇效果，对于文创产品本身所蕴含的文化特性没有给予充分的重视。在实践中，要探索科学的文创产品开发模式，不断优化设计，学习先进的文化理念。作为设计者，要对文创产品背后的文化背景有一个更加深入的理解和认知，提升自身的文化感知与理解能力，在进行文创产品设计过程中，将相关的认知理念融入文创产品中，提升文创产品的文化底蕴，满足现代文化产业发展趋势。

（二）文创产品设计要体现一定的时尚性

随着现代互联网时代的来临，社会公众的审美水平和审美情趣不断提升，对于文化产品的要求也越来越高，在进行文创产品设计的过程中，作为设计人员，要坚持一定的时尚理念与时尚原则，在文创产品设计中，充分考虑社会公众的审美发展需求，提升文创产品的时尚特性。在传统的文创产品开发与设计的过程中，一些设计人员固守传统的设计理念与模式，所设计出的产品样式老旧，不能适应当前社会发展的需求，因此也就无法迎合当前市场的发展需求。作为文创产品设计师要认识到这种发展趋势，不断优化文创产品设计效果，提升文创产业综合发展层级。

（三）注重文创产品设计的实用性

在进行文创产品设计的过程中，设计师要充分考虑到文创产品的实用性。在现代文化产业发展过程中，文创产品已经不仅仅是一种纪念性、观赏性的产品，而是具有了更多的文化属性，只有将文化与生活实际有机结合起来，文创产品才能有更为蓬勃的生命力，才能保障文化设计产业的长远发展。在进行设计的过程中，要充分考虑到设计的实用性需求，其中的观赏性同样也属于一种实用性需求，如家居挂画等，都是兼具观赏性和实用性的文创产品。而生活中很多常用的摆件和工具也都是创意文创的良好载体，融合观赏性和实用性为一体，对文化产业创意设计具有启示作用。在现代文创发展体系中，有很多典型案例，如最近流行的"故宫文创"就是产品优化设计的典型，有着很强的借鉴意义。

（四）充分利用信息技术优化文创设计

在文创产品设计实践中，信息技术可以极大地提升管理效率，通过现代文创信息资源的整合与高效利用，可以进一步提升文创设计工作效率，满足文创产业发展需求，提升文创产品设计的综合效能。在文化产品开发实践中，文创产品设计在信息化体系建设方面仍然存在一定的问题，表现为信息化利用效率不高，缺乏信息技术的利用和保障等问题。在实践中，作为文创设计师和相关市场开发工作人员要认识到现代文创工作发展的方向，融入现代信息技术，提升综合设计效能。在传统文创产品设计实践中，由于没有将文创产品设计工作与现代信息技术体系建设有机融合起来，很多设计人员仍然固守传统的模式和路径，无助于文创产品综合设计效能的提升。作为文创产品设计者，要打通文创产品设计工作各环节之间的屏障，构建现代信息技术设计体系，提升设计效率。在文创发展与设计实践中，在推广并构建信息技术体系过程中会遇到诸多问题，需要不断开拓思维、积极创新，让信息技术真正引领传统文创产品设计工作发展。

综上所述，在文化产业快速发展的大背景下，作为文化创意产业工作人员，要认识到现代文创产业发展趋势，结合社会公众的审美需求，不断创新文创设计、文化文创产品设计路径，探索科学的设计模式，提升文创产品的文化性、艺术性、时尚性和实用性，满足当前文创产业的发展趋势。

第二章 现代文化创意产品设计理论基础

第一节 创意产品设计文化基础

　　文化是人类生活发展和生产实践中所创造的一切器物、语言、行为、组织、观念、信仰、知识、艺术等方面的总和。英国人类学家泰勒指出:"文化或文明,就其广泛的民族学意义来说,乃是包括知识、信仰、艺术、道德、法律、习俗或任何人作为一名社会成员而获得的能力和习惯在内的复杂整体。"苏联学者卡冈则从马克思主义哲学原理出发,认为:"文化是人类活动的各种方式和产品的总和,包括物质生产、精神生产和艺术生产的范围,即包括社会的人的能动性形式的全部丰富性。"

　　在人类的进化中,学会劳动、学会利用自然的现有条件,有意识地为自身生存改造自然,就是"文化"积累的过程。这个过程中,人类经历了有意识地选择、随机的创造、有意识地改造三个阶段。人类在自然界中选择适合自己需要的物体,是人类造物意识的萌芽,而这种无意识的"发现"与"选择"逐渐培养了人类的审美选择意识,为设计意义上的造物活动奠定了基础。人类从"选物"起,就使活动有了目的性,也就开始了人类创造"文化"的历程。

　　在人类的社会生活中,从衣食住行到人际交往,从风土习俗到社会体制,从科技到文艺,都是文化现象。"文化"一词在西方源于拉丁文

"Culture"，原意是对土地的耕、植，后来又引申为对人身体与精神的培育。这就把文化与改造自然和人自身的培育联系起来了。中国"文化"一词最古老的含义是"文治教化"，《易经》中有"观乎天文以察时变，观乎人文，以化成天下"。"人文、化成"便是"文化"一词的由来。文化是人的创造物，体现了人的本质力量。任何文化活动都是人的活动，从而也是围绕人的活动，所以人不仅是文化的主体，也是文化的目的。文化的发展，总是以满足人的需要和促进人的全面发展为目标。

人类通过社会实践活动，创造了文化。文化是人类物质财富和精神财富的总和，是人类世界与自然界相区别的本质因素。自然界的一切物质只有经过人的加工、改造和创造，才能成为人的社会对象，才构成文化现象。从现象的角度来说，文化存在的形式和状态，既可能是物质的，也可能是精神的，其本质的特征在于人类创造物的新的内容和独特的形式，只有当人的活动和产物具有新的特质时才构成文化。

设计活动是一种综合性创造过程，它是以创造和实现物的新的内容、独特的形式为目标，以协调人的生产和生活为目的的文化活动，把社会的、经济的和文化的进步有机地结合起来，凝结在物质形态的产品之中。创意产品设计作为技术与艺术的结合，它要以科技即智能文化为基础，以一定价值观的观念文化为导向，以艺术作为形式创造的手段，为人们的生活方式提供物质依托。因此，从文化的概念入手，才能掌握创意产品设计的文化内涵，从而使设计的产品具有足够的文化品位和审美内涵。根据文化的特点，文化通常划分为四种形态：

物质文化。它是人类改造和利用自然对象的过程中取得的文化成果，集中反映出人与自然的关系，包括衣食住行等基本物质生活资料、为取得物质生活资料所需的生产资料、人的物质生产能力以及作为这种能力基础的科学、技术等。

智能文化。它是人类在认识自然、改造自然和造物活动中所积累的科技生产经验，以及以技术为主体的智力形态和精神形态的知识。

行为文化。它反映在人与人之间的各种社会关系以及人的生活方式上，是调整和控制社会环境所取得的成果，表现为社会的组织、制度、法律、习俗、道德和语言规范。

观念文化，即精神层面的文化。它是在器物文化和行为文化基础上形成的，表现在人的意识形态中的价值观念、理论观念、审美观念、文学艺术、宗教道德等方面的精神成果。

在上述四种文化形态中，物质文化、智能文化与自然史的发展相联系；而行为文化和观念与人类史的发展相联系。设计以创造物质文明为表现形式，融合了智能文化、行为文化和观念文化的共同作用的内容，而构成了设计文化自身的特征。

由于生活的地域和环境条件的不同，不同民族形成不同特色的文化。我国历史悠久、幅员辽阔，产生了不同地域和时期的文化，如齐鲁文化、巴蜀文化、楚文化、吴越文化、两广文化等。同时，不同的国家具有不同特征的文化，如中国文化、希腊文化、埃及文化和印度文化等。文化上的差异和独特性，反映了人类文化的丰富性和多样性。

各种文化的构成方式称为文化模式。文化模式的历史个性，是人们长期适应一种文化模式而表现出来的心理、性格和行为特征，由此也形成特定的生活风格。民族风格和民族特色，包括艺术的、物质产品的风格特色，是民族文化模式的一种表现。

一、设计文化

设计的发展一直伴随着人类文明和文化的进步，是文化的载体，而且随着社会的发展，也不仅仅停留在技术的层面，它的内涵也从物质生产领域上升到充满文化的创造领域，成为整个社会文化重要的组成部分。随着社会文明的不断提高，设计的文化内涵问题日益突出，设计必须融入文化因素才能得到持续的发展和进步。

设计作为人造物的活动，具有独特的文化品质。它是把人们对文化和审美的需求转化为形态的过程。设计有其相对独立的文化形态，蕴涵着深厚的思想观念、生活方式、行为方式，展现着人类优秀的文化气息和艺术魅力。

人通过文化的媒介取得生存和创造的自由，最终成为文化的人。设计作为人类生存与发展过程中的创造性活动，本质上也是人类的一种文化活动。研究设计的文化性质、文化特征、文化构成与文化要素等，将揭示出人类设计活动的真正原动力。

设计的发展与哲学、文化有着密切的联系，它是哲学、文化向设计学科逐渐渗透的结果。要研究设计的本质、目的以及原则必须从哲学与文化等领域寻求最基本的答案。由于创意产品设计涉及领域广泛，与自然科学、社会科学及人文科学有着广泛的交叉，如果我们能从文化视点的高度观察及分析创意产品设计，将有利于我们建立起系统设计的思想，全面地认识、理解创意产品设计的本质。

（一）设计文化的内涵

设计是人类带有目的性的物质活动，设计的目的首先是解决最基础的物质需求，满足人类"衣""食""住""行""用"等的需要。设计是人类用艺术方式创造物的文化，是以创造和推动物质文化发展为最基本的表现形式。设计存在于广泛的物质创造过程之中，并因为设计的物品所综合体现的时代和社会特征，呈现出不同的风格和文化负载因素，构成了物质文化的特征。

设计也是人的精神性活动。在解决物质需求的基础上，设计活动倾注了人的情感与精神。在科学技术高度发达的今天，产品越来越丰富，人们对基本物质的需求已经得到满足，人们的生活方式及其需求开始发生不断地改变，提出"物"的精神功能的新要求，人们需要在产品中寄托个人和传统精神的内涵，展现出人们对产品审美的精神情趣。

（二）设计文化的特点

由于设计的目的性以及对美的形态的创造性，使我们日常生活中所有的人造物都有强烈的设计特征，也因此使物的创造过程综合体现出时代和社会的特征，构成了不同风格的物质文化，同时，设计有着协调物与人、物与社会、物与环境、物与物等多重关系的作用，这种"协调"也使设计过程参与并影响了物质文化的形成与发展。

1. 设计以文化为底蕴

设计的核心是人，它反映人们对产品物质功能和精神功能的追求，是产品的价值、使用价值和文化价值的统一。重视创意产品设计过程中的文化底蕴，重视产品文化附加值的开发是满足人们的物质生活及精神需要的根本保证。

设计本身就是造物活动，是文化创造的过程，具有文化内涵。优秀的设计，必然扎根于民族文化的沃土中，具有民族性的特点，才能体现出世界性的意义。

2. 设计文化具有多样性

文化的本质是多样性的，各个国家、各个地区、各个民族由于文化因素的不同结合，都有自己独特的文化精神和文化特质。在欧洲，人们追求以"神"为中心的宗教文化，伟大的建筑艺术是由宗教所推动的，古典教堂的入口高大、神秘，直指神秘的上苍，令人产生渺小的感觉。而在中国，人们则追求以"人"为中心，古代的建筑群以各层次的门来强化纵深空间，体现时间和历史的源远流长，感受生活和环境的和谐。这些都是由于东西方地理、气候、物产等的不同以及由此而形成的人的思维方式、信仰观念、审美方式的不同，促成不同的建筑风格。即使在同一个国家中，也会由于不同的自然环境、特定的历史承袭及不同的人文特色，而形成特定的民族和地域文化的差异。例如，在我国北方农村，由于冬天天气严寒，时间跨度长，土炕就成了北方地区特有的生活道具。白天，人们在炕头盘腿而坐进行各项活动；晚上，炕又是人们休息的场所。而在我国南部沿海地区，由于四季炎热潮湿，凉席、竹椅、藤椅非常普及。其材料质轻且坚韧有弹性，藤椅舒服、清凉，独具南方特色。

文化的差异性铸就了设计的多样性，设计的多样性又进一步影响及强化着文化的差异性。不同区域的物与其他文化要素结合在一起，在生活的各个方面全面调节着人的兴趣、爱好、憎恶，影响人们的是非观、伦理观、审美观，从而促进了不同文化的发展。

3. 设计文化需要不断创新

20世纪以来，随着科学技术的快速发展，国际化成为世界的潮流，现代主义设计标榜标准化、简单化的原则，使得各民族、各地区丰富多彩的固有文化逐渐在创意产品设计中丧失，产品的形态在批量生产的大环境下，都趋于国际化"轻薄短小"的标准模式，不同文化特质的差异性被忽略，设计日渐失去了丰富性。

然而，设计和文化一样需要从本土文化、族群文化或传统文化中吸取养分，赋予更多的象征意义，使设计更加多元化、个性化，以丰富人类的想象世界，恢复产品与文化断裂的关系。世界文化与地方文化的均衡是设计者必须关注的重要问题。在全球化的背景下，设计具有鲜明的文化特色是其参与市场竞争强有力的手段。所以重视不同文化的差异性，深入挖掘本民族的文化特质，进行设计文化的创新探索对设计发展特别重要。

（三）创意产品设计与文化的关系

创意产品设计与文化之间紧密相连，相互影响，相互促进，共同发展。它们之间的关系主要体现在以下几个方面：

1. 创意产品设计是对文化的反映

人类在发展的过程中，为了生存创造了各种各样不同用途的物品，这些物品反映了特定时空下人们的生活方式、价值观念及社会状况、技术、生产方式等。作为文化产物的产品，其必然隐含着人类的文化心理与文化精神。优秀的设计不仅体现设计师的知识与想象，也反映了设计师对消费者生活方式及文化背景的了解，并将其物质化的过程。

2. 创意产品设计对文化具有强大的反作用

设计以其包含的社会价值体系和规范体系影响社会的精神文化，推动社会的发展。文化不仅仅与宗教、政治、伦理等因素有关，还与人们所处的自然环境、所创造的人为环境有密切的联系，它们潜移默化地影响社会大众的思想观念、思维方式、生活方式和行为方式，转变人们的观念意识，改造社会文化氛围。设计正是创造第二自然、营造人为环境的重要手段，必然会对文化产生强大的促进作用。同时，设计以其强烈的美感吸引力，推动人们审美观念的变化，提升社会审美文化品位。

（四）创意产品设计文化的结构

从结构理论的角度来看，可以把创意产品设计文化分为三层：外表层、中间层和核心层。

外表层指材料、科学技术、生产工艺等与设计有关的纯物质层面，在社会和生产力迅速发展的过程中，创意产品设计文化表层由于受物质条件的影响最大，具有易变性和易感受性；中间层是设计管理、制度以及设计、生产、销售、反馈等环节之间协调的层面；核心层是创意产品设计文化的心理层、意识层及观念层，这是创意产品设计文化最深的核心层，是创意产品设计文化的精神所在，始终影响着创意产品设计文化的特质。创意产品设计文化的核心是"以人为中心"，人在设计时会把美好的生活理想、道德伦理观念和审美价值等物化到设计之中，使之呈现出特定的民族文化心理结构。创意产品设计文化中的心理意识层面，会直接或间接地影响设计文化管理制度层，从而最终影响创意产品设计文化的发展走向。

二、创意产品设计与文化传统

设计伴随着人类社会实践的发展也有着自己悠久的历史传统，传统的手工艺设计是现代设计最富饶的文化宝库和源泉，特别在我国有着得天独厚的条件。中国传统的工艺美术，包括陶瓷工艺、金属工艺、染织工艺、竹木工艺、玉石工艺等以其独具匠心的设计、巧夺天工的制作，形成了千姿百态、美妙绝伦的手工艺传统设计世界。它不仅在很长一段时间内影响中国人的生活，也通过丝绸之路将中国传统的手工艺文化源源不断地传入西亚甚至远及欧洲，造福于全人类。我国的传统设计从陶瓷到丝绸，从青铜器到玉石雕刻都是我们民族文化中的瑰宝，而由这些伟大设计所积淀的设计传统，已经成为现代创意产品设计取之不尽、用之不竭的文化源泉。

（一）文化传统的特点

传统是历史的凝聚和沉淀。任何文化只要有历史也就会有传统，传统实际上是文化本质的一种延续，文化的发展是文化在传统中的发展。具体而言，可以将一切经由历史所流传下来的思想、道德、风俗、心理、文学、艺术、制度等人文现象称作文化传统。文化传统是人类创造的不同形态，经由历史凝聚沿袭下来的文化因素的复合体，是历史延续积淀来的具有一定的文化观念、思维方式、伦理道德、情感方式、心理特征、语言文学以及风俗习惯的总和。

每一个民族，在不同时代都有自己的传统，而且随着时代的发展，人类文明的进步，人类的文化传统也就越多。传统在不断地变化中发展和积淀。作为非物质文化现象的文化传统具有旺盛的生命力，其特点如下：传统是旧有的，但不是落后的，是来自于过去但现在仍有生命活力的东西；传统是在不断地发展和前进中自我更新不断积淀的，旧传统的消失，必然会带来新传统的新生；传统是多元的，是一个大的系统，每一个基元组成一个独立的子系统；传统是流动的、有机的，子系统之间互相促进和发展；传统是历史发展和人的主体性参与选择的结果，会随着时代的变迁不断地发展和进步。

相对于传统文化的可见形式，文化传统属于非物质的形式，它主要存在于人们的思维与意识之中，如传统思想，无形中深刻地影响着现代人们的生活，我们一方面有意或无意地继承传统，一方面又结合新时代的特点，为传统文化赋予新的内容和表现形式。我们立足于传统文化肥沃的土壤之中，又在不断地创造着新的传统。

文化传统与现代文化的关系是密不可分的，但是在一定的时期会相互转化。文化传统的积淀形成了现代文化，现代文化来自传统，又不断地受到外来文化的冲击，添加新的文化因素，在整合和矛盾中完成和发展，不同文化之间相互包容、适应，形成新的现代文化。"文化总是在发展、变迁和交流，矛盾也在不断解决，不断产生，新的文化变成传统，传统又被融入新的文化之中，这就是文化传统的生命力。"[①]

（二）创意设计与文化传统的关系

文化传统在历史的长河中不断地积淀，内涵丰富，是创意设计巨大的资源和宝贵财富。创意设计与文化传统的关系表现在以下几个方面：

1.文化传统是民族优秀智慧和才能的结晶和体现。

作为民族精神的具体形式，它是民族文化延续发展的内在动力和保证，也是民族文化发展的根本基础，文化传统是民族文化的精神内核，也是创意产品设计的根本出发点和精神源泉。

2.文化传统是民族凝聚的力量所在，是人们心理认同、文化认同的依据，是民族精神的依托。

中国传统的设计如服装、家具、玩具、舞龙、春联、瓷器、刺绣等作为中国人的文化信物代代相传，民族文化传统是一种永远存在于一个民族内心深处最宝贵的东西。一个没有文化传统的民族是一个无根的民族。没有文化的创意产品设计也是没有根基的设计，很难体现出创意设计的独特魅力。

3.创意产品设计是文化的再现，应该立足于民族文化之中，创意产品设计中民族文化的取向是设计成败的关键之一。

中国是一个经过五千年文明积淀的多民族国家，各民族传统在当代文化交流中体现出中华民族文化的多元、博大、精深，也更加强了文化传统间的交流与融合。这种多元的文化传统使我们在创意设计时有了更多的营养、更多的选择、更多的依托和更多的发展取向。

4.在创意产品设计中把握文化传统中的精神内核，创造出富有民族精

[①] 孙楠.文化软实力视阈下的创意产品[M].长春：东北师范大学出版社，2018：47.

神和美感的优秀设计，应该是每个设计师所追求的目标。

创意产品设计要吸收文化传统的营养，但并不是对传统形式的简单套用和照搬，而是要将传统文化的精髓融入设计。如明式家具的设计即是一个极好的范例。作为中国传统文人士族文化物化的一种表现形式，明式家具在造型、材料、装饰、工艺上都体现了中国传统文人特有的追求自然而空灵、高雅而委婉、超逸而含蓄，透出一股浓郁的书卷气息。明式家具造型浑厚洗练、线条流畅、比例适中、稳重大方，体现了中国文化提倡谦和好礼、廉正端庄的行为准则。这是传统文化和设计交融的体现，也是一个民族基本的文化心理对人的精神和审美观全面影响、潜移默化的表现。

5. 优秀的创意产品设计立足于文化传统的精神内涵，但同时又不断地补充和完善文化传统的形式，通过创造特殊的形态延续优秀的文化传统。

三、创意产品设计与生活方式

创意产品设计是一种具有特殊品质文化形态的创造，同时也是一种生存的文化、生活的文化，它承载着巨大的现实和历史重任。生活方式是文化的具体内容和形式，也是现代创意产品设计的一个重要出发点和核心概念，创意产品设计对于研讨社会、政治、衣食、住行，甚至设计自身具有重要的意义。

（一）生活方式的含义

人类历史活动是两种生产的交互发展过程。一种是物质生活资料的生产，一种是为此而进行的生产资料的生产。不同的历史阶段中，由于占有生产资料的方式不同，形成了一定的生产方式。而作为物质生活资料的生产，是以人以及人的生活方式来决定的，生活方式的形式，从根本上反映了某一特定历史时期生产方式的内容和性质。

生活方式是人们占有生产资料以及进行物质生产的状态，其含义如下：生活是人作为生命体为维持生命所从事的各种生产、工作、生活的内容、过程、方式和形式，因时代条件、人和环境因素的不同，每个人都有自己独特的生活方式，它的主体可以是个人，也可以是家庭、团体或人类社会共同体。

生活方式的主体是人，它既包括个体的"人"又包括群体的"人"。每一个生存于社会环境中的"个体"，都拥有与自己的精神和物质相适应的生活方式，他的审美理想及价值观念直接支配着其日常生活的行为，同时，他的生理特点、生理需求也成为影响其选择的能动因素。任何的"个体"都是存在于群体环境之中的。无论他是依附于群体或者背离群体，都说明了他与群体的密切联系。群体是个体组合而形成的，个体间共同的价值观念和审美取向构成了具有共同特征的群体形态，但每个个体的特性又有着独特的风格。

因此，生活方式蕴涵着物和人的双重含义，是以物质为基础，体现着人的精神需求，这与设计的本质有着共同的特点，设计通过物的形式反映出人的审美理想和价值观念，直接地影响着生活方式的形式和内容。设计的目的是人而不是物，设计是创造合理的生存方式。如现代生活中的各种家用电器和交通工具，不仅改变了我们的生活习惯和生活形态，也改变了我们的思想观念和文化意识。在充分享受由设计带来的便利和舒适的同时，我们对生存质量以及群体文化传统有了更新的认识和理解。这种理解常常又被渗透融合到设计物的创造过程中，转化为新的物质形态而影响着生活方式的变化。因此，设计文化与生活方式相互作用的结果，一方面推动了设计的发展和设计文化的丰富与充实，另一方面，也改善了人类的生活方式。

（二）创意产品设计与生活方式的关系

创意产品设计本身也是一种生活方式，在物质文化浸润下的创意产品设计与生活方式密切相关。创意产品设计提供了人们日常生活所需的物质条件，它在提供人类生存和发展的物质基础上也使人们的生活方式处于美和艺术的层面上，使生活具备了艺术文化的意义。

创意产品设计是人为自己更好生活而进行的一种创造性过程，也是人们通过日常生活而提升自己精神境界，推动生活进步的力量。创意产品设计既是对物品本身的设计,也是对物品使用方式的设计,使用方式的改变对生活方式会产生一定的影响。

丹麦的城市和家居设计就是阐述设计与生活方式之间相互影响最突出的实例。丹麦的城市设计强调人的活动,强调人与人交往的生活方式,城市中的广场、步行街、公园等户外空间成了城市的客厅,这种简洁、温馨、自然、富于人情味的设计促进了市民间更多的接触与来往,促进了社会的交流。丹麦的家居设计亦十分实用、简洁,能带给人们人性化的关怀,这是丹麦人生活理念、生活方式的物质表达。反过来,这种以人为中心的设计形式也影响着丹麦人日常的行为方式和生活方式,推动着丹麦人民生活质量的快速提高。

在人类社会发展的过程中,每一件人工制造的产品都是为满足人的需要而设计的。因此,从本质上来说,在创意产品设计过程中,设计观念的形成均须以人的需求为基本的出发点。在现代社会中,随着社会物质生活和文化生活水平的不断提高,热门对现代产品的需求也越来越高,涵盖了产品所能表现的实用性和艺术性的全部内容。今天现代产品已经深入到人们生活、工作的每一个细节,创意产品的设计直接影响和决定人类的生活、生产方式,成为人类社会中不可或缺的重要组成部分。

四、创意产品设计风格与文化

创意产品设计风格是设计师在长期设计实践中形成的对于产品形态、色彩、装饰等设计因素独特的创造特性,它反映了当时社会的观念意识,也体现了当时社会的环境特色。创意设计风格的形成是由时代的科学水平、时代的文化观念、审美意识和价值取向等共同影响的结果,体现出设计师的人格个性、创作特征。

(一)创意产品设计风格

风格是设计作品独有的格调、气质、风采。杰出设计师的作品都显现出鲜明的艺术风格，或秀丽、或雄浑、面貌迥异、各放异彩。

风格是一个设计师区别于另一个设计师的具有相对稳定性的显著特征。它是一种表现形态，是设计师在创作中自我意识、审美个性的自然流露，是设计师独特的审美见解借助独特的审美方式的传达表现。它是设计师在设计实践活动中逐渐形成的，设计作品所烙印着的本质特征，是设计师来自生活的独特的审美体验，所以艺术风格呈现出丰富多样的面貌。

风格是现代创意设计的重要命题。设计风格的形成是一个设计师成熟的重要标志，是设计师的设计观、审美观的集中体现，也是设计师在设计实践活动中对美学因素的共同追求。除了在内容上表现出设计者的个性特色以外，技术因素、时代特色、民族和地区的习惯、企业的特色、不同时期的观念时尚、生活方式和审美情趣等共同构成了其丰富的内涵。在设计潮流的变革中，他们往往是当时社会中一部分人或某生活群体的审美观念的代表。因为设计必须服务于生活，与一定范围的受众建立起对应的关系，也因为设计师本身归属于某个生活群体，因此必然会自觉或不自觉地表现出对一定的审美理想的追求。

（二）时代文化对创意设计风格的影响

时代文化的产生是以生产方式的变革为基础的，它客观地反映出某一时期、某一地区科技水平与人们的文化观念。不同时代的政治、经济、文化、科技等反映在设计上，呈现出不同的设计风格。如手工业时期，追求装饰、讲究技巧体现的是手工业生产方式条件下人们的审美趣味和观念意识。而当 19 世纪末，大机器工业生产方式的出现，使功能主义的设计风格成为创意产品设计的主导时代风格，产品的形式简洁、功能结构理性，表明了大工业生产条件下人们的文化意识。20 世纪 60 年代兴起的后现代主义设计风格，则体现了人们在高科技以及信息时代条件下新的美学观念。

（三）民族文化对创意设计风格的影响

不同的地区有其特殊的地域环境、气候条件、经济情况、人文思想、民族习惯、宗教情绪、哲学思想、伦理观念等。民族文化即是由于不同民族的不同文化传统、生活方式和审美习惯而产生的具有独特民族特征的文化形式，反映在设计上就形成了这一民族与另一民族的不同的风格，它是各民族的传统文化的长期积淀，是各民族在长期的社会活动和艺术实践中逐渐形成的。例如，法兰西民族地处温带海洋性气候，生活习惯美妙而浪漫，时装、香水等高档、时尚的载体沿袭了洛可可和装饰艺术运动的华丽、经典的浪漫风格；德意志民族身处干燥、多山的环境，性格严谨，富于缜密的逻辑思维，其产品设计以高品质、多功能闻名于世；美利坚民族是个汇聚融合的民族，渴望自由、轻松、乐观的个性造就了其设计的幽默与随意性；中华民族历史悠久、地大物博，东方的哲学、禅理更讲究人与人、人与物的和谐相处，设计文化既深沉含蓄，又强烈突出。因此，不同民族创意设计风格是民族气质和精神的表现，它取决于历史的沉淀和民族传统观念的凝练，也体现了民族文化独特的内涵。

（四）审美个性对创意设计风格的影响

设计师个人审美个性的形成是以个人先天和后天的素质养成为前提的。设计师的天赋、心理素质、精神气质是先天的因素，其所受的教育训练程度，具备的知识结构、生活阅历、艺术修养等人文素质则是后天的条件，两者都对其审美个性的形成具有重要的影响和作用。

设计师独特的创意设计风格是在一定历史时代的生活环境中形成，表现或蕴涵着时代的意志倾向，不可能超越他们生活的时代。一定时代的潮流、社会风尚都会制约影响着设计师个性创作风格的形成发展，也必然体现出某一时代的社会物质生活条件基础上所产生的审美需要和审美理想。真正的创意设计风格是设计师审美个性对现实客观反映的统一。

（五）创意设计风格的吸收互补

现代社会处在全球化、信息化、高科技化的时代，各种文化之间相互交流、融合。设计师也必然受到各种外来文化和艺术思潮的冲击，设计观念的碰撞会引起设计理想和审美追求的变化或者更新，并有意识地吸收外来文化和某种艺术流派的成分，从而形成自身新的设计风格。如在日本的传统设计中可以看到中国、韩国文化的影响，而在日本现代设计中，可以看到美国、德国设计文化的影响。反过来，日本对于欧洲现代设计风格的影响也是明显的。日本的平面设计风格，特别是浮世绘风格，对于欧洲"新艺术"运动具有重要的影响和作用。例如，英国"工艺美术"运动的大师莫里斯、美国的家具设计师斯提格利、美国的建筑大师赖特的早期设计，都明显受日本传统设计的影响。设计师要善于吸收不同设计风格中优秀的元素，并将其融入自己的创意设计中，努力的丰富和完善自己的设计风格。

创意产品设计风格是现代设计研究的一个重要课题，也是体现现代产品设计质量的重要因素。在创意产品设计实践中，风格的形成是设计师的审美观和设计观的具体体现，也是设计师在设计实践活动中的美学追求。创意设计风格是文化的产物，不同时期、不同民族、不同设计师的思想观念、生活方式以及审美情趣会在创意产品设计风格上留下鲜明的印记，也体现出那个时代、民族文化的面貌和特征。

五、创意产品设计文化内涵的创造

（一）创意产品设计的文化内涵

虽然现代创意产品设计属于物质文化创造的领域，但是它的设计过程却涉及各种不同形态的文化内容，它既要以一定的价值观念为导向，又要以一定的生活方式和生产方式为依据。因此，创意产品设计实质上是将多种文化因素统一体现在产品视觉形象中的过程。

在手工业生产阶段，产品的设计与制造是以手工艺技术为基础，由手艺匠人应用简单工具并靠自己的体力操作完成的。因此，产品的创意过程保持着人的体力活动和精神活动之间、自然与人之间相互直接交流的关系。人对材料的操作经验意味着对于材料本质的把握过程，是人与自然的相互作用和自然为人所作用的过程。手艺匠人按照自己头脑中的意象作为蓝图，可以把个人对产品的期待、个性和感受等，都物化凝结在产品的设计与制作中。手工艺往往是与特定的文化传统和习俗联系在一起，与人们的日常生活习惯最为接近，最能体现出设计者和使用者对产品的文化期待。

随着机器大工业生产方式的出现以及产品科技内涵的不断增加，产品的结构和工艺过程不断复杂化，产品的设计与生产过程逐渐分离了，生产过程中技术因素和艺术因素也分离开来，创意产品设计成了技术开发向物质生产转化的中间环节。特别是20世纪中叶以来，科技进步推动了产品设计的长足发展，设计方法也由手工艺时期的经验直观发展到现代的以计算机辅助设计为主的系统工程、优化决策等新的设计方法，提高了创意产品设计的综合能力，同时兼顾到产品与外在环境的相容性；在创意产品设计理论方面，注重了从人的行为方式出发来处理产品形态的立体感、深度和体量的关系，综合考虑诸如比例、尺度、节奏、韵律、均衡、稳定等形态美学因素；在文化心理学方面，引入完形心理学和知觉心理学，强调形态的独特性和相关性；在传播学方面，强调使产品语言具有可理解性和传达方式的内在性，从而把造型因素转化为具有信息内涵和情感效应的语义象征，使创意产品设计适应于人的尺度，以满足人的生理、心理和社会文化的需要。这就使整个创意产品设计的内涵，从自然科学和技术领域扩大到人文科学和审美文化的领域。

（二）创意产品设计的文化追求

现代创意产品设计主要包括三个方面的内容：一是产品的功能性设计，即现代产品技术先进、结构合理、工艺完美，能够满足使用者的物质需求；二是现代产品形态、色彩、装饰等美学因素符合时代潮流，满足消费者的审美需求；三是现代产品安全稳定、功能指示明确、操作舒适，满足产品人机工程的要求。在创意产品设计的三个内容中都体现了现代消费者不同的文化追求。随着科学技术的飞速发展，各种功能的产品层出不穷，质量不断提高，从而使人们的生活更丰富多彩、安全便捷，科学文化成果所带来的温馨和幸福，也在不断地满足人们物质文化的追求。几十年前，电视、冰箱对绝大多数普通用户来说，是不可想象的。而随着科学技术的飞速发展，人们收入水平的提升，逐渐开始追求物质文化生活的享受，对电视功能的要求也越来越高，为了满足人们的需求，电视设计产生了一些系列变化，如屏幕从小到大、按钮从手动变成了遥控、材质从显像管到液晶、图像从黑白到真彩色、信号从模拟到高清，电视种类、功能越来越多，带给人们更加多彩的视觉享受，也创造出丰富的业余文化生活。再如冰箱的设计，最早的是小型单开门的，后来发展为双门的，容量也不断增大，后来又设计出抽屉式冷冻室，分区控温、速冻保鲜，使食品的保存更加方便，使人们的生活更加健康、舒适，同时也推动着饮食文化的不断发展。在高科技不断发展的今天，现代创意产品设计正致力于不断丰富人们的物质生活，满足人们对科技的需求，不断提高人的生活品质的物质文化追求。

现代创意产品设计的文化追求还表现在消费者对产品个性化、艺术性、民族特色等因素的关注。消费者在追求产品的物质功能的同时，审美需求也随着社会的进步不断求新求变，这就要求现代产品的设计要使产品的形态、色彩、材质以及装饰具有丰富的美学内涵，满足人们的精神文化需求。在设计中既要考虑标准化、大批量生产的现代化工业的特点，又要充分尊重消费者的个性需求，将产品的标准化与多样化统一起来，使产品的设计更富有文化意蕴，在统一中求变化，使产品既有统一的风格和品质，而每个品种又有其不同于其他产品的个性，从而使整个产品呈现出多姿多彩的特点。如日本汽车的创意设计，或者是采用新的工艺，或者使汽车的色彩有新的变化，不断给人以新鲜感，以满足人们的精神文化追求和审美文化追求。

在参与国际市场的竞争中，产品的民族特点及艺术性往往决定着产品的成败，对于异国消费者而言，最有魅力、最有纪念意义的产品往往是具有民族特点、富于艺术性、趣味性的产品。如我国的布娃娃、皮影、泥塑等，因为有着浓郁的民族特点和充满稚拙童趣艺术风味而受到国外游客的广泛欢迎。

现代创意产品设计的文化追求还突出地表现为它在"以人为中心"的设计理念指导下，强调产品设计的安全性、舒适性。现代人机工程学就是研究创意产品设计如何更适应人的生理特点，从而给消费者的生活、工作带来安全和舒适，同时解决产品设计与环境、产品设计与人类持续发展的问题。如在电视机的设计中采用液晶屏幕，既减少电能的消耗，也有利于保护人们的视力不受伤害。无氟技术的使用，使冰箱更加安全，同时有利于环境的保护，有利于创造更加和谐的人与自然之间的关系，促进人类社会健康、持续发展。很显然，忽视或者漠视人的各种需求的企业和产品是与整个人类文化的追求背道而驰的。

(三) 创意产品设计的文化整合

文化整合，就是指不同文化之间相互吸收、融化、调和而趋于一体化的过程。它是以社会的需要为依据，使各种文化在内容与形式、功能和价值目标之间重新地搭配。

在现代市场环境中，创意产品设计是以市场为导向的，社会需求决定了产品的设计和生产。由于消费者的收入、职业、习俗、文化教养和个性特征等的不同造成了社会需求的多样性，也使产品的设计必须综合考虑各种文化的吸收和融合。

作为一种协调诸多矛盾的有力手段，创意产品设计中拥有物与人、物与社会、物与环境、物与物等多重关系的成分。因此，在创意产品设计中，必须将智能文化、行为文化、观念文化的内容融合其中，作为一个统一的完整体系，共同体现在现代产品文化内涵的创意设计中。例如，中国的故宫建筑群，其本身的形态、布局形式、结构等体现了它们作为物质文化存在的价值。而它的建筑规划和模式，反映了它所负载的行为、文化、制度、秩序的内容。另外，它以中轴线为中心而两边对称展开的形式，体现出我国封建社会根深蒂固的"中和"审美观以及以现实政治和人伦社会为中心的整体和谐的"宇宙观"。这种不同类型文化的整合处处体现着中国传统文化的魅力和民族的精神。

现代创意产品设计，不仅为人们未来的生活勾画出物质环境的具体形态，而且也设计着消费者未来的主体属性。消费者的活动方式在很大程度上是由活动对象的性质所规定的。产品作为消费者的活动对象，对于人的身体特性、生理过程和心理状态以及人际交往方式都有直接影响。所以说，创意产品设计也是人的生活方式的设计，它必然作用于人的精神生活和个性心理。创意产品设计作为一种文化整合，涉及整个物质世界、社会环境、自然环境以及消费者个人的身心发展。因此，创意产品设计的文化取向成为当代创意产品设计必须关注的重大问题。

第二节　现代文化创意产品设计理论基础

在人类社会发展的过程中，每一件人工制造的产品都是为满足人的需要而设计的，因此从本质上来说，在文化创意产品设计过程中，设计观念的形成均须以人的需求为基本的出发点。在现代社会中，随着社会物质生活和文化生活水平的不断提高，人们对现代产品的需求也越来越高，涵盖了产品所能表现的实用性和艺术性的全部内容。今天现代产品已经深入到人们生活、工作的每一个细节，文化创意产品设计直接影响和决定人类的生活、生产方式，成为人类社会中不可或缺的重要组成部分。

随着社会的发展、技术的进步等，人们在享受物质生活的同时，更加注重物质产品的安全、方便、舒适、可靠、效率等，即文化创意产品设计良好的"适用性"，而满足这种"适用性"的需求即是现代产品设计中"以人为本"的设计问题。设计师的使命在于以人为中心，努力通过创意设计活动来协调"人—机—环境"系统中各因素之间的关系，使现代创意产品设计形态更加丰富，操作更加简洁，功能更加强大，将更多的高新技术与新材料相结合，提高人类生活和工作的质量，改善人类的生活方式，保障人类健康、可持续发展"以人为本"的设计观念所要强调的正是这种思想，从工业设计的崇高目标和使命上来理解创意产品设计的意义，把人的因素放在首位。

一、"以人为本"的设计观念

现代文化创意产品设计是一项综合性的规划活动，是将技术与艺术相结合的新兴学科，同时受环境和社会形态、文化观念以及社会经济等多方面因素的制约和影响，要求产品不仅要实现一定的使用功能，而且要在外观、肌理、视觉、触觉、使用方式等方面使人感觉到亲切、自然、具有"人情味"。现代产品形态的提示性、趣味性、娱乐性及文化内涵等，即体现出"以人为本"的设计理念，是现代设计的重要内涵。

在文化创意产品设计中使用"以人为本"这一概念有其特定的内涵和外延，就是在设计文化的范畴中，以提升人的价值，尊重人的自然需要和社会需要，满足人们日益增长的物质和文化的需要为主旨的一种设计观念。

人的本质并不是单个人所固有的抽象物，它是一切社会关系的总和。人属于自然的一部分，其求得生存的本能是自然属性的根本体现。但人不是纯生物界的人，人需要情感的交流，要为生存需要而斗争。人的这些需要可在人与人之间、人与群体组织之间得到满足和实现，于是社会性便成了人的共同本性。人性是人的自然性和社会性的统一。"以人为本"是设计理论发展到成熟期以后而出现的一种新的设计哲学观。"以人为本"的设计是人类生存意义上一种最高设计追求，是运用美学与人机工程学中有关人与物的创意设计理论，展现的是一种人文精神，是实现人与产品、人与自然、产品与自然完美和谐共处的设计理念。

（一）"以人为本"的设计观念的提出

"以人为本"的设计观是经过导入期、发展期、成长期发展到成熟期后而出现的一种新的设计哲学。20世纪50年代，在西方各国出现了大量的水泥和高层玻璃建筑，并以此作为城市"现代化"的象征标志。为了节省成本，高层建筑内部空间狭小拥挤，空气流动不畅，有时多达数万人在一座高楼里工作和生活，人们的活动空间受到极大的限制。在20世纪60年代中期，随着人们对现代建筑、心理和象征方面认识的进步，人们逐渐认为把追求纯功能的理性作为大批量生产唯一目的的设计缺乏情感色彩。由此，伴随着符号学的产生和发展，西方国家在20世纪60年代末期提出了"以人为本"的设计思想，这是设计思想史中的一次重大变革。它针对功能主义设计思想的缺陷，提出工业设计不应当以机器功能为出发点，而应当以人的操作行为为出发点，以人对产品的理解为出发点，使用户通过外形理解产品的功能。这一设计思想针对功能主义的技术理性，强调文化的作用，强调用户的思维方式、行为习惯对产品设计的重要作用，跳出了"以机器为本""以技术为本"和"把用户数字化"的理念，20世纪90年代以后，由于心理学的行动理论和认识心理学的深入发展，"以人为本"的设计思想形成了比较全面的理论基础。

（二）"以人为本"设计观念的含义

人是现代文化创意产品设计的核心因素，为保证人和产品有良好、和谐的互动关系，现代产品设计要求产品适合消费者全方位的需求，在形态、色彩、质地、结构、尺寸等方面要考虑使用者的生理和心理特点，使产品设计既安全可靠，又有益身心健康，易于减轻疲劳，能满足不同人群多方面的审美情趣和不同个性的需求。

"以人为本"的设计观念要求设计师在文化创意产品设计过程中，考虑产品将在人们生活过程中产生什么样的作用以及对周围各种环境的影响程度。人类的生活并不仅仅需要物质上的满足，还有精神文化方面的需求，设计师就是要凭着对生活的敏锐感受和观察力来进行创意产品设计，为提高人类生活的品质做出贡献。这种设计观念比以科学技术与商业竞争的设计原则更具有意义。

"以人为本"是针对功能主义设计思想的缺陷而提出的，具有一定的先进性。文化创意产品设计的目的是为了满足人们的需求，美国心理学家马斯洛（Maslow）提出的人的需求根据需求层次水平的不同可以分为七种，功能主义所反映出的需求特征是较低层次的生理需求与安全需求，在这些需求被满足后，人们便会提出较高层次的需求。因此，"以人为本"这一思想的提出,一方面使得人与产品之间关系更加协调,使产品更加方便人们的使用;另一方面,还满足了人们更高层次的需求,拓宽了创意产品设计的角度,丰富了产品的内容与形式,使得产品不再是"千人一面",而让消费者有了更多的选择。

过去,人们曾经夸大地看待物质财富的积聚对人们生活的作用,热衷于对自然资源的大量开发和物质财富的创造。这种仅重视物质的价值,而忽略人的价值的做法是不符合人们追求幸福生活的根本宗旨的。尤其在以科学技术为主的社会里,物质产品的流通更快,人们想要保住某些固有物质价值是很困难的,仅靠追求金钱与物质财富来达到生活满足是片面的。虽然物质财富是建立美好的生活形态所不可缺少的,但我们还需要从更高、更宽的视野认识人类所处的社会生活,正确了解构成社会的文明、进步和人们生活幸福的主要因素,并用系统的观点来统领这些因素,指导创意产品设计沿着正确的方向发展。

"以人为本"设计观念的实质,就是在考虑创意产品设计问题时以人为核心,一切围绕着消费者的需求展开设计思考。但是在以人为中心的问题上,人性化的考虑也是有层次的,既要考虑作为个体的人,也要考虑作为社会群体的人,要体现抽象和具体相结合,整体与局部相结合,根本宗旨与具体目标相结合,社会效益与经济效益相结合,现实利益与长远利益相结合的原则。因此,"以人为本"设计观念是在人性的高度上,把握设计方向的一种综合平衡,以此来协调文化创意产品设计中所涉及的深层次问题。

一个人性化的生活环境,离不开个人的富裕和物质的不断增长,但是对以个人物质财富的累积而达到个人安全感的心理必须加以改变。其实,个人对公共资源或技术资源的消耗,若是由适当的社会形态来加以组织和协调,则会得到很大的节省。诸如自然资源、公共设施、运输系统、传播媒体、通信系统等,只有由全社会共同拥有、共同分享才最为合理。

现在,信息与技术正在改变着人类的生活,当代的文化创意产品设计师与其他专业人员都在努力尝试如何将意识性与地域性的距离缩短,而使世界所有的知识成果迅速传播，形成一种新的人群关系的网络，以达到提高人类智慧、提高生产力和维护世界和平的目的。人类社会正向着物质文化极其发达、人与人之间的关系更为和平、消灭剥削的理想形态艰难地发展。设计师必须克服功利观念的影响，树立崇高的为全人类服务的思想，把设计的宗旨确立在提高社会的人而不是个体的、抽象的人的生活质量，建立和谐、完美的人类生活环境的原则之上。

信息化时代带来巨大物质利益的同时，也带来了许多现实的问题，如人的孤独感、失落感、心理压力的增大，自然资源的枯竭，交通状况的恶化，环境的破坏，等等。这些问题的产生，其本质原因并不在于物质技术进步本身，而正是由于总体设计上的失衡，没有把人性化的观念系统地贯穿于人类造物活动之中。这些问题的出现，从反面证明了提倡和强调人性化设计观念的重要意义。

（三）"以人为本"的创意设计原则

"以人为本"强调以人为中心，统一协调产品、环境与人之间的系统关系，它所涉及的内容及由此而引申出的文化创意设计原则主要包括以下几个方面：

1. 现代文化创意产品设计必须为整个人类社会的文明、进步做出自己的努力，以整体利益为重，为全人类服务，为全社会谋利益，克服片面性。

2. 现代文化创意产品设计首先是为了提高人民大众的生活品质，而不是为少数人的利益服务；要把社会效益放在首位，克服纯经济观点；时时处处为消费者着想，为其需求和利益服务，并协调好消费者、生产者、经营者相互之间的关系，等等。

3. 现代文化创意产品设计以人的需求为中心展开各种设计思考，设计是提升人的生活水平的手段，其本身不是目的，要克服形式主义或功能主义错误倾向，设计的目的是为人而不是为产品本身。

4. 注意研究人的生理、心理和精神文化的需求和特点。利用文化创意设计的手段以现代工业产品的形式予以满足，使人类的价值得到发挥和延伸。

5. 使现代文化创意产品设计充分发挥协调个人与社会、物质与精神、科学与美学、技术与艺术等方面关系的作用。充分发挥现代文化创意产品设计的文化价值，把现代产品与影响和改善提高人们的精神文化素养、陶冶情操的目标结合起来。用丰富、优美、具有现代气息的产品形态和功能满足人们日益增长的物质和文化需要，提高产品的人情味和亲和力，发挥产品设计更大的促进作用。

6. 把现代文化创意产品设计看成是沟通人与物、物与环境、物与社会等的桥梁和手段，从"人—产品—环境"的大系统中把握设计的方向，加强人机工程学的研究和应用。站在改造自然和社会、改造人类生存环境的高度认识现代文化创意产品设计，使现代产品尽可能具备更多的易为人们识别和接受的信息，提高其影响力，提高产品设计对人类精神提升的能力。

7. 发挥现代文化创意产品设计的创造性、主动性，积极探索研究人的各种潜在需求，去"唤醒"人们美好的追求，不被动地追随潮流和大众趣味，排除设计思潮中一切愚昧的、落后的、颓废的、不健康、不文明的因素。正确处理现代文化创意产品设计的民族性和世界性问题，继承和发扬民族精神、民族文化的优良传统，从而为人类文明做出贡献。

8. "以人为本"的现代文化创意产品设计观念是一种动态设计哲学，并不是固定不变的，随着时代的发展，人性化设计观念要不断地加以充实和提高。

二、"以人为本"的文化创意产品设计因素

在用"以人为本"设计理念进行文化创意产品设计时，必须要考虑人、产品与环境之间紧密的联系，因此，影响一件现代文化创意产品设计的因素是很多的，概括来说，有以下几个方面的因素应该加以重点考虑：动机因素、人机工程学因素、美学因素、环境因素、文化因素等。

（一）动机因素

现代文化创意产品设计的出发点和根本目标是满足人的需要，即人要

先有各种不同的需求动机，文化创意产品设计师才能根据需求的动机创造出特定的工业产品来满足人的需求。人类要在变化莫测的自然界生存和不断发展就必然会遇到各种各样的难题，也就会产生各种不同的需求，现代文化创意产品设计就是为满足这种需要而产生的。因此，现代文化创意产品设计的动机就是为了满足人们的物质和精神的各种需求。

人的需求是现代文化创意产品设计的主要依据。在社会及生产力发展的不同阶段，人的需求是有不同层次的，一般说是在满足了较低层次的需求之后才产生更高层次的需求。人的需求层次，按美国著名心理学家马斯洛的观点，可以简单地划分为以下七个方面：

1. 生理需求。

这是指人类免于饥饿、口渴、寒冷等衣、食、住、行的基本生理要求，是人类在自然界生存的基本需求。

2. 安全需求。

这是指使人免于危险、威胁等自然伤害，保存生命，使人感到安全的需求。

3. 归属需求。

这是指人免于孤独、疏离而加入集体和团体，接受别人的爱和爱别人需求，是人类社会属性的基本要求。

4. 尊严的要求。

这是指要求受人尊敬，有成就感等心理需求。

5. 认知需求。

这是指人有要求掌握知识、了解世界、探索未来的需求。

6. 审美需求。

这是指人们追求秩序和真、善、美的需求。

7. 自我实现的需求。

这是指人要求发挥自己的潜能，发展自己的个性，表现自己的特点和性格等的需求。

以上分类提供了关于人的需求的大致情况，使设计师能方便地对人的需求有一个基本了解。在上述需求中，生理需求最为基本，位于最低层次，是人类首先要满足的，是心理需求的基础；自我实现的需求属于心理需求，位于最高层次，最为复杂，但也是人类区别于其他动物的本质特征，是人类的精神体现。

1. 生理性需求。

人类在生产实践中发明创造的各种工具都是人类自身功能的延伸，都是为了解决各种使用的要求，帮助人类实现自身无法直接实现的功能。文化创意产品设计首先就是通过对产品的创新思考，构建出现代产品新颖的功能，满足人类衣食住行的基本生理需求，弥补人们无法达到或不方便完成的许多工作。在科学技术迅速发展，高新科技层出不穷的今天，产品的功能更加丰富，为人类创造出方便、快捷、舒适的生活环境，基本满足了人们的基本生理需求。但是，要注意的是，在现代产品的设计中，由于随意添加和组合不同功能，使有些功能超出了人们的需求，造成了产品功能的浪费，也增加了消费者的消费成本。因此，在文化创意产品设计之前，需要仔细、深入地了解消费者对产品的需求，选择合适的技术实现产品的功能，既不造成产品功能的不全，也不造成产品功能的过剩。例如，电话的设计就是人类听觉能力的延伸，主要满足现代社会人类语言沟通的需求，那么电话的设计首先要保证的是通话清晰、待机时间长，在此基础上，可以根据不同消费者的不同需求，添加其他的功能，但其他功能的添加以不影响电话的主要功能为原则。

2. 心理性需求。

审美需求、归属需求、认知需求以及自我实现的需求都属于心理性的需求范围。现代产品设计不仅要满足人们生活和使用的基本需要，更要满足其深层次的心理需求。这种需求包括不同的审美意识所表现出的所有审美需求以及不同地位、不同层次的人所表现出的自我实现的需求等。如对某一产品而言，可以使用，可以完成需要做的工作，这就满足了基本生理需求。如果该产品不仅能用，而且好用，使人感到极大地舒适和方便，同时又美观、漂亮、豪华，能体现使用者的文化修养、社会地位和层次，那么，它又满足了人的心理需求。人的心理需求随着社会文化、国家经济及生活水平的不断提高而向着内容更广泛、层次更高级的方向发展。因此，人的心理需求在现代产品设计中的地位越来越重要了。

现代文化创意产品设计中对产品形态、色彩、装饰、表面肌理的创造性设计，以提供赏心悦目的视觉效果，就是出于对消费者审美心理需求的满足。例如，在现代汽车的文化创意设计中，商务车的形态端装、稳重，色彩采用深色调显得沉稳、大气，体现出严谨、安全的视觉感受；家庭用汽车的设计，则强调温馨、实用，形态线形中曲线增多，色彩采用浅色调，体现出柔和、亲近的视觉感受，同时，浅色调在日常使用中容易清洁，使用成本比较低；而针对年轻人群设计的汽车，则要求形态线形具有动感，色彩采用流行色调，装饰前卫、夸张，体现出运动、热情、时尚的个性心理需求。

3. 智力性的需求。

这类需求一般是指所设计的工业产品对人有提供信息、促进智力发展的意义，具有思维训练、开拓智慧、提升逻辑思维能力等的意义。智力上的需求大致包括人们提高智能思维水平、创造性解决实际问题的能力，能够提高工作效率、速度等。例如，现代计算机技术代替算盘的设计，使人的计算能力极大地提升，计算的准确性和速度也得到了扩展，我国研制的超级计算机已经能够进行十亿次的计算，使复杂计算成为可能；再如现代电子衡器代替以前机械衡具，提升了准确率，实现了衡量和核算的同步进行；现代办公系统的设计，使工作人员可以轻松地实现信息的远距离交流、传输，实现办公系统的自动化。另外，现代的符号语言设计也提高了信息传递高效、简便、可靠的要求，满足人们的智性需求。现代工业创意产品设计强调对信息的传达性也是为了满足人类的这类需求。

（二）人机尺寸因素

文化创意产品设计中的人机工程学因素就是研究人、产品、环境之间的相互协调关系。在我们的日常生活中，绝大多数的产品都必须通过人的操作才能达到其为人服务的功能目的，所以现代文化创意产品设计必须紧紧围绕人的操作和使用方式来进行设计，而人在操作或使用产品时都离不开自身的生理和心理因素对产品的控制能力，超出这一范围，人们在使用这一产品时就会感到不舒服或达不到应有的使用效率，增大了误操作的概率。

人机工程学是应用人体测量学、人体力学、生理学和心理学等学科的综合研究方法，对人体结构和特征进行分析研究，提供人体机能特征参数，揭示人、产品、环境三要素之间相互关系的规律，为现代文化创意产品设计提供必要的设计参数，从而确保"人—机—环境"系统总体效能优化。这也是设计师对产品进行"以人为本"设计必须首先考虑和解决的因素，通过对人的知觉信息和产品操作合理性的设计，研究如何使产品的操作适合人体测量尺寸，并与人的生理、心理机能相协调。

无论是传统的设计或是现代文化创意产品设计，设计人员都必须认真研究人机工程。在文化创意产品设计领域中，人机工程可以帮助设计师正确地处理产品与人之间主次关系，使现代产品的操作符合人的生理尺寸的要求，能够安全、容易地操作，节省体力，减少误操作的概率，同时通过产品形态、色彩、装饰的设计为操作者创造出舒适、宜人的环境气氛，满足人们的心理和精神需求。现代文化创意产品设计离不开人机工程学的约束和指导，必须应用人机工程学的原则和方法，使文化创意产品设计富于人性化的设计理念。在"以人为本"的前提下如何使文化创意产品设计适合人使用时生理和心理的需求，而不是要求人去适应产品的各种机械性能。在高度发达的科学技术条件下，现代文化创意产品设计满足人的生理和心理需求具有可靠的物质技术条件，而不必像以前那样，人们不得不去做一些不适宜人去完成的工作，因而使产品的设计受到许多现实条件的限制。在文化创意产品设计上重视人的生理和心理要素，使整体的设计有新的秩序、安全及舒适，通过对人的生理、心理等知识的正确认识和深入了解，使现代产品符合人操作的需要，达到"以人为本"的设计目标，既是必要的，也是现实可行的。问题的关键在于设计师要树立"以人为本"的现代文化创意产品设计观念，加强人机工程学的研究和应用。如1970年意大利设计师设计的"袋子"坐垫曾风行一时，被称为"豆袋"。袋内填塞颗粒状塑料，能根据人体的姿势自动适应身体的各个部位的形状，而且轻便，易于搬动，可以随时随地给消费者带来舒适的休息姿势。

在现代文化创意产品设计中重点一般是放在操作者方面。一般来说，"有反复性或持久性等机械式的操作动作，因为需要操作者的干预比较少，应尽可能采用机械化、自动化的操作方式，减轻操作者的体力疲劳，也会提高操作的准确性。"[①] 而对于操作工程中随时需要操作者修正的作业任务，则采用人工操作，但需要考虑操作者的疲劳和操作准确性下降的因素，在产品与人直接接触的过程中，产品的尺寸都会受到人体生理尺寸的限制，这包括人体尺寸静态和动态两种测量数据的影响，在设计时要考虑产品能满足大多数使用者的操作适宜性要求，这是人机工程学对现代文化创意产品设计的第一方面的影响因素。此外，人机工程学还涉及操作者的心理、精神，产品使用环境等方面的因素。人体的生理尺寸（包括静态和动态尺寸）通过实验的方法可以比较容易得到，因此，现代人机工程学在人的生理研究方面取得了长足的进展，而心理因素相对于生理因素更加的抽象，每一个消费者之间因为文化水平、风俗习惯、生活环境等的不同具有很大的差异性，研究比较困难，但是在现代科技发达、人们生活水平日益提高的时代，现代工业产品的创意设计对消费者心理需求即精神需求的满足又是其重要的设计目标，因此，作为设计师来说，一定要在现实生活中注意观察、收集、记录、整理、体验消费者的心理需求，从政治、经济、文化等各个方面体会消费者的心理需求，在文化创意产品设计中，不但满足人们安全、舒适的生理要求，也最大限度地体现消费者的心理要求，实现"以人为本"的设计理念。

---

① 王安霞.产品包装设计[M].南京：东南大学出版社，2015：72.

在文化产品的实际创意设计中，有时候不能都得到充足的人机工程学方面的数据，此时设计师就需要采取假设、验证、实验、综合等方法获取相关数据。同时，不同的使用对象，因其年龄、性别、种族等差别，其人机工程学特点大不相同，所以，必须合理选择可供参考的人机工程学资料或实验对象，明确产品的使用目标人群。

人机工程学因素对现代文化创意产品设计的重要影响，是"以人为本"设计思想的具体体现。在具体设计中要考虑的人机工程学因素主要包括以下几个方面：

1. 人体尺寸需求。

要求产品直接作用于人体部分的形式与尺度，应与人体的生理特点和生理尺度相协调，如桌椅高度的设计应以人体测量尺度为依据；计算机键盘的键形、键高、键距要适合人手的解剖生理尺寸的要求等。

2. 肢体动作需求。

要求产品具有操纵特性时，操纵器的操纵力、运动行程必须满足人的肢体运动规律与施力的生理条件，如灵巧的人手能胜任各种轮、杆、键的操作，而人脚却能施加较大的操纵力等。

3. 作业空间需求。

要求作业空间适合人体活动并有良好的视觉感受，特别是头、臂、手、腿、脚应有足够的活动空间，如驾驶室的空间大小要适宜，各种操作要方便舒适。

4. 视觉需求。

要求产品上的显示装置、控制仪表等与人观察有关的设计应满足人的视觉特性，与视野、视距有关的布局设计等都应有利于人能清晰、可靠地获得各种视觉信息，与视觉有关的产品的形态、色彩设计均要给人以视觉美感。

5. 听觉需求。

要求产品上有发声装置的设计应与人的听觉特性相吻合，应声音清晰、音质柔美、传递信息准确。

6. 触觉需求。

要求产品上的各种操纵把手、按键、旋钮等的形状和质感不会使人接触后产生不良心理感受，要使人触觉舒适。

7. 信息处理需求。

要求产品充分考虑人对信息的接受、存储、记忆、传递、输出能力，以及各种感觉通道的生理极限能力，使人与机器的信息传递达到最佳，使人机系统的综合效能达到最高。

8. 心理需求。

要求产品在使用中可靠、稳定，满足人的心理调节能力和心理反射机制，给人安全感，减少操作失误的可能性。

例如，传统的双门冰箱都是冷藏室下置、冷冻室上置，但在日常生活中对冷藏室的使用频率大大高于冷冻室，下置冷藏室使用户须经常弯腰取物。将冷藏室上置，并将冰箱高度设计得与人体身高相当，而将使用较少的冷冻室下置并采用抽屉式储物结构设计。

同样，老式冰箱的温控器都在冰箱内，观察和调节均须打开冰箱门，极不方便。而新型的冰箱基本上都采用了温度控制外置甚至遥控的方式，使冰箱更加美观、实用、节能。

（三）人机沟通因素

人们在日常生活中常常会碰到以下的问题：如新入住某宾馆时，会不清楚热水阀门是往左还是往右；要长时间研究时尚电器的说明书；要费尽周折打开产品的包装；等等。这种不方便使用的产品并不罕见，给人们的生活带了诸多不便，这种情况并不完全是消费者的传统使用习惯或者不熟悉产品所致，而是在文化创意产品设计中非人性化的典型体现。

消费者在使用产品过程中人机沟通的因素是时刻存在的。消费者的人机沟通需求需要设计师充分考虑人的自然特性和社会特性与产品之间的互相作用。人的自然特性包括人体形态特征参数、感知特性、反应特性以及人在劳动中的心理特征等。人的社会特性则包括人在工作和生活中的社会行为、价值观念、人文环境等，目的是解决机器设施、工具、作业、场所以及各种用具的设计如何适应人的各方面特征，为使用者创造安全、舒适、健康、高效的工作条件。

第三章 文化创意产品市场价值的实现

第一节 文化创意产品的价值分析

一、文化创意产品的核心价值

（一）创意源的创意价值

创意经济中一个创意多种应用的现象非常突出，这也是创意产业特有的经济现象。一个好的创意可以激发多种尝试，衍生出许多成功的创意产品。这种现象被经济学家抽象出来有了"一意多用"的提法，并由此提出了创意源的概念。创意源是基于文化资源之上的由创意主体结合个人思想、创意形成的一个抽象性的创意概念集合，是某种创意产品产生的基础创意想法，由此可以衍生为一系列相关的创意产品。创意源在创意产品中得以诠释，附着在创意产品上进入市场，获得消费者的认知与共鸣。消费者对于创意产品内涵本质的高品位追求实际上就是对创意构想创意源的追求。创意源可以被创意主体完全原创出来，也可以是对传统文化要素的解构与再创造。创意源应该蕴含较高的文化价值、艺术审美价值，体现特定的社会价值观念，同时也应当具备很好的可塑性和适应性，能够最大限度地与各种产业形式结合转化为不同类型的创意产品。创意源与知识产权相结合，通过制度化造成稀缺性的形式具有了经济价值。在获得市场的检验取得成功之后,创意源衍生出其他周边产业并形成独有的文化品牌。创意源是创意活动的结晶、是创意扩散的灵魂,也是整个创意产品价值实现过程中的决定性因素。创意源是创意产品产生的源头,创意产品的好坏与创意源息息相关,创意源的生命力直接决定了创意产品发展的质量与品位。对于这个时代的消费者来说,其文化品位与判断能力双重提升,只有真正新颖打动人心的创意才能生存发展。创意产品的品质取决于创意源,因此创意源的创意价值也是创意产品的核心价值之一。

(二)知识产权价值

知识产权意为知识(财产)所有权或者智慧(财产)所有权,也称为智力成果权,是国际上广泛使用的法律术语。知识产权这一术语产生于18世纪的德国,是指人们对其在科学技术、文化、艺术等精神领域创造的知识产品(智力成果)依法享有的权利,是为保护知识产品而从法律上赋予民事主体的权利,主要包括专利权、商标权、著作权(版权)以及商业秘密。无论是从学者及政府组织对于创意产业与产品的界定、分类来看,还是从创意经济的本质进行分析,知识产权价值是创意产业及创意产品的核心价值都是毋庸置疑的。创意产业是以知识产权为核心资产的产业门类,许多创意产品的市场价值得以实现都依赖于知识产权的保护。1967年在斯德哥尔摩的外交会议上,缔结了《建立世界知识产权组织公约》。现在的"世界知识产权组织"就是根据这个公约成立的,共有100多个国家和地区参与了这一组织,也就实际上认可了这一公约对于知识产权的界定。依据公约中的知识产权定义,主要包括以下权利:

与文学、艺术及科学作品有关的权利。

与表演艺术家的表演活动、与录音制品及广播有关的权利。

与人类创造活动的一切领域内的发明有关的权利。

与科学发现有关的权利。

与工业品外观设计有关的权利。

与商品商标、服务商标、商号及其他商业标记有关的权利。

与防止不正当竞争有关的权利。

一切其他来自工业、科学及文学艺术领域的智力创造活动所产生的权利。

上述是知识产权的广义定义，包括了一切人类智力创作的成果。狭义知识产权定义包括工业产权和版权两方面。无论是广义还是狭义知识产权定义，都规定了专利权、商标权、版权三种权利类型，这是世界各国（包括我国）都予以承认的。知识产权具有独占性，它是对于智力劳动成果，依照法律规定所应该享有的占有、使用、处分和获得收益的权利。它是一种无形资产，诸如商标、专利、外观设计、使用新型、服务标志、厂商名称或原产地名称，以及文学作品的著作权、发表及使用或是许可他人使用和获得报酬的权利等都属于知识产权的范畴。知识产权是知识产权（财产权）与知识产权客体——知识产品（财产）构成的统一整体。邓达（2006）结合知识产权的特征对创意产品进行了深刻的分析，他认为创意产生之后不具有天然的稀缺性，因而不具有边际效用价值，从而不能成为财产，必须由法律造成人为的稀缺性才能使知识产权成为经济学意义上的财产，同时，创意活动的相关权利具有法定专属性，法定的支配权就为创意活动和创意产业的价值实现创造了条件。当创意内容被嵌入到物质载体后，在相同的知识产权下，每次复制既不会对原有的知识造成损害也不会受到物质资源的制约，同时创意产品可以与不同的物质载体相结合，开发出衍生产品，这是知识产权的共享性与可复制性决定的，也是创意产品价值实现的重要方式。以迪士尼为例，米老鼠、维尼熊、白雪公主等形象都出现在电影、电视、玩具、文具、服装、鞋帽等各种商品上，为迪士尼带来了丰厚的利润，但利润的背后却是由美国的强有力的版权保护体系做后盾的。创意产品中知识产权的价值和作为精神产品载体的物质价值相比更大，在总价值中占有绝对的比例优势。创意产品的物质载体价值往往是微不足道的，几乎可以忽略不计。例如，微软公司的办公与系统软件，装在价值几乎可以忽略不计的光盘中却以高价售出。这是因为，创意产品一旦设计生产出来，其产品复制只需要消耗非常有限的物质成本，附着的知识产权价值却并未因此有丝毫减少。这种文化创意具有更强的外在表现性，更容易被抄袭复制，因此也更需要知识产权的保护。创意产业的发展与创意产品的价值实现都离不开知识产权制度，从创意产生到消费的过程知识产权都贯穿始终，知识产权价值是创意产品的核心价值实至名归。

（三）文化价值

文化一词渗透在生活的各个方面，但是为其下一个精确的定义又非常困难，总有些管中窥豹以偏概全的嫌疑。从词源学的角度考察，汉语"文化"一词最早出现于刘向《说苑·指武篇》："圣人之治天下，先文德而后武力。凡武之兴，为不服也；文化不改，然后加诛。"后来，南齐王融在《三月三日曲水诗序》中写道："设神理以景俗，敷文化以柔远。"从这两个最古老的用法上看，在汉语系统中，"文化"的本义就是"以文教化"，它表示对人的性情的陶冶、品德的教养，本属精神领域范畴。随着时间的流变和空间的差异，现在"文化"已成为一个内涵丰富、外延宽广的多维概念，成为众多学科探究、阐发、争鸣的对象。而英语中文化一词"culture"，从自然耕作将文化置于一定的生活方式之上类比转为对人的培养直至今日发展成为社会精神上的整体生活方式表达和传承。Rokeach（1973）认为文化价值是相对持久的信念，一个社会将文化认可作为标准指导其成员的态度和行为。Terpstra（1978）等认为文化是人们行为方式和独特的生活方式的综合，是人们和其他社会成员一样拥有的、思考的和做的一切事情，它在和环境学习和相互影响的过程中不断地发生变化。Tse等研究者认为消费者的文化价值观是促成消费者的动机、生活方式和产品购买决策的重要因素，文化存在于动机、机构和自我形象中，人们的需要与消费动机相关，指导消费决策和行为。

（四）体验价值

体验价值是一种顾客价值，是消费体验中顾客表示出来的一种价值判断，是随着人们消费模式转换所表现出来的一种新型的顾客价值观。对消费者来说，有形的商品和无形的服务是外在的，而在消费商品和享受服务中获得的体验则是内在的。美国学者 Tynana 和 McKechnie 认为体验是一个或者一系列的顾客与产品、公司、公司代表等更多利益群体之间的互动，这些互动会造就一种反映，如果反映是正确的就会使顾客认可产品或服务的价值。体验价值是服务价值的一种升华，体验价值不仅仅包括消费产品所带来的使用价值和使用过程中的感受价值，还有顾客对服务过程以外的感知。文化艺术也是如此，古往今来人们在创作文化艺术作品中体现出的人性的光辉和情感的流露总是惊人的相似，打动人心的创意作品总是让人们在享受一个过程，欣赏、娱乐抑或仅仅是消磨一段时光，这些体会让消费者认同这一产品的价值。随着物质文化生活的日益丰富，人们对于体验价值的追求也日益增多，不仅仅满足于温饱的消费者，开始选择让自己感到愉悦惬意的生活方式与产品，体验经济开始出现。体验，就是企业以服务为舞台，以商品为道具，围绕着消费者创造出值得回忆的活动。Csikszentmihalyi（1975, 1997）提出流畅体验观点，并在扩展研究中明确流畅体验的八种构成要素之后，这种基于顾客心理感知评定体验价值的方法引起了学术界的广泛关注。

Massimin、iCarli（1988），Csikszentmihalyi（1990）等学者以顾客对消费对象的主观理解及感受为视角，开展了顾客体验状态以及顾客体验价值结构维度的系统分析。具体地说就是在消费全程中设置一些体验性细节，更加人性化、生动化、体贴化，使得产品的概念得以充分地扩散，以在传播的强度和深度上感染目标人群。体验价值是指顾客从企业提供的产品或服务中所体味到的源于内心感受的价值。创意产品的体验价值主要体现为它的某种信息传达或者感性体验。即是说，当人们选择某一创意产品时，是看重它所承载的信息、情感、审美、内涵等方面的感受以及用设计、包装、广告和形象等塑造出来的某种象征符号。对于创意产品而言，已经不仅仅是提供功能价值满足消费者基本生活需要的传统产品，它蕴含的创意、文化价值给消费者带来的是独特的感受和体验，消费者购买的主要原因也是出于心理层面的满足，无论是音乐、电影、现场表演等多种核心创意产品，均是以无形产品为主，与传统产品不同，创意产品的使用价值主要表现为这种体验价值，消费者购买了创意产品，获得了震撼、感动、愉快、悲伤等一系列的心灵体验，并因此对这个产品留下深刻的印象从而形成对此类产品的认同甚至形成品牌忠诚，这种产品在他内心深处留下的烙印可能影响深远，甚至影响他对此类创意产品的鉴赏水平和选择。许多人都可能因为儿时看过的一部小说或电影而对往后的人生有所启发，这也是创意产品区别于普通产品的一个显著的特征。因此，体验价值也是创意产品不可或缺的重要价值之一。总体来说，文化价值与体验价值是有区别的。文化价值是创意产品固有的，与消费者的反应关系不大，而体验价值则是消费者购买创意产品之后的体会，非常主观。但是文化价值与体验价值也是紧密相关的，文化价值通过体验来实现，体验价值建立在文化价值的基础上，只有具有文化价值的产品才能让人们获得良好的体验。

在本书的研究中，基于体验价值有非常大的消费者主观因素，必须在消费之后才能测量，且体验价值主要来源于创意产品的文化要素。因此，在创意产品市场价值实现与评估的讨论中，考虑消费者可能的文化体验评价，但是不将体验价值单独进行价值评估。

二、创意产品的价值构成

国内现有研究对于创意产品的价值构成多从劳动价值论出发，但是在这一研究视角中，对于人的劳动的测算非常困难，理论研究可行，实践中却无法操作。国外研究分析创意产品的价值构成倾向于从市场价值和非市场价值或者经济价值和文化价值两个角度，且在非市场价值、文化价值方面著述颇丰，市场价值分析不多。比较来看，效用价值论在分析创意产品中有一定优势，因为创意产品大多通过体验实现其价值，消费者的主观感受对于市场价值有重要影响，但是创意产品的市场价值核心在于提供的象征价值以及知识产权价值等客观价值，因此需要与客观价值理论结合考虑。由于创意产品的需求具有非常大的不确定性，供给又具有强垄断性，因此，仅从供求均衡来分析创意产品的价值也有失偏颇。Baumol 和 Peacock 认为无论人们是否支付金钱，艺术总能为他们带来好处。O'Hagan 也提出了同样观点：艺术可以在市场上被买卖，但公共利益不能被出售。以 Throsby 为代表的文化经济学家认为价值是连接文化与经济的基石，是一种社会建构现象；是内在的审美价值、艺术价值或文化价值；绝对价值具有永恒的特点，必须加以考虑。综合来看，创意产品的价值是多维度、动态化的，必须将其市场价值与非市场价值相结合，主客观价值理论综合运用来分析其价值构成。

　　由于文化价值高的产品往往可以索取到高的经济价值，表演艺术、艺术品的文化价值与经济价值呈现正相关的状态，即文化要素也具备经济价值这一点在一些文献中已经被证实了，因此仅仅以经济价值和文化价值区分的提法并不准确。本书认为创意产品的价值在使用价值的基础上包含市场价值和非市场价值两个维度。其中，使用价值又可以看成功能价值、创意价值、体验价值与文化价值的集合。市场价值是可以通过交换，用货币收入反映出来的产品价值，包含着物及物权、知识产权、消费者体验与文化符号价值四个要素，另一部分非市场价值则反映了创意产品固有的特征，是其科技、文化、艺术价值的社会化体现，是长期的、带有公共属性的，可以作为文化资本积淀的内在价值，不因消费者的主观意愿而变化。创意产品的价值包含了承载不同内容形式的价值。不仅包含了文化内容，也包含了消费者体验的一部分，这些无形价值也要附着在某一载体上表现出来。因而，功能价值、创意价值、体验价值和文化价值就成为文化创意产品内容价值的表现形式。

　　依据大多数国外文化经济学家的观点，创意产品的价值是市场价值与非市场价值的和，但创意产品的市场价值和非市场价值应该分别进行评估。

认识到创意产品是具备一个有多维度价值体系的产品对于进一步研究有重要的意义，这说明创意产品是一个有多种特征价值的集合体，且每一部分价值对总价值贡献的权重不同。而其中最为重要的就是知识产权价值与文化价值，在整个价值体系中占据重要的位置。

三、创意产品分类价值构成

创意产品种类繁多，涉及许多行业部门，也有其各自的价值构成与特征。在分析创意产品价值问题时，应该切实考虑不同类别创意产品价值构成的差异，进行具体分析，这对于创意产品分类价值评估与创意产业统计分析、比较都有重要的意义。在创意经济中，不同类型的创意产品所处的产业部门的差别使得它们在产业价值链中的地位也有不同，在市场价值实现的过程中，其经济价值也有所不同。总体来看，国内外的统计研究均表明，包括图书及其他出版物、音乐、音像视频、软件、数字化创意内容、动漫、电子游戏、软件、广播、电视、电影，这些产品在创意产业中经济价值最大，传播最为广泛，影响力也十分显著。

第二节　文化创意产品市场价值的影响因素

一、基于产品维度影响因素分析

（一）文化价值因素影响分析

文化价值可以看作是反映创意产品的意义，因此在创意产品的价值体系中处于首要地位。文化价值的概念涉及了许多个学科领域，从哲学、社会学到经济学都对其有所研究和界定。文化经济学中运用的文化价值概念更多地从哲学和艺术理论而来。客观事物所具有的能够满足一定文化需要的特殊性或者能够反映一定文化形态的属性就是指文化价值。对于文化价值的理解可以看作是多元价值的统一。Mazzanti（2002）认为文化是有多维特质的。Hofstede 和 McCrae（2004）也认为文化是跨学科的，包含5个维度要素。Throsby（2003）以艺术品为例将文化价值分解成六方面的属性。Nozick 认为文化价值是一种内在价值，是多样性的统一。KJamer（1997）以风车为例说明了文化有象征意义。Creffe（1999）和 Throsby（2001）等描述了文化价值的不同组成部分如审美和艺术价值、原创性、真实性、稀有性、象征性和历史价值都是有区别的。实证分析如 Ginsburgh 和 Weyers（1999）比较了美学品质的不同方面，认为美是作品本身的特征，也是经过时间考验的沉淀。DeMarchi 和 VanMiegroet（1996）评估了质量的一个方面——原创性，通过比较经典版画以及复制品，试图解释为什么它们有所不同。Benhamou 和 Cinsburgh（2002）从真实价值角度分析了艺术品的复制品与假货的区别，认识到它们可以在艺术市场中发挥的积极作用（扩散、教育、保存等）。根据这些研究可以看出，学者们将文化价值分解成许多方面，从而探讨各个方面对文化价值的影响。

基于创意产品的分类和特征，可以将文化价值界定为基于创意产品这一特殊对象所建构的一种主客体关系，那么有多少类的主体就会衍生出多少种独特的价值关系。这些关系经过理论结合实践的分析归纳后可以发现，关于文化价值这一多维的、不确定的集合，影响它的因素可能包括审美属性、精神意义、象征意义、历史重要性、真实性、完整性、创意的独特性等。

1. 原创性（Originality）

文化创造价值，创意产品中凝结的文化价值是基于文化资本的一次再创造，而在创意产品的文化价值中，原创性是一个突出的影响因素，甚至某种程度上决定了创意产品

在其整个产品体系内的地位。无论是第一位在瓦窑里烧制瓷器的工匠，还是第一位在铜版上刻画的画师，都无声地开创了一个崭新的时代，这些

领先于时代潮流的创意产品其文化价值与地位是不言而喻的。同样，艺术大师的原创作品也要比复制和仿制品高出很多。以版画作品为例，原版与复制品的价格差距甚远。这是因为原创版画是画家构图绘制唯一的原版或仅有的几版，而复制版画是数量相对多的原版委托印制品。从价值投资的角度来看，原版版画也比复制品增值度高出许多。伦勃朗的版画原版和第二版、第三版都相差许多，印数越多的版画其市场价值也就越低廉，因为欣赏者更关注文化的原创性，这才是创意产品的意义与价值所在。与版画相似，在每一个创意产品的创作过程中都有着天时地利的独一无二，哪怕是同一幅画的构思，两幅油画也不尽相同。因此，原创的价值甚至超越了审美的、艺术的价值并影响着其历史价值而成为创意产品文化价值中影响最为重要的一个。原创性包含了新颖的创意以及具有开创性的创新的能力。原创力是创意产品生产者的创造力和艺术生命力的表现，许多创意产业的研究者都将原创力作为评价竞争优势的一个重要指标，无论是著名的佛罗里达3TS评价体系，还是香港创意产业评价中的5CS体系，均将其视为重要的指标。对于特定的创意产品来说，原创性的表现方面有所不同。以文学作品来说，原创性表现在创作构思立意的新颖性、艺术形象的穿透力与表现手法的创新，人物的塑造与情节设计的出其不意，而音乐作品则在于其独特的旋律传递出来的意境以及扣人心弦的歌词，这些打动人心的力量都是原创的力量。在当今社会这样一个信息泛滥、山寨不断的时代，真正的原创作品如同一股清流，尽管技法并不纯熟，但是仍然让人为之惊叹。因此对于创意产品来说，"原创性是个重要的影响因子，具体衡量的指标有很多，需要根据创意产品的种类进行细分。"[1]

2. 审美性（Aesthetic）

创意产品的文化价值与其美学属性息息相关。从审美价值论的视角来看，审美活动是与价值活动具有同形同构关系的，美学价值形态也是价值

---

[1] 周武忠.设计学研究20位教授论设计[M].上海：上海交通大学出版社，2015：12.

形态的一种表现，具有明显的精神性。美学理论由来已久影响深远，特别是在创意产品的价值体系中影响较大。在历史研究中与文化艺术产品关系最为密切，是艺术品研究者认为最为重要的文化价值之一。古典美学理论认为美是一种内在价值，是事物本身固有的属性，而现代美学倾向于美是一种主观的评价，取决于审美的趣味。我国美学大师朱光潜在《论美是客观与主观的统一》一文中也指出美是客观方面某些事物性质和形状适合主观方面意识形态而交融在一起成为一个完整形象的那种特质。蔡元培与朱光潜二人均主张，审美价值属性是事物客观方面和人的主观方面的结合。总体来看，审美价值主要由两方面决定，一方面是物理属性，另一方面是情感属性。创意产品文化价值的重要载体是其审美价值。创意产品的物理属性呈现在于满足消费者本身的审美需求。创意产品具象的美和质感带来美好的感官体验，而精神层面的情感属性，则是这种审美的愉悦引发的精神共鸣，带来的身心焕然一新的体验。对于创意产品来说，审美属性的重要性来自于创意产品已经超出了人们基本的生存需要而到达了更高层面的追求，在这个层面上，美也和其他价值形态一样，是抽象的概念。但或许以某种物质实体或形式作为价值载体。而对于美学价值来说形式尤其重要，没有形式就没有美。而且美学价值也和其他价值形态一样，总是与人的品位、追求相关，并随社会实践的发展变化而变化。不同的创意产品形式不同，但是却能传递出心灵相通的美学价值，高山流水之音一遇阳春白雪之意，自有相见恨晚的感觉。苹果公司的精神领袖乔布斯先生也是一位伟大的创意家，在他的产品中不仅仅能看见科技简洁的美，还能看见文字艺术线条的美，这也是其产品文化价值的重要构成。

3. 艺术性（Artistic）

艺术与审美价值的概念很相近，往往在评价艺术价值时也会考虑其审美价值，但是为了覆盖更多的创意产品类型，在此处将其分解出来，主要依据的是波兰美学家英伽登的现象学美学概念。他对艺术价值与审美价值加以严格区分，认为艺术价值指的是存在于作品中的精神内涵，而审美价值则是消费者面对创意产品进行审美活动中呈现出来的。因此，艺术价值在创意产品创作之初就存在着，是透过本质彰显出来的，而审美价值则是在欣赏中体味到的。从这个角度来看，艺术价值高于审美价值，标志着这个产品的艺术造诣地位。英伽登还严格区分了艺术价值和审美愉悦。他认为艺术价值是艺术作品本质属性，存在于作品自身的特征要素。审美愉悦则是独立于作品外部的主观感受，取决于欣赏者的心理状态。他不支持价值主观论的观点，认为审美愉悦绝不等于艺术价值本身，这种主观论抹杀了创意产品本身的价值。从这个角度来看，许多创意产品从审美价值来说很高，但是不一定就具备艺术价值，比如一些场面华丽的现场表演，其文化艺术价值并不一定很高，但其审美价值还是很可取的。

4. 精神象征性（Symbolic）

创意产品通常传递出一定的精神象征意义，影响了文化价值的感知。关于象征意义理论的论述最早可追溯到凡勃伦（1899）的《有闲阶级论》。他提出了"炫耀性消费"的观点，指出消费者进行消费的目的不仅是为了获取产品的功能效应，也为了彰显自己的社会地位。这一观点并未在当时引起学术界的重视，直到 Levy 在 1959 年明确指出所有的产品都具有一定的象征意义后，学术界才逐渐开始关注这一问题。Balthes（1968）认为象征意义是指消费者基于自己的价值取向对产品或服务产生的一种主观感受。法国哲学家、社会学家布迪厄在他的《语言与符号权力》一书中将符号消费的概念从物质消费拓展到了精神领域的文化消费。近年来出现了一批对产品象征意义研究做出了重大贡献的学者，如 Sirgy、Belk、Solomon、Park、McCracken 等。他们将象征价值定义为消费者对周围社会心理环境的认同，通过购买产品找寻隶属的群体特征，获得积极的感受体验。Kleine、KleineIII 和 Allen（1995）则认为产品的象征意义充分显示了消费者的个人特征，消费者选择这一产品是为了获得与别人的差异性。Elliott（1998）认为产品的象征意义在于对外构建社会识别，对内构建自我识别，包含了社会象征和自我象征两个方面。SubodhBhat 和 SrinivasK.Reddy（1998）运用因子分析的方法将象征价值区分为两个独立的维度。一个被命名为声望，另外一个被命名为表达个性，它包括的题项有：表达个性、象征地位、出众、身份宣言等。对于创意产品来说，精神象征性代表着产品的个性，宣示着主人的品位，这种意义也是消费者购买的一个重要影响要素。

5. 历史性（Historical）

一件创意产品文化价值的重要组成部分可能是其与历史的联系以及存在的时间，因此创意产品的历史性也是其文化价值的一个影响因素。前面探讨的原创性、审美性和艺术性都会影响一个产品在整个创意发展史上的地位，因此历史性反过来也是文化价值的一个佐证。从最浅显的例子来看，古玩艺术品市场中，年代越久远的艺术品往往越受追捧，尽管许多商周时期的青铜器较后期粗糙简陋，但是其独特的历史文化地位是不容置疑的。这是由于许多创意产品的存世时间本身就代表了艺术品的价值，例如，某些瓷器当年可能仅仅是一个存放物品的器皿，并不具备多大的艺术价值，但是，随着时间的远去，这一日常用品慢慢失去了它原本作为器皿的工具价值，成为人类认识自身社会发展历史长河的物证，一方面显现出其历史价值，另一方面其历史性表现在其发展历史上的地位和在今天的作用，体现着一个时代的特有价值，在不同的时代有不一样的解读与不同的影响。创意产品的历史价值不是作品本身所固有的，而是时代赋予作品的，随着时代变迁和欣赏人群的不同而发生巨大变化，从而呈现出不同的价值。创意产品的历史性是宝贵而稀缺的，大浪淘沙之后才能有一些留存下来，其中的稀世珍品更值得人们收藏保护。

6. 文化品牌影响力（Brand Power）

对于创意产品的文化价值来说，文化品牌影响力的作用显而易见。无论是张艺谋的"印象"系列大型实景演出在全国各地的火爆，郎朗、李云迪等艺术家音乐作品追随者众多，还是卡梅隆导演监制的影片都得以大卖，这些无不说明了创意产品的品牌就是文化价值质量的保证。画家的签名、古玩字画上的题字、电影明星的影响力都在实证研究中证明，消费者们在购买创意产品时既盲目又挑剔。盲目的是只要是文化影响力大的创意生产者的产品都能受到追捧，粉丝们往往并不急于辨识产品品质的优劣；挑剔的是对于默默无闻的新人则往往需要经历漫长的等待与磨炼，在多少次被冷眼旁观后才能等来一次绽放的机会。

7. 文化认知度（Cultural Familiarity）

文化认知度，是指产品包含的文化内涵是否与消费者所处的环境相匹配，或者是否有过相关的认知经验，接受度如何。简单来说，中国国产的电影在国外很少能卖出好票房，这也跟文化的相似度有很大关系，消费者在并不了解中国文化的前提下，很难购买产品。中草药刚刚进入国外市场时被人视为魔法。如果不了解中国漫长的封建王朝历史，很难想象热播剧《甄嬛传》如何在美国流行。这就是所谓的文化相似度的问题，就像我们很难理解非洲食人部落的习俗和传统，更别提买他们的头骨玩具了。同样，由于缺乏对希腊神话、基督教义的理解，中国消费者在观看诸如《雷神》、《普罗米修斯》这类神话电影时，主要是欣赏其审美价值，但是对其传递出的象征意义了解甚少，这都是因为文化背景不同导致的。同样，在看"吸血鬼"类型的小说、漫画时，中国消费者对于这种传说并不熟悉，我们从小熟悉的是道教中的太上老君、王母娘娘之类，估计这类题材的作品让不同文化背景的美国消费者看了也会晕头转向。因此，很多创意产品在推广到海外市场时，其文化价值是否能够顺利且充分地体现出来，也取决于其文化认知度如何。因此，一些影视作品如果在拍摄之前的小说版本就有很多支持者，其票房一定会大卖。哈利波特就是一个成功的例子，小说热卖之后使得哈利波特的魔法世界深入人心，再欣赏电影就会更加了解和接受其传递的象征意义。

（二）知识产权价值的影响因素分析

袁晓东（2006）指出：知识产权的价值存在于知识产权商品化和市场化的过程中，只有市场化才能把知识产权的价值通过企业的盈利实现。知识产权实际上包含了财产权和人身权两个范畴的含义，在探讨创意产品市场价值中我们提及的知识产权仅仅指知识产权的财产权利。对知识产权价值评估影响因素的相关研究大都是以资产价值理论和无形资产价值理论为基础，重点考察知识产权的法律特征、技术应用和市场交易方式等因素对价值评估的影响。魏衍亮（2006）、范晓波（2006）、郑成思（2007）、来小鹏（2008）等从不同角度对知识产权价值评估的影响因素做了分析。

1. 创意产品特征对知识产权价值的影响

（1）以著作权（版权）为主知识产权的涵盖范围比较广泛，包括著作权、专利、商标、商业秘密四大类，在工业及高新技术产业中，专利技术占主要位置，然而在创意产业中，最普遍的知识产权体现在著作权中，美国法系称为版权。美国更是将创意产业直接称为版权产业，并按产品核心价值中著作权的含量分为：核心版权产业、部分版权产业、交叉版权产业以及边缘版权产业。这是由于在创意产品的价值体系中，知识产权价值特别是著作权价值与文化价值一样是非常重要的组成部分，也是创意产业与其他产业区分的显著特征。无论是对市场价值的贡献，还是对创意成果的保护与激励，都尤为重要。创意产品中包含的著作权是一项特殊的人身权和财产权的混合权利，在前文的分析中可以知道，与产品的物权分离，知识产权的权利是相对独立的，在市场价值的实现过程中，产品的知识产权可以单独以各种形式实现其价值，直接到达消费者手中只是其中一种方式，它还可以根据著作权衍生的财产权利单独进行交易，因此需要单独进行评估和考量。自主开发知识产权是创意持有者获得知识产权的主要渠道，也可以委托或者购买知识产权，这又包括很多形式，例如，转让、获得使用许可，以及收购并购企业获得等多种途径，因此知识产权市场价值的评估是非常复杂的。在本书中，我们主要探讨著作权的市场价值，其他价值暂时不做讨论。

（2）高风险性与强衍生性

知识产权主要来自于文化创意要素的个性化表达，其文化属性、审美属性赋予了其独有的新颖性，然而，正是由于这种独特在市场上的反应无法被准确预测,可能会受到来自需求的各种影响,因此在进行投资和转让时都有很高的风险。因为知识产权的价值评估很难在市场上找到参照物,没有任何一个知识产权价值是完全相同的,有许多因素需要考量,因此评估知识产权价值无法用市场途径去统计比较测量,而且,由于创意产品种类与价值实现方式的多样性,知识产权每一个价值增值阶段以及每一种价值实现方式预期得到的收益计算方式也有所不同,因此在进行知识产权价值评估时必须全面考虑。同时,由于创意产品以创意源为中心采用"一意多用"的方式进行知识产权的开发,因此这一核心创意源的知识产权可以进行多个角度的开发和衍生,以各种形式存在,从而达到知识产权价值的全面实现,而且需要具体的分析与考量,这些特点都影响了创意产品中知识产权市场价值的实现程度与方式。

2. 法律因素

对知识产权市场价值实现的影响关于知识产权概念的讨论是跨学科的,许多学科包括会计、价值评估与司法等都在进行知识产权的相应研究。知识产权的法律属性决定了其特有的价值构成与影响因素。

(1) 作品类型与著作权归属人知识产权这一概念的法律属性决定了不同类型的作品其法律影响因素有所区别,因为不同类型作品的相关权利义务的限定各有不同,这些都会影响知识产权价值的实现。

依据我国《中华人民共和国著作权法实施条例》《计算机软件保护条例》,受到法律保护的知识产权产品主要包括文字作品、口述作品、音乐作品、戏剧作品、曲艺作品、舞蹈作品、杂技艺术作品、美术作品、建筑作品、摄影作品、电影作品和以类似摄制电影的方法创作的作品、图形作品、模型作品、计算机程序、文档15类,以及与邻接权对应的图书和期刊的版式设计、表演、录音录像制品、广播电视节目4种作品,共19类。这些作品类型包含的权利内容各不相同,在转让、许可过程中权利范围也有不同的限制。不仅不同类型的作品有差别,原创作品与相关演绎作品的价值也存在差异。尽管演绎作品的作者凭借在演绎原作品过程中的创造性劳动对演绎作品享有独立的著作权并获取报酬，但是，法律也规定演绎作品不得损害原创作者的权利。因此著作权归属人也对知识产权市场价值的实现有所影响，在著作权领域，作者身份对版权价值评估的结果影响非常重大，比如一些名家如张大千的画作价值连城，而赝品则几乎分文不值了。

（2）权利约束著作权

权利约束是指著作权人对某项作品所享有的权利的总和。著作权权利约束中的各项权利是可以分别转让或给予使用许可的。因此，部分权利的著作权的价值与所有权利的著作权价值，自然应该是不相同的。著作权内容丰富，包含了复制权、发行权、出租权、展览权、表演权、放映权、广播权、信息网络传播权、摄制权、改编权、翻译权、汇编权、其他著作财产权等。在实际的创意产品知识产权交易中，涉及每一种权利内容的交易形式其价值都有所不同，这也是不同的权力约束决定的，因此在知识产权市场价值实现与评估中都要考虑到相关权利内容收益方式、收益能力与市场接受度。针对不同的权利约束进行交易时，往往可以将内涵的权利分别进行交易。典型的例子就是对于作家的原创作品，其权利约束内包含的复制权、发行权、翻译权可以转让给出版机构，而相关的改编权、摄制权等可以转让给电影制片机构，同时还可以将信息网络传播权转让给门户网站。这些权利类型都影响着交易方式，进而影响其最终的市场价值的实现程度，评估方法的选择受到这些权力约束的影响各有不同。

（3）收益方式

由于法律对不同著作权的收益方式有所规定，包括转让、特许经营等，法学学者来小鹏认为著作权的收益方式主要包括直接收益型和间接收益型两种。前者是通过销售其作品直接获得收益，比如软件、书籍、音乐就是通过直接销售而获得收益的典型。间接受益型的著作权收益是通过使用其作品的方式获得的，比如一幅珠宝产品外观设计的草图，它的价值实现方式主要不在于直接转让，而是体现在根据该设计制造出的珠宝的价值收益中。销售型著作权的评估价值一般采用市场上或法律规定的一定比例的版税或提成费用得出，而使用型著作权评估价值的确定比较复杂，可能需要综合考虑作品的社会影响力、整个产品市场中技术发展的水平等较难量化的因素，并且结合专家的意见等多方考虑。

3. 知识产权使用年限

（1）法律寿命在法律意义上著作权是有保护期的。著作权的保护期限，是指著作权受法律保护的时间界限或者说是著作权的有效期限。著作权的法律保护时间一般都比较长，但不能因保护期较长而忽视其对著作权价值的影响。超出了知识产权的保护期限，相关的权利将自动进入公共领域不能收取报酬。在我国对于一般作品著作权的保护期限是作者有生之年加上去世后50年。对于特殊产品是自发表之日起50年的保护期。知识产权的法律寿命从根本上决定了创意产品知识产权市场价值实现的时间长度，这对于准确评估其价值有重要意义，法律规定的寿命影响着知识产权本身的价值。特别是对于著作权来说，根据著作权权利主体与作品类型不同，保护期限也有不同。下面列示主要的保护期限：

①作者为公民的期限。著作财产权的保护期为作者有生之年及死亡后50年。如果是合作作品，截至最后死亡的作者死亡后第50年的12月31日。

②作者为法人、非法人单位的期限。著作权（署名权除外）由法人或者非法人单位享有的职务作品，其发表权、使用权和获得报酬权的保护期为50年，但作品自创作完成后50年内未发表的，著作权法不再予以保护。

③电影、电视、录像作品的发表权、使用权和获得报酬权以及摄影作品著作权的保护期为50年，截至作品首次发表后第50年的12月31日，但作品自创作完成后50年内未发表的，其著作权不再受保护。

（2）经济寿命知识产权的经济寿命主要与其所在的产业以及附加在创意产品的生命周期有关，一些走在时尚流行前端的产品，如智能手机的一些技术、设计有关的知识产权，引领了一个时代的变革，苹果、三星、HTC都纷纷抢先注册登记，并时有侵权纠纷的产生，这都是由于这些知识产权处在生命周期的繁荣期，有非常大的市场价值，因此各个企业才争先恐后想要实现垄断获得超额利润。同样在一些网络文学上，穿越作品一度蔚然成风，这也与这个新颖的题材备受读者追捧有关，在阅读市场上有一席之地，这才引起了作者们的关注，另外知识产权的经济寿命还体现在是否有很好的衍生价值，比如喜羊羊系列的动漫产品，可以很好地推出游戏、玩偶等周边产品，这也提升了其知识产权的价值。

Hello Kitty 的动漫形象已经有几十年的历史，并且一直保持着很高的市场价值，其可爱的形象深入人心，相关的文具、服饰产品层出不穷，无不体现其旺盛的生命力，因此，在把握创意产品的知识产权市场价值时，必须要考虑其经济寿命。

4. 知识产权先进度与应用性知识产权市场价值也受到其技术、理念先进度的影响

如果是技术领先且独创性强的知识产权，国家相关政策保护力度更大，且垄断性更高，知识产权所有者能够获得超额利润的概率越大，既能避免竞争对手的跟进和模仿，也抬高了进入的技术门槛，使得对手进入该市场的成本提高。但是知识产权的市场价值容易受到其应用范围的限制，如果一个优秀的创意、先进的技术不能带来很高的收益也不能说其具备了较高的市场价值。

二、基于市场角度的影响因素分析

（一）创意产品市场结构

创意产品市场的结构是指创意产品和服务交换关系的组成构造，包括构成文化市场各要素的组合方式。创意产品市场是一个极其复杂的综合体，其结构主要决定于社会的经济结构，受社会文化艺术消费结构的制约并适应文化艺术消费结构及其变化，同时也反作用于社会经济结构和文化艺术消费结构。创意产品市场的结构状态决定文化创意市场的功能。创意产品

的交易均在市场中进行，创意市场是以创意商品、创意生产要素为经营对象的市场，创意产品市场是沟通创意生产与消费的中介，是创意生产者与创意消费者之间相互联系、相互交换劳动的纽带和桥梁。综观创意产业的市场实践，根据不同创意产品生产过程与消费形式的不同，其市场交易的场所和方式均有所不同。一般来说，市场交易是指独立的、平等的市场主体之间就其所有的财产和利益进行的交换。交易的基础形态是有形物（物质产品）或无形物（精神产品）从一个市场主体移转到另一个市场主体，它们的本质都在于"物"权（起码是外在形式上的）在市场主体之间发生移转，买卖的本质是标的物所有权的移转，依赖于市场主体之间合同（契约）的达成而实现。根据前文对于创意产品物权与知识产权的讨论可以了解到，对于创意产品这种特殊的精神产品来说，其市场交易遵循一般的市场交易规律，但是也有其自身的特征。

1. 市场现状与规模

依据发达国家经验，人均 GDP 达到 3000 美元是一个重要的分界线，此阶段社会消费结构开始出现较为明显的变化，人们的精神文化需求日益迫切、文化消费支付能力显著增强。全球创意产品的市场规模目前正以两倍于全球 CDP 增长率的速度迅速成长，创意产业和创意产品贸易在整体经济中的地位迅速提升，并有超过传统产业的趋势。从全球范围来看创意产品市场总体发展情况主要体现在进出口贸易以及主要创意产品市场的活跃度。

一般来讲，文化消费是指人们为了满足精神文化生活需要而以各种方式消费精神文化用品和服务的行为。居民文化消费多数会伴随货币支付，有时则没有货币支出，如听广播、到公共图书馆读书看报、到文化馆参加各种文体活动等。衡量居民文化消费既可用消费支出反映，也可用消费时间反映。与欧美发达国家的文化消费水平相比，我国居民在此方面相对落后。不过总体来说，我国文化消费呈现着上升的趋势，这也与我们的社会文化需求增长有很大的关系，这些都为创意经济的发展提供了空间和机会。

我国居民对于文化产品的消费能力，尽管有了一定的提高，但是总体水平仍比较低，城乡差距很大，但是这也表明了创意产品市场规模有提升的空间。随着我国人民生活质量的提高，城市居民文化消费能力与品味有了一定的提升，对于创意产品的需求层次有所提高，且呈现出了多元化的特征。现在城市居民在业余时间看电影已是日常活动，听演唱会、观看表演也已经成了文化生活广泛的组成部分，随着文化创意市场的繁荣，民营艺术剧团也表现出了蓬勃的发展势头，无论是茶馆相声还是小剧场话剧，只要内容新颖都能受到观众的热捧。文化消费能力的提高也呼唤着更多原创价值高、文化艺术价值高的创意产品的出现。我国有着悠久的历史、无数动人的传说以及各具地方特色的表演艺术形式，这些都是丰富的文化资源，如此深厚的文化资本为创意工作提供了不竭的源泉和动力，许多优秀的创意人融合自己的创意，借助历史文化，繁荣了文化消费市场。比如印象系列的实景演出，无论是断桥残雪，还是平遥古城，漓江倒影，刘三姐的歌声，都是将民族文化精髓融入其中，而获得了市场的认可。由此可见，我国创意产品市场已然呈现出百花竞放、多元共荣的态势，然而这其中也有一些糟粕，有人恶搞历史，低俗创意，受到了消费者的抵制，综合来说，目前的创意产品市场良莠不齐，但是随着总体市场容量的扩大，也逐渐向好的方向发展。

2. 市场交易形式

（1）文化艺术创意产品的交易绘画、书法、雕塑、文物、古玩等艺术品往往以其稀有性、历史性和独有的美学价值闻名于世，因此，这些产品往往都是孤品，其交易往往以拍卖的形式一次性交易，或者时隔一段时间重复交易。因此，这类产品的价值的确可以参考重复销售的记录。

（2）核心创意产品的产业化重复性交易在图书、音乐电影、表演艺术、电视节目及广播节目等作品中，往往通过大量复制来扩大交易规模。这些产品的物质载体价值相对很低，在复制过程中边际成本很低，且复制不会改变其内容故而对核心价值没有影响，这些产品也构成了创意产品市场的主体，在整个市场中占有较大的份额，属于核心创意产品。

（3）投资性创意产品的文化产权交易形式创意产品具有显著的知识产权特征，某些创意产品是概念性的和处于研发过程中的，这类创意产品的市场交易属于具有战略投资价值的前置交易，而且往往在文化产权交易所进行。由买家投标集合竞价确定产品的最终投资价值。投资性创意产品的交易形式包括以下几种：

①合同约定式。这类交易是受到买主定向意愿委托，双方按照合同约定进行交易的形式。主要包含了以招标、委托进行的创意产品交易项目，买卖双方事先约定主题、成果形式、费用，签订相关合同，并按照约定完成即可，这种在创意市场中比较普遍，基于双方信任了解的基础上，也可能有过相关的合作经历比较容易达成共识，更能收获理想的创意产品。

②周期孵化式。这类交易适用于处在创意构想阶段的创意产品，这种交易形式风险相对较大，因为仅处于创意阶段并未成型，但是投资者看到其具备的原创价值，适用于文化价值含量高的创意产品，投资人愿意帮助这一创意构想转化成产品。这种形式相对投入比较大，一旦实现其市场价值也会有丰厚的回报，比较适合非常有前瞻性、原创性和文化性的创意项目。

③创意源转化交易。这类交易适用于创意扩散能力强、文化价值与商业价值并举的创意源，包括畅销书、电影、游戏相关衍生品的开发等，都属于将一个创意源进行转化，使其市场价值最大化。目前这种交易形式也是非常普遍的，促进了不同产业的融合，比如畅销书《步步惊心》被改编成了电视剧，又推出了相关的游戏。也有的电影走红之后，其剧本也被搬上了出版市场，促进了不同媒介的互动共荣。近几年来，文化产业对国民经济增长速度的贡献不断增长。目前中国基本形成了由娱乐市场、演出市场、音像市场、电影市场、网络文化市场、艺术品市场等组成的文化市场体系，并已逐步形成了书展、博览会、影视节等短期场所交易方式。

3. 市场参与者构成

创意生产者、创意销售者、创意消费者共同构成了创意产品市场参与主体，在创意产品市场中，他们所处的地位如图3-1所示。创意人负责生产创意产品并将其出售给创意销售者，有的也能直接接触消费者；销售者作为主要的交易中介将其收购的创意产品出售给创意消费者，其中包括各种形式的创意产品，也包括知识产权；销售中介不仅从创意人处收购，一些资深消费者的个人收藏也能够成为销售中介创意产品的来源。艺术品市场上的参与者，包括作为生产者的艺术家、作为消费者的收藏家和投资者以及艺术评论家和鉴定专家，都为市场的运行发挥着不同的作用（图3-1）。但由于人类行为的有限理性和市场环境的不确定性，他们的行为有时会表现出明显的机会主义和道德风险倾向。

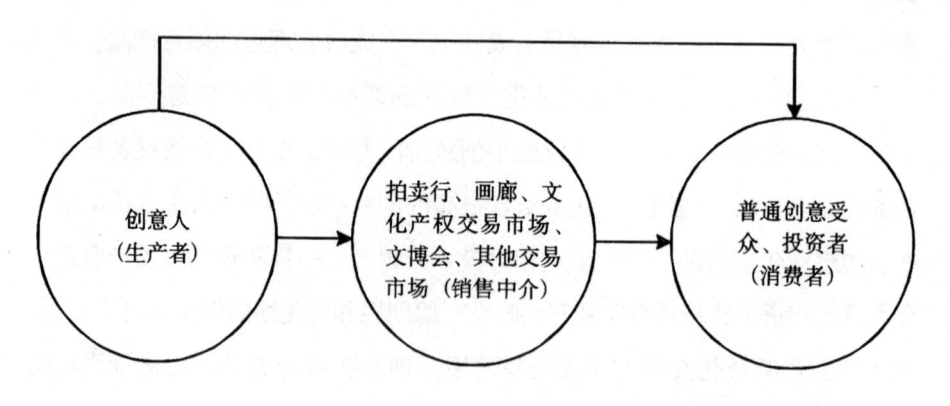

图 3-1　创意市场参与者构成

（1）创意产品生产者

创作供给创意产品的人称为创意者，Florida（2002）从职业角度提出了"创意阶层"（CreativeClass）这一概念。他认为创意阶层包括"超级创意核心"和"创新专家"两部分。其中创意阶层的核心创意人与其他产品生产者有本质的差别，他们不仅关注利益，更关注产品的原创性、卓越的艺术表现以及艺术的和谐统一。创意人的生产源自他们自我实现的需要，创意生产者可能不会迎合消费者的口味去做出创作的改变。文化创意强调创造力与文化艺术价值，这是区分创意大师与普通工匠的标准。而今，创意人既要注重创作的水平，也要考虑创意的市场价值，这样才能让更多的消费者接触到他的创意作品。

（2）创意产品销售中介信息不对称问题一直困扰着创意市场。创意市场中的供给信息对于消费者而言几乎是个空白概念，如何确定创意产品的质量对消费者来说有很大的难度，如果没有第三方的参与，仅仅是消费过程的搜寻成本就让人难以负荷。创意产品市场因而有其自发的创新，这就是固定交易场所。通过文化产权交易市场、拍卖行等固定交易场所，创意产品的供给方和消费者得以顺利交易。例如，在古玩市场交易古玩字画，在剧院欣赏演出、戏剧，在电影院观看电影等。创意产品信息不对称性很高，因此往往通过销售中介进行交易，其交易成本与普通产品比起来也相对较高。然而中介在买卖双方交易中不仅是沟通的桥梁，也在一定程度上主宰了创意产品市场的价格动态和发展趋势。目前，我国创意产品市场交易尚不规范，许多中介机构存在着一定的诚信问题，中介诱导消费者承担巨大的风险，中介与卖家合谋抬高价格欺骗消费者的行为屡见不鲜，因此，如何规范中介机构也是创意市场扩大必须面对的问题。

（3）创意产品消费者

Markusen（2006）认为创意产品的消费是消费者个人的心理感受，不同类型消费者由于个人属性不同，表现出的消费行为差异会更大。创意消费者的特点是依据自己的品位做出判断，但是创意产品的品位培养需要一个过程，创意消费者在无法判断创意产品质量的时候有典型的从众心理，并愿意相信品牌和声誉的力量。每一种创意产品对于不同创意消费者的吸引程度都不一样，有的消费者可能积累了大量这类创意产品消费的知识，受过相关的教育培训有更深刻的理解，他们的观点与专业人士非常接近，关注产品内涵的文化艺术价值，重视自我反省与观照。而那些热心观众则对创意者本身感兴趣，因此创意生产者个人的魅力也会促进创意消费。另外，创意消费者非常注重评论家的态度，由于创意产品的特点，许多产品在欣赏之前从来都是不确定的，因此消费者愿意收集有助于他们做出更好选择的信息，一些评分、奖项的获得、排名等信息充当了评论家的角色，受到创意消费者的广泛关注和信赖。

(二) 创意产品的需求影响因素分析

1. 审美趣味

创意产品的消费需要消费者有一定的审美趣味已是不争的事实，Caves （2000）在分析创意产品中指出审美趣味对于创意消费者是不可或缺的，在创意产品的营销中应该逐渐使得消费者形成"理性上瘾"。创意消费者的审美趣味研究在文化经济学、美学价值论和哲学中都有涉及，最为著名的莫过于休谟对于审美趣味评判的论说。休谟认为审美趣味就是指鉴赏力、审美力。其中，休谟明确肯定了趣味的多样性和差异性。对于创意产品来说，有人喜爱古典音乐，有人喜欢流行歌曲，更有人对所谓"神曲"念念不忘；去看芭蕾舞的观众不少，而相声剧场也是座无虚席，不同创意消费者的审美趣味的差异决定了创意产品市场的丰富和繁荣。因此，创意消费者的审美趣味影响了创意产品的需求量。21世纪，随着科技发展，新媒体逐渐取代传统媒体，书店、博物馆和艺术馆仍然有许多顾客，审美趣味虽然不能分清孰高孰低，但是不同审美趣味确实影响了人们对创意产品消费的选择。

2. 收入与教育

美国在20世纪90年代对现场表演的观众参与率进行了调查，研究表明，拥有较高的收入水平、职业地位和教育程度的人，对表演艺术的参与率比其他人更高，这些研究结果对不同时期的各种艺术形式都表现出了适用性。研究还得出了另一项具有普遍性的成果，即受教育程度也是影响参与率的决定因素。创意产品是一种超出基本生存需要之外的精神性、体验性的产品，因此其消费主要是收入水平较高的人群，同时有一定的文化品位，受过一定的教育，懂得欣赏创意产品的文化价值。这对于创意产品的需求把握有显著的影响，对于市场定位与受众选择也有所助益。

3. 从众心理

创意产品的消费者还有一个显著的特征就是比较喜欢根据专家的判断以及其他消费者的选择来判断创意产品的价值。虽然创意消费者是一群崇尚生活品质、喜欢标新立异的人群，但是他们也有社会从众心理，这是因为创意产品的独特性往往令消费者的信息非常不完全，他们判断创意产品的方法除了体验之外，就是追踪相关购买者和某些权威人士的选择和评价。如看电影之前，大家喜欢去专门的电影网站看看影评以及打分情况再决定是否观看，购买艺术品的收藏家更是信任鉴宝专家的点评，因此大众追捧的创意产品很容易引发需求上涨。

（三）创意产品的供给影响因素分析

1. 文化遗产与艺术品类。

这类创意产品的供给数量有限、存世数量不再增加，一般来说都是孤品绝品，供给不可能随着价格提高而增多，如珍稀古玩、名字画等。就如莫奈的《睡莲》仅此一幅，又如圆明园兽首价格尽管在一次次拍卖中价格不断飙升，但是不可能再提供出同样的兽首，因此，其供给曲线是一条垂直于横轴的直线。见图 3-2 中 S1。

2. 可以大规模复制的创意产品。

这些包含了可以大规模复制的工艺品、CD、书籍、网络游戏产品等。其市场价值与市场规模相关，产品的边际成本近乎为 0，尽管研发创作成本很高，但是随着产量的增加，平均成本逐渐下降，而且随着供给量的增加，其售价趋向越来越低。如图 3-3 所示。

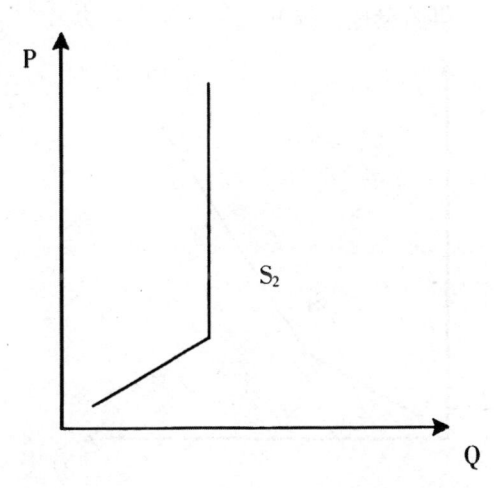

图 3-2 文化遗产与孤品艺术品类供给曲线

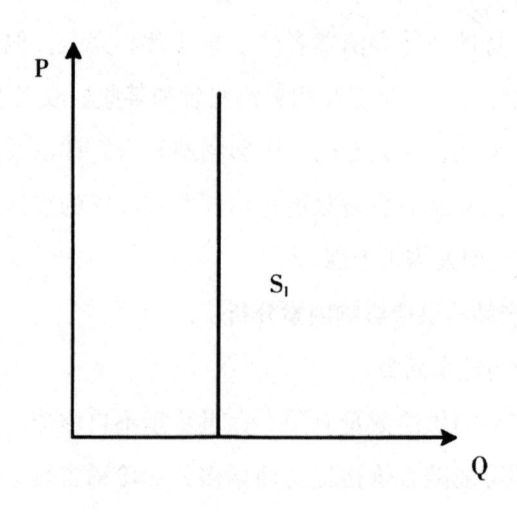

图 3-3　大规模创意产品供给曲线

3. 电影、表演艺术等创意产品。

这些产品的供给不能随需求随意变化，也不能无限地扩大规模，但是受需求旺盛的影响，也可以适当地增加表演、放映的场次、档期，这类产品受到其他替代产品影响很大，图 3-4 描绘了这类创意产品的供给曲线。创意产业有其文化根植性，市场需求水平低的时候其供给也比较有限，缺乏弹性，随着创意产品市场消费需求的扩张，创意活动不断活跃，在创意产品市场消费积累到一定阶段之后，创意产品可能会收获规模效益，供给价格弹性相应变大，供给量也会提升。

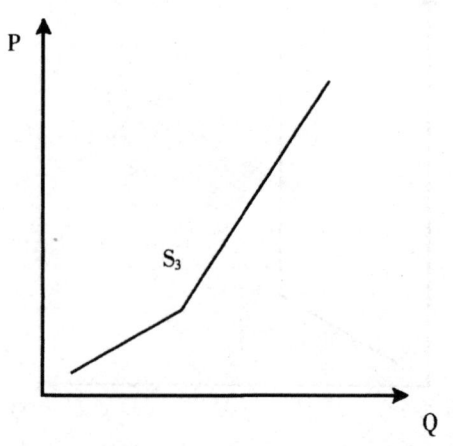

图 3-4　电影、表演艺术类创意产品供给曲线

第三节 文化创意产品市场价值评估

一、文化创意产品市场价值评估设计框架

（一）Hedonic 模型的基本原理及应用

1.Hedonic 模型理论基础

关于 Hedonic 特征价格模型的研究始于 20 世纪二三十年代，Court（1939）首次将特征价格概念及分析技术引入价值评估，但是当时未能引起人们的注意，直到 Criliches（1971）明确提出了特征价格模型是基于异质性商品并由一系列属性因素构成的研究思路，特征价格理论才有了进一步的发展。20 世纪六七十年代是特征价格理论的形成时期，70 年代之后特征价格理论的发展侧重于具体模型估计方法的完善，集中在房地产领域的实证研究，进入 21 世纪，特征价格理论应用领域更加广泛，模型技术也已基本完善，在一些艺术品领域以及其他典型异质性商品领域也有了相关的研究。特征价格理论基础的奠定主要基于 Lancaster（1966）提出的新消费者理论以及 Rosen（1974）对于特征市场供需均衡的分析框架的确定。

（1）新消费者理论

Lancaster 作为新消费者理论的创始人，提出了与传统消费者理论相区别的更符合消费者行为，对经济现象更富解释力的新消费理论。他的主要观点认为消费者购买、消费产品的过程是一个从产品中获得某种特征的过程，著名经济学家汪林海在其观点基础上，提出新消费者理论的系统性观点，标志着新消费者理论的诞生，也推动了现代经济学的发展。新消费者理论认为商品品质的高低决定了价格高低，这些特殊属性决定了产品价格，传统的价格模型很难对这类产品进行价格评价，这就引出了从产品差异性

出发，利用相应的产品特征价格解释总价格的研究思路。他也曾假设商品的特征与价格是线性关系，利用特征价格模型对房地产价格进行了分析，通过对房价的讨论发现，房屋的有用性与房屋价格成正相关。新消费者理论的提出与系统化发展为特征价格模型在经济问题上的应用推广奠定了理论基础。

（2）产品特征市场供需均衡模型

美国经济学家 Rosen（1974）发表了对特征价格和隐含市场的系统论述，他提出了基于特征价格理论的产品差异化模型，并从供给者决策和购买者决策两个角度讨论了在完全竞争市场假设下异质性产品市场短期和长期均衡问题。从方法论的角度阐明了估计特征价格的意义。这篇文章对特征价格模型的构建有很大的理论意义，为后续研究奠定了坚实的基础，他在研究中也应用多元回归分析产品的特征价格，他承认在实际中预算约束往往是非线性的，使得研究变得非常的复杂，特征价格往往并非常数。也有一些学者提出反对意见，Bartik（1987）不同意 Rosen 的均衡价格理论，认为单个消费者并不足以影响供给市场，特征价格理论并非供给与需求相互作用能够解释，他提出要估计内生特征的数量和价格要建立在消费者非线性预算约束之下。这些不同意见也推动特征价格理论不断完善，最终能够应用到更广泛的范围，用于其他市场类型，许多新的对特征模型的改进和应用也有了更广阔的空间。

2.Hedonic 模型基本假设

（1）经济学假设

①异质性的商品。特征价格理论评估分析的对象是具有明显异质性的商品。依据 Lancaster 的新消费者理论，消费者购买某种产品是为了购买其特征要素的集合，供给者也根据产品特征的不同设定不同的价格。

②隐含性的市场。特征价格理论分析的对象是隐含市场，主要是指在产品交易过程中，每一单位的总价格是能够观测到的，但是产品某种特征价格是无法观测的，产品的每个特性都与一部分隐含价格相联系，相对应地也就

能抽象地理解为一个隐含市场，而产品市场正是由多个隐含市场组成的。

③统一的市场。大多数异质性产品可以进行进一步的细分，以艺术品为例，有油画、国画、版画等，购买者对于不同种类的艺术品有其不同的消费偏好，如果不对整体市场进行划分，可能会导致构建特征价格模型的前提假设不充分，导致模型拟合的效果不明显，与实际有较大的差异，因此要对不同的市场进行细分，这不能说明特征价格模型技术的不合理，只是要在统一的子市场建立各自的特征价格模型，这样有助于准确反映实际情况，在对创意产品市场的分析中，同样要考虑不同种类的创意产品特征的差异。

④均衡的市场。依据 Rosen 对于异质性产品市场均衡的分析，异质性产品的交易是在完全竞争市场条件下供给者利润最大化与消费者效用最大化之间的均衡，实际市场中完全竞争且完全信息的情况基本没有，但是在理论分析中只能作此假设，不过依据实证研究中艺术品市场特征价格模型的应用情况来看，模型分析的结果还是比较理想的。

（2）特征价格模型的统计学假设

关于特征价格模型的基础理论没有确定该模型究竟应该采取何种函数形式，但是在长期的实证研究中，学者们与实践者们的摸索为后续研究提供了有益的参考，国际上通用的三种经典函数形式能够较好地拟合，包括线性、半对数、双对数三种类型。在运用模型进行统计分析的时候，需要满足或近似地满足以下统计学假定：

①特征价格模型中的产品价格及具有零均值和同方差特性的随机误差项需要服从正态分布；

②特征变量与随机误差项不相关；

③特征变量之间不存在共线性。

3.Hedonic 模型经典形式

实际操作中产品交易数据相对比较容易获取，但是类似收入、年龄这类消费数据获得难度较高,尽管不同消费者类型对于产品的偏好有差别,忽视消费者类型可能会使分析结果存在一定的误差,但是商品价格实际上是商品通过市场的相互作用决定的,一般认为交易价格是均衡价格,即双方都接受的,运用商品交易数据构建特征价格模型也是被认可的,并广泛应用于定价和价值评估领域。

商品价格的线性模型如下:

$$P_k^t = \beta_0 + \sum_{i-1}^{n}\left(\beta_{ik}^t X_{ik}^t\right) + \varepsilon_t \left(t=1,2,3,\cdots,T;\ k=1,2,3,\cdots,K^t\right)$$

(3-1)

这里,Ptk 表示时期 t 第 k 种商品价格,X 表示该时期该类商品的第 i 个特征,po 表示截距常数项,εt 表示随机误差,其均值为 0,独立于其他的特征变量。Btik 表示特征的隐含价格,其含义是反映 Xtik 每变化一个单位对商品价格影响程度的变化,代表了产品特征变量增加会导致产品价格增加,产品特征变量的减少会导致产品价格下降。

线性模型比较简单,但是也是其他模型变形的基础,该模型暗含的意义是在回归系数不变的情况下,某项特征变量增加一单位则会导致商品价格变化相应的单位,这暗含了边际效用不变的意义,与边际效益递减的规律不合,因此应用范围比较狭窄,但是对于创意产品这种边际效用递增的产品可以说是适用的。

(1)半对数模型。

$$\ln P_k^t = \beta_0 + \sum_{i-1}^{n}\left(\beta_{ik}^t X_{ik}^t\right) + \varepsilon_t \left(t=1,2,3,\cdots,T;\ k=1,2,3,\cdots,K^t\right)$$

(3-2)

(2)双对数模型。

$$\ln P_k^t = \beta_0 + \sum_{i-1}^{n}\left(\ln \beta_{ik}^t X_{ik}^t\right) + \varepsilon_t \left(t=1,2,3,\cdots,T;\ k=1,2,3,\cdots,K^t\right)$$

(3-3)

依次对（3-1）式到（3-3）式两边对第 t 期 k 产品的 i 特征 Xtik 求导数，可隐含特征价格 βtik 分别为：

$$\beta_{ik}^t = \frac{\partial p}{\partial X_{ik}^t} \tag{3-4}$$

$$\beta_{ik}^t = \frac{1}{p}\frac{\partial p}{\partial X_{ik}^t} \tag{3-5}$$

$$\beta_{ik}^t = \frac{X_{ik}^t}{p}\frac{\partial p}{\partial X_{ik}^t} \tag{3-6}$$

其中，（3-4）式可以解释为 Xtik 变化时价格的边际变化，（3-5）式可解释为强的特征价格与商品价格之比或该特征在一定价格水平上的价格增长率，（3-6）式可解释为 Xtik 的价格弹性或者 Xtik 每变化百分之一，价格 P 的变化百分率。现有对特征价格模型函数形式的变化实际目的是为了满足正态或者近似正态，目前在学术界广泛采用的特征价格模型是经过 Box-Cox 变换的形式：$P^{\gamma} = \beta_0 + \sum_{i=1}^{n}\left(\beta_{ik}^t X_{ik}^t\right) + \varepsilon$。

其中，$P^{\gamma} = \begin{cases} \frac{P^{\gamma}-1}{\gamma}, & \gamma \neq 0 \\ \ln P, & \gamma = 0 \end{cases}$，当 γ=0 是，即为半对数模型，当 γ≠0 时，说明数据需要更复杂的函数形式。现实生活中，大量特征变量属于虚拟性变量，其值往往非 0 即 1，如是否有该特征，是否真迹等，通常在这时，γ=0 在实际应用中有的加入一些交互效应消除特征变量的共线性。

（二）总体设计思路

从亚里士多德开始，学者们就尝试将一个作品分解为几种属性（哲学家称其为性质，经济学家称其为特征、品质）进行评价。在文化经济领域，对于创意产品的评价有一些专家评判的典型例子，如电影艺术与科学学院评定的奥斯卡奖项，对于伦勃朗的画作评级以及 Robert Parker 对红酒的评级。一个典型的方式来评价美学质量是将其分解为各种特征，以及分别考察各种特征级别，再根据特征的聚合度综合评价。法国艺术评论家 Rogerde Piles（1635—1709）将绘画分解为四个基本特征：构图、色彩、技法和表现力，但是他没有将这些评分汇总起来对一个画家的作品进行综合评定。Dickie（1997，1988）也认为将其分解是一个很好的概念，并且可以用一些附加价值来解读美的概念。这一方法能够被认为是最接近当代经济理论方面产品差异化理论的观点。这恰与特征价格模型反映的经济意义不谋而合。这一分解的思想非常适用于创意产品市场价值的研究与分析。

现有创意产业研究中应用 Hedonic 模型都是针对具体的某一类产品的特殊性进行分析，而且多数是对创意产品小类中艺术品的文化价值的市场价值进行评估。然而通过对前文创意产品价值的解构以及基于文化经济学、哲学理论中对其文化产品价值评估的逻辑思路，可以发现运用价值分解法进行价值评估已是惯用的评价方式，如果将这一逻辑思路延续，可以发现通过分解创意产品的价值，将其看作是创意产品的特征价值属性，这样就可以覆盖多样化的价值构成的创意产品，特别是文化产品之外的、具备知识产权特征的广泛的创意产品类别。基于这一思想，本书设计出了创意产品市场价值评估的整体评估思路，如图 3-5 所示。

笔者根据前面的理论分析界定了创意产品市场价值构成的基本维度，结合 Hedonic 模型的意义，将创意产品的市场价值看成是每部分特征价值的集合，并根据每部分特征应用相应的评估方法，再将其总体应用特征价格模型评估。同时可以看到，由于每一类型的创意产品的核心价值并不相同，对于某些产品，可能仅仅具备其中一种价值，那么对其评估时，仅仅应用相应方法对其进行评估即可，对于包含几种相应价值的创意产品，应用多种方法的结合，这样，一种动态的、可调整的模型就应运而生了，这既符合创意产品的特征，又实现了可操作性。简而言之，首先对创意产品市场价值构成进行分析，将其分解为几类核心价值，并对这些核心价值分别进行评估，再总体用特征价值法评估得出一个综合性的结论，在不同类型的创意产品价值评估分析中，可以发现不同创意产品的市场价值构成不尽相同。

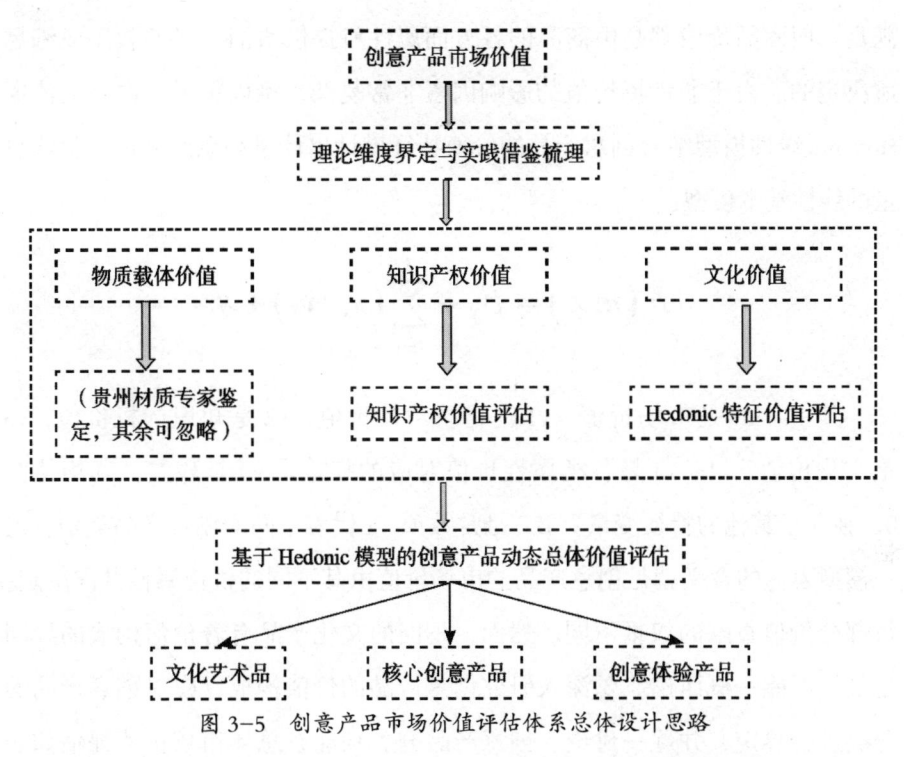

图 3-5 创意产品市场价值评估体系总体设计思路

在这一个价值构成图中，每个模型都是可以自由替换的部分，不同类型的创意产品的核心价值可能有所区别，在具体的评价过程中都可以进行动态的调整。尽管在实际的操作中可能需要许多专家鉴定、行业内人士的参与评估，但是这个构想提供了一种探索性的尝试。

（三）总体模型建构

依据大多数国外文化经济学家的观点，创意产品的价值是市场价值与非市场价值的和，但创意产品的市场价值和非市场价值应该分别进行评估。认识到创意产品是具备一个多维度价值体系的产品对于进一步研究有重要的意义，这说明创意产品是一个多种特征价值的集合体，且每一部分价值对总价值贡献的分权重不同。这一特性除适合于用针对异质性产品价值判断的 Hedonic 模型进行计量分析。Hedonic 方法应用的前提假设即是商品可以看成是各种商品特征的集合，而其内在价格（价值）与其性能有直接联系。所谓的特征或属性是指消费者对产品或服务的消费而得到的效用或者满足。而商品价值则是由商品的各方面属性所提供给消费者的效用或满足所决定的。由于非市场价值的影响因素非常复杂，难以衡量，本书仅依据 Hedonic 线性模型结合创意产品的价值特征设计出计量创意产品市场价值总量的线性基本模型：

$$F(mv_t) = \beta_0 + \sum_{i-1}^{3}(x_i \cdot v_i) + \varepsilon_t$$

其中，mv 是市场价值。v1 是物质载体价值，v2 是知识产权价值，v3 是文化价值，x1—x3 是各类属性价值对应的权重。εt 是残差，其均值为 0，独立于其他的特征变量。β0 是常数项，t 代表不同的创意产品类别。这一模型表达的含义就是创意产品的市场价值由其不同的价值属性共同决定，每部分价值贡献的权重不同。然而，不同的文化产品有着价值构成的异同之处，不能一概而论。要深入研究创意产品的价值构成，应对创意产品的分类进行界定，并逐一讨论。创意产品分类别动态总体市场价值评估如表 3-1 所示。由于文化遗产类产品带有公共性质，不能用来交易，因此本部分讨论不包含在内。

依据经典模型构建的创意产品市场价值评估模型只是第一步，重点是分析创意产品文化价值特征这一大类的特征价格模型。

二、创意产品市场价值评估指标体系构建

在创意产品指标体系的构建过程中主要针对前文中相关对文化价值、知识产权价值的内涵分析以及对创意产品市场价值影响因素的总结，运用文化经济学的方法论与认识论，及其他一些科学的推理方法，来确定相关的指标，同时，把这些指标设计量表，咨询专家学者，进行指标遴选。

表 3-1 创意产品分类别动态总体市场价值评估表

产品类别	核心价值	市场价值构成	交易形式	具体种类	市场价值计算公式
核心创意产品	文化价值与知识产权	知识产权+文化价值+物质载体价值	可复制、衍生多次交易	图书及其他出版物、音乐、音像视频、软件、数字化创意内容、动漫、电子游戏、软件、广播、电视、电影、设计	$F(mv_1) = \left[\beta_0 + \sum_{i=1}^{3}(x_i \cdot v_i) + \varepsilon_t\right] \cdot$ 交易次数
创意体验产品	文化价值	文化价值+知识产权价值	一次性交易	现场音乐表演、剧场、舞蹈、歌剧、马戏、木偶戏、体育赛事	$F(mv_2) = \beta_0 + x_2 \cdot v_2 + x_3 \cdot v_3 + \varepsilon_2$
文化艺术产品	文化价值	物质载体价值+文化价值	单品重复交易	古董、艺术品	$F(mv_3) = \beta_0 + x_1 \cdot v_1 + x_3 \cdot v_3 + \varepsilon_3$

（一）文化市场价值评估维度的指标设计

1. 理论推证为主的设计路径

依据经典模型构建的创意产品市场价值评估模型只是第一步，重点是分析创意产品文化价值特征这一大类的特征价格模型。

二、创意产品市场价值评估指标体系构建

在创意产品指标体系的构建过程中主要针对前文中相关对文化价值、知识产权价值的内涵分析以及对创意产品市场价值影响因素的总结，运用文化经济学的方法论与认识论，及其他一些科学的推理方法，来确定相关的指标，同时，把这些指标设计量表，咨询专家学者，进行指标遴选。

（一）文化市场价值评估维度的指标设计

1. 理论推证为主的设计路径

消费者通过购买创意产品主要享受其文化价值带来的精神体验，因此文化价值是创意产品市场价值中最为重要的组成部分，具有多样化、历史性、价值递增的特征，由于文化的概念如此广博，仅能采用现有理论中涉及文化创意产业的文化价值理论来进行解读，并结合文化经济学领域权威人士的阐述加以佐证，在设计文化价值指标的维度中，结合哲学，特别是美学理论中价值分解的认识论，采用前文逻辑体系中讨论的在哲学视野下对文化价值评估中的描述主义视角来进行推证，得出一个相对客观的文化价值评价体系。

由于目前尚无权威的文化价值评估体系可用来参考，仅在文化遗产研究领域有权威的评估指标，尽管文化遗产存在特殊性，可供借鉴的指标并不完全适用于广泛的创意产品，但是也可作为一种理论参考。因为文化遗产属于一类特殊的创意产品，可以用从特殊到一般的归纳法分析其文化价值的评价指标。现有关于国外文化遗产价值评估的相关论述主要存在于相关遗产保护法律法规之中，由于文化遗产是一种结合了建筑、艺术、历史、

第三章 文化创意产品市场价值的实现

文化在内的综合产物，对其进行评价的因素十分的全面，也可供其他创意产品充分借鉴，而且古今中外有许多建筑、艺术、历史学者都对该领域进行了相关的评价研究。通过对相关文献的梳理发现，"在文化遗产研究领域内的'文化'概念是相对'自然'而言的，包含人类智慧创造的事物，涵盖了艺术、审美、历史、科学、象征等价值内涵，纵观文化遗产研究与历史，对文化遗产价值的认识始于艺术历史价值并逐渐扩展到其他价值范畴。"[①]

雅典宪章认为广义文化价值涵盖了艺术、历史、科学三种价值类型，确立了文化遗产研究中文化价值的范畴，在此之后伴随多样化的文化遗产保护文件的出现，对于遗产文化价值的阐述更加深入细致，形成了以学科领域划分的价值类型，同时也超越了人类文化而将关注的点转移到自然环境中，但是这些价值类型没有超越广义文化价值的领域，在精神与社会价值上的讨论也被视为在文化遗产价值认识上的深化。在对文化遗产价值评价方面，逐步形成了从强调文化面向价值到注重其经济性质的转变，根据这些论述，笔者总结了现有可考的文化遗产文化价值评价的类型。

依据表 3-2 中关于文化价值包含指标体系的讨论，综合考虑前文详细论述的文化价值的概念内涵和影响因素，以及文化经济学、哲学美学理论中的相关论述，本书遵循从理论到实践，从特殊到一般的理论推证，按照不同层级设计出了创意产品市场价值评估中文化价值评价的指标体系（表 3-3）。

表 3-2 文化遗产文化价值类型综述表

学者、法案及年代	文化价值类型
里格尔（1902）	历史价值、年岁价值、艺术价值、纪念价值、稀有价值
雅典宪章（1931）	艺术价值、历史价值、科学价值
保护世界遗产公约	艺术价值、历史价值、科学价值、审美价值、人类学价值
费尔顿（1982）	文化价值、情感价值

---

① 蒋三庚，王晓红，张杰.创意经济概论[M].北京：首都经济贸易大学出版社，2009：2.

莱普（1984）	信息价值、美学价值、象征价值
普鲁金（1993）	历史价值、建筑价值、美学价值、艺术价值、情绪价值
弗雷（1997）	选择价值、存在价值、遗产价值、声望价值、教育价值
英格兰遗产（1997）	教育与学术价值、资源价值、休闲娱乐、美学价值
巴拉宪章（1998）	美学价值、历史价值、科学价值、社会价值（包含精神、政治、国家和其他文化价值）
索罗斯比（2003）	历史价值、美学价值、精神价值、社会价值、象征价值、真实价值

表 3-3 文化价值评价指标体系

指标维度	二级指标	三级指标
文化价值	原创价值	主题创意原创性
		技法原创性
		形式原创性
	审美价值	审美意象
		视听效果
		表现形式
	艺术价值	艺术视野
		艺术技巧
		深层表达
	文化品牌影响力	创意者知名度与影响力
		产品品牌知名度与影响力
	历史价值	创作年代
		真实性
		存世稀缺性
		历史意义
	文化认知度	文化源头
		改编演绎
		文化传播力

第三章 文化创意产品市场价值的实现

2.相关指标的解释说明

文化价值是如此多元,创意产品又是包罗万象,因此文化价值的评估主要是衡量创意产品对社会的各个文化方面所具有的意义。在理论推证之余,笔者在平日走访文化创意企业时也与有关的专家学者、创意人、企业家有所交流,对创意产品文化价值评价的指标始终没有一个统一的答案,但是关于文化价值有一些共性的认识,也与文献中找到的研究人员的评价标准不谋而合。当然涉及不同种类的文化产品,具体的衡量指标有所差异,但是总体来说需要评价的文化价值方面是基本相同的,在具体实施过程中有所增减即可。下面对具体的指标选取进行简要的解释和说明。

（1）原创价值

原创价值主要指创意产品从主题创意、运用的方法技巧到表现形式等各个方面体现出的独特与创新的价值。这是创意产品文化价值创新性的表现,从内涵到外延体现创意对于文化价值的贡献。无论是一个独特的创意视角,运用了开创性的技巧方法,还是采取了新颖的表现手法,都是对现有文化的一种补充,同时这一价值非常容易受到创意受众的瞩目,甚至对所处产业产生革命性的影响,消费者也更偏爱原创产品。在学术界也早有学者对原创产品与复制品进行过讨论,Spear R.E.（1989）,De Marchi N. 和 VanMiegroet H.J.（1996）等等一系列研究者都探讨了艺术品的原创和复制品的差异,得出了人们愿意支付更多给原创作品的结论。尤其是创意产业领域,原创价值显得更为珍贵和重要。在衡量原创价值时本书选取三个代表性的指标。

①主题创意原创性

主题创意是创作构思一件创意产品的灵魂,表达了创意人的创意构想,是内在的创新,无论是开启一个全新的文化视角,还是在原有文化基础上的创作升华,都是非常具有社会价值的,也必然有其市场价值,从长远角度来看,立意之新颖巧妙才是成为传世之作的内核。主题创意原创性是指创意产品承载的是与众不同的想法和创意可以吸收和利用前人的成果,但是应该是独具特色不能雷同的想法和创意。

②技法原创性

同样主题下，运用技巧的创新对于一个创意产品的价值有所贡献。无论是绘画、雕塑、音乐、电影还是动漫、游戏，技巧的原创更能为其增值。这体现了创意人的能力，且带给消费者独特的体验，因此技巧的原创也是原创价值的有机组成部分。

③形式原创性

原创价值不仅体现在内核，外在的表现形式的创新也同样吸引眼球。类似的内容，用新颖的手法表现出来就会收获不同的效果，提升产品的附加价值。如普通电影和3D电影，同样是视觉的享受，3D电影在原有的内容上运用技术将其立体化地表达，其市场价值就大幅提升了。当然形式的原创与技术密不可分，是互补的两个方面。

（2）审美价值

对于美的价值属性，许多哲学家都予以肯定，桑塔耶纳·盖格尔在其《美感》一书中开门见山地提出，"美的哲学是一种价值学说"，并明确地表示"美是一种价值"。审美价值是创意产品文化价值的直观体现，审美价值更强调一种情感性。对于审美价值衡量的标准有很多，本书概括了三项指标，不同类型的创意产品具体体现在不同方面可以自行设计，从内在精神情感体会的美，到外在直观感受的美。

①审美意象

审美意象主要是指精神层面的审美感受，这种意象以外在物质层面的美为基础，在消费者心中形成一种现实而生动的体会，侧重于情感属性的审美，即指创意产品是否让人精神产生愉悦感和共鸣。

②视听效果

创意产品的审美价值还体现在是否能带来视觉或听觉上美的享受。评价一个创意产品的审美价值，它外在展现的直观感受也是一个重要的评价标准，一幅画作的色彩、线条是否优美，乐曲是否动听都是审美价值也是其文化价值的体现。

③表现形式

在符号论美学家看来，符号之所以能够成为审美价值客体，就在于符号能够将人的生命、情感客观化，并使之成为美的形式。创意产品往往有其独特的表现形式，这些形式的美也是评价的一个方面。

（3）艺术价值

艺术价值与审美价值的区别就在于艺术价值更有其社会性，是一种社会公认的对艺术造诣的一种肯定。艺术价值是创意产品所表现的各种美、伦理道德，反映社会现实交织起来的一种精神价值。对于艺术价值的衡量更为困难，包含了许多深层次的价值来源。在此采用文化经济学家 M.Hutter 和 R.Shusterman 对于艺术价值的界定作为艺术价值的衡量指标。

①艺术视野

艺术视野展现的是作品立意的艺术视角对于精神能量的提升作用，也是其艺术价值的重要组成部分，许多涉及伦理道德或是宗教的艺术视野形成的创意作品的内容与普通创意作品有所区别，对于心灵的震撼程度也有很大不同。有许多传统的文化产品与宗教有关，梵音佛唱、壁画雕塑，这种艺术性中往往带有别具一格的庄严肃穆之感，传递出的不仅仅是美的享受，更是一种对信仰的虔诚和尊重，更体现了某种文化对心灵的洗礼与震撼。艺术视野体现了创意产品的艺术高度和文化意义，因此是衡量艺术价值的重要标准。

②艺术技巧

技巧的精细与完美也是衡量创意产品艺术价值的标准之一，如果创意产品的生产难度大，工艺复杂精美，也会对其艺术价值评价有所助益。特别是在生产条件比较简陋的年代，能够制作出精美的创意产品就更加值得认可，因此，创意产品的艺术技术价值高低直接影响其艺术价值的大小。

③深层表达

创意产品的艺术价值还体现在其重视艺术的深层思想表达上，是否能够跟人产生共鸣和交流。艺术的表现力的大小、影响力的强弱可以看作是衡量艺术价值大小的标准。

④文化品牌影响力

文化品牌的影响力主要包含了创意者知名度与影响力、产品品牌知名度与影响力。

⑤历史价值

是指创意产品在人类社会文化发展史中的价值，以及它提供的历史创新的影响，甚至可以作为一个重要的历史物证。具体可以用指标创作年代、真实性、历史意义、存世稀缺性来衡量，这些指标参考了艺术品与文化遗址的评价标准，比较易于理解，不再赘述。

⑥文化认知度

文化认知度主要是指影响文化接受程度的因素，因此也对文化价值有一定的影响。具体表现为其文化源头来自何方，是否易于接受，比如典型的东西方文化差异，还有是不是演绎改编自某个典故传说，是否耳熟能详，同时还包含了所处的文化背景是不是主流的、强势的文化，是否具有较强的传播能力，这都会影响文化价值的市场影响能力，也就影响了文化价值的市场价值。因此选取以下三个指标来衡量：文化源头、改编演绎、文化传播力。

（二）知识产权市场价值评估维度的指标设计

1. 专家咨询为主的设计路径

"知识产权价值是一个兼有法律意义与无形资产意义的大多数创意产品特有的价值，对于这一可以独立交易运作的财产权的评估是一项理论与实践并重的课题，从某种程度上来说，市场实践要远远领先于理论上的发展。"因此，对于知识产权价值评估的指标体系设计采取了以专家咨询为主、理论研究支撑的设计路径。笔者通过实地调研访谈的形式对国内最权威的资产评估公司的3位资深资产评估师、资产评估项目经理进行了深度访谈，并与10余位评估师进行了集体座谈，总结出了知识产权评估实践中采用的具体指标,并依据前文文献研究中的结论进行补充,设计了知识产权市场价值评估指标体系(表3-7)。但是在访谈中笔者发现,实际操作中许多关键性的指标必须依靠评估师多年的经验判断,而不仅仅是理论推导,尤其是在知识产权使用年限的计算、贴现率计算等方面,需要丰富的实践经验,不过不同类型知识产权市场价值评估的基本标准相差无几,主要都是从这几个方面进行评估。另外需要注意的是,由于本书研究的是知识产权的市场价值,对于市场价值的界定有必要清楚列示。《国际评估准则》将市场价值定义为:"自愿买方与自愿卖方在评估基准日进行正常的市场营销之后所达成的公平交易中,某项资产应当进行交易的价值估计数额,当事人双方应各自理性、谨慎行事,不受任何强迫压制。"因此本指标体系不就其他在用价值、投资价值、清算价值等非市场价值评估指标再做分析。

表3-4 知识产权市场价值评价指标体系

指标维度	二级指标	三级指标
知识产权市场价值	盈利能力	权属的类型
		权利内容
		收益方式
		权属完整性
		使用年限
		知识产权先进性
		市场应用性
	长期战略价值	开拓新市场能力
		开发衍生品的机会
		提高进入成本的能力
	市场因素	市场前景、竞争度、整体经济情况等多种因素

2. 相关指标的解释说明

（1）盈利能力

创意产品知识产权最重要的市场价值应该是对该项知识产权现在及未来盈利能力的期望。依据知识产权价值实现方式的不同，包括了以知识产权转让、许可等带来的直接盈利以及通过投资知识产权生产相关产品产生的间接盈利两个部分。依据盈利时间的长短，包括了对创意企业当前短期盈利的贡献以及对创意企业未来战略收入给予的机会。盈利能力主要的衡量指标包含了法律保护层面的一些制度性规定，还包括了知识产权权利的类型、完整性、所处状态、法律规定的收益方式等，以及结合法律规定与市场来判断的知识产权使用期限，这一指标对于创意产品的知识产权来说是尤为重要的，这涉及在评估中计算其未来收益的一个重要指标。具体包括以下几项：

①权属的类型

知识产权权属的类型包括专利、商标、著作权、商业秘密四类，不同权属类型有其不同的市场价值。创意产品中知识产权类型以著作权为主，但是著作权仍有许多特殊的权属规定，与作品类型和归属人有关，前文影响因素中已有理论分析。

②权利内容

具体指包含的权利束的内容，是指著作权人作品所享有的权利的总和。

③收益方式

收益方式指的是法律规定的，以及创意产品实际市场运作中可能的收益方式的集合。

④权属完整性

指的是是否拥有独立的权利，如果是合作关系的话，知识产权评估价值可能相对低一些。

⑤使用年限

主要包括法律规定的保护期限以及产品生命周期，法律规定的保护期限越长价值越高，而且产品所处生命周期也非常重要，有的产品本身处于衰落期，尽管知识产权保护时间长，实际市场价值也会比较低，这两个因素要综合评判，不能仅仅依据企业提供的资料，更要多方考察市场。

⑥知识产权

先进性主要体现了知识产权的技术、构思的先进性和独创性，一般来说，比较创新且处于技术领先和创意领先的知识产权价值增值会比较大，市场评价比较高。

⑦市场应用性

知识产权转化为经济效益的能力非常关键，如果仅仅纸上谈兵对于长期可能会有助益，但是短期盈利能力相对评价会比较低，知识产权是否符合市场的需求、其转化能力是不是强都决定了知识产权的市场价值。

（2）长期战略价值

创意产品知识产权市场价值在长期表现为一种对企业的战略性价值。可能现有的知识产权暂时未能有良好的盈利能力，但是基于对技术前沿的把控以及创意构思的独占性能在未来奠定创意企业在行业中的地位，或者长期来看能够实现其市场价值最大化。因此衡量知识产权长期战略价值主要是从其对新市场的开拓能力、新产品衍生能力以及提高竞争对手进入成本的角度来评估。

①开拓新市场能力

具体指的是该项知识产权是否能够打开一个全新的市场，通过知识产权的运用能够颠覆现有的商业模式，开辟新的市场领域，那么这项知识产权的市场价值无疑是非常高的。

②开发衍生品的机会

知识产权能否衍生出其他新类型产品也是考察其市场价值的重要方面，这与它的转化能力有关，也体现了未来潜在的战略意义，如果能够衍生出多种新产品，对于创意企业来说其市场价值评价就会比较高。

③提高进入成本的能力

对于一项知识产权来说，其战略价值还在于是否能够提高竞争对手的进入成本，比如苹果公司开发的智能手机，引领了手机行业的转型，对于其他竞争对手而言，进入难度很大，需要一定的研发周期才能赶上这一创新步伐，因此获得了一定时期内的超额利润，并且淘汰了一些反应迟缓、技术陈旧的企业，也成就了其在手机产业的战略地位。

三、创意产品市场价值评估指标体系设计

总体来说，创意产品的市场价值评估是比较复杂的，涉及了许多维度的指标，包含了产品自身的因素以及市场影响因素，前文中重点探讨了创意产品文化价值与知识产权价值在其市场价值实现中的重要作用，但是创意产品的物质载体价值以及体验价值也是需要探讨的，之所以前文没有单独列出，主要原因是对于大部分创意产品来说物质载体价值是可以忽略不计的，但是对于一些古玩玉器等本身价值不菲的创意产品来说，其自身材质的珍贵是不容忽视的。体验价值其实是创意产品一个非常重要的价值，然而在实际评估中，体验价值往往都渗透在消费者感知中，且与文化价值密不可分，可以说文化价值中就包含了某些体验价值。我国学者汤晖、钟洁（2011）关于文化产品消费者感知价值的论断更能表达笔者的观点，即不管创意产品的价值要素包含多少，但创意产品的

体验价值必须是消费者实际感知到的。因此。可以说对于体验价值的评估应该是消费者购买后的一种满意度、感知度的评价，而本章讨论的主要是市场交易之前对创意产品价值的评估，因此，本书研究中体验价值的评估主要与文化价值评估结合，对于消费者感知价值评估方法不在此特别讨论。下面构建总体的创意产品市场价值评估体系（表3-5）。

表3-5 创意产品市场价值评估指标体系构建

一级指标	二级指标	三级指标
创意产品市场价值评估体系		
文化价值	原创价值	主题创意原创性
		技法原创性
		形式原创性
	审美价值	审美意象
		视听效果
		表现力
	艺术价值	艺术视野
		艺术技巧
		深层表达
	文化品牌影响力	创意者知名度与影响力
		产品品牌知名度与影响力
	历史价值	创作年代
		真实性
		存世稀缺性
		历史意义
	文化认知度	文化源头
		改编演绎
		文化传播力
知识产权价值	盈利能力	盈利的类型
		盈利内容
		收益方式
		权属完整性
		使用年限
		知识产权先进性
		市场应用性
	长期战略价值	开拓新市场能力
		开发衍生品的机会
		提高进入成本的能力
物质载体价值	材质	产品介质、主体生产材料的成色、档次
	装裱	装裱材质的质量

第四章　现代文化创意产品设计思维解构

第一节　创新思维概述

在现代工业产品的创意设计过程中，创新既是设计的目的又是设计的手段，并在整个创意设计活动中处于核心地位。创新为产品的创意设计注入了新的生命力，在市场国际化、竞争日趋激烈的信息时代，创意产品设计的创造力成为企业取得市场竞争优势的重要条件之一。创新心理是设计心理的重要组成部分，是研究设计创新、拓宽设计思路的重要突破领域。把握产品创意心理、突破设计思维的限制，提高现代工业产品创新设计的水平对于工业设计而言具有深远的意义和作用。

一、创新性思维的内涵

创造活动是指人类对于未知世界的认识、发现和改造的活动过程。在这一过程中，感觉、视觉、记忆、想象等心理机制，都将发生一定的作用，但起主要作用的是思维，特别是创造性思维。思维是人脑对客观事物间接的、概括的反映，它既能能动地反映客观世界，又能能动地反作用于客观世界，是人类认识世界的高级形式，它反映的是客观事物的本质属性和规律性联系。

思维是人脑利用已有的知识和经验，对现有的信息进行分析、计算、比较、判断、推理、决策的动态活动过程，它包括两个方面，一是理性的认识，二是认识的过程。思维具有再现性、逻辑性和创造性等特点。按照发展方向划分，思维可分为发散思维与归纳思维、正向思维与逆向思维等；按思维的活动规律划分，可分为逻辑抽象思维和感性形象思维；按思维的过程和结果的进行划分，可分为正向常规思维和跳跃创造性思维。

心理学认为，思维是人脑的机能，是人脑对客观事物的概括和间接的反映过程。它虽以感知为基础，但不同于感知。感觉和知觉只能反映事物的个别属性或对个别事物进行把握，而思维则能反映一类事物的共同本质和事物之间的规律性联系，是对事物的深层次把握。思维也不同于记忆。记忆是对过去感受过的事物的表象保留在大脑中或重现出来的心理过程，它为思维提供材料。而思维则是对头脑中储存的知识、经验、信息等的加工变换的过程。思维也要反映客观事物，但它不是直接的反应，而是以知识、经验等为中介间接反映客观事物。思维也不同于想象，想象是在头脑中对已有表象进行加工、改新、创新新形象的心理过程。从对表象进行创新、加工这一点上看，它和思维有共同之处。但想象所赖以进行的中介主要是具有直观性的形象。而思维所处理的不仅是形象，也包括经过科学抽象而成的概念、规律等知识单元。想象作为对表项的加工过程，可以较少理性的思考和更为自由，从这个意义上说也可把它称之为非理性思维；而思维则更注重从理性上对思维材料进行加工、创新，因而其结果更能反映客观事物的本质和规律性联系。

"创新性思维"又称"变革型思维"，是开创性的探索未知事物，反映事物本质和内在、外在有机联系，具有新颖的广义模式的一种可以物化的高级复杂思维活动，是一种有自己的特点、具有创见性的思维，是扩散思维和集中思维的辩证统一，是创造想象和现实定向的有机结合，是抽象思维和灵感思维的对立统一。广义上，创新性思维是指创造者利用已掌握的知识和经验，从事物的发展变化过程中探索新联系、追求新答案，创造出新的解决矛盾方法的复杂思维活动。狭义上，创新性思维是指思维过程、思维角度富有独创性，并由此产生创新性成果的思维。在一定意义上说，"思维永远是创新的"，但思维的创新性程度是有差异的。当人类在生产与生活实践中碰到的问题能够用已有的知识、理论和方法解决的时候，虽然也要进行思索，但这种思维的新颖性、独特性较差，因此一般把这种思维称之为常规性思维，当碰到的问题较为复杂，不能直接依靠先前已掌握的经验、知识、理论方法等解决，必须经过独立思考，将储存在头脑中的各种信息重新分析和组合，形成新联系，才能满足需要。显然，这种思维比前者具有更大的创新性，因此被称为创新性思维。

创新性思维强调高度的新颖性、获得成果过程的特殊性以及对人类发展的重大影响性，不仅可以提示客观事物的本质和规律性，而且能在此基础上产生新颖的、独特的、有社会意义的思维成果，开拓人类知识的新领域。创新性思维是历史进步、人类发展的强大推动力，因此，产品设计师的创新性思维的培养训练显得尤为重要，在这个过程中不断地丰富创意设计师的知识结构、培养多维的思考能力和思维的变通性和灵活性，不断地提高产品创新设计的能力。

创新性思维是创新活动的基础条件，也是使创新设计活动有异于一般活动的显著区别。但如何从理论上总结并归纳创新性思维，把握创新性思维的实质，一种见解认为创新型思维应指创新活动过程的整个思维过程。创新活动一般包括准备、潜伏、顿悟和验证等环节和阶段。创新性思维就是整个创新活动过程中所运用或体现出来的思维。其中既包括直接产生新颖、奇特想法和构思的思维活动，也包括对产生的这种想法和构思的非直接的思维过程，例如在准备或验证阶段的思维活动。另一种见解则把这两者分开，认为只有直接产生新颖、奇特想法的思维才能称为创新性思维。它主要体现在潜伏和顿悟阶段，而在准备、验证阶段的思维因其创新性程度较低，或只要运用理性思维就够了，因而被排除在创新性思维的含义之外。

关于对创新性思维的实质的理解，也有两种比较典型的见解。一种见解是把创新性思维的实质归结为某一单一的思维类型，尤其是发散思维，即把创新性思维的功能单纯看作是为了获得更多更出乎常人预料的设想。另一种见解是把创新性思维看作是多种思维类型的巧妙的辩证综合。创新性思维不仅要提供多样化的新奇想法，而且要对各种新奇想法进行筛选和评价，以便满足解决复杂问题的实际需要。

实际上，创新作为人们有目的的认识和改变现实世界的活动，它本身是一个追求既有新颖、独特性，又能满足实际需要的技术功能系统的完整过程。因此，在对创新性思维的理解上应该把它看作是整个创新设计活动中体现出来的思维方式。把创新性思维看作是多种思维类型的复合体，特别是那些成对思维类型的辩证综合。把握创新性思维的关键是在认识不同思维类型的特点、功用的基础上，学会在不同思维类型之间保持必要的张力和平衡，才能有效地提高设计人员的创新力，进而取得丰硕成果。

二、创新性思维的形式

创新性思维是抽象思维、形象思维、直觉思维、联想思维、幻想思维、发散思维、分解思维、组合思维、逆向思维、横向思维、灵感思维、类比思维等多种思维形式的协调，是情感、意志、创新动机、理想、信念、个性等智力和非智力因素的统一，创新性思维的形式主要有以下几种类型：

（一）抽象思维

抽象思维是人们在认识活动中用反映事物共同属性和本质属性的概念作为基本思维形式，在概念基础上进行判断、推理，间接、概括地反映客观现实的一种思维方式，属于理性认识阶段。抽象思维凭借科学的抽象概念对事物的本质和客观世界发展的深远过程进行反映，使人们通过抽象思维活动获得的知识远远超出靠感觉器官的直接感知。

抽象思维分为表面形式逻辑思维和内在辩证逻辑思维。表面形式逻辑思维是抽象思维的初级形态，它从事物的表面现象出发探索事物之间的相互关系，具有相对稳定性、肤浅性和易识性的特征，反对事物的自相矛盾。而内在辩证逻辑思维是抽象思维发展的高级形态，它从事物相互之间对立统一的辩证关系出发，强调思维反映事物的内在矛盾，具有灵活性、规律性和具体性。无论是表面形式逻辑思维，还是内在辩证逻辑思维，它们的思维过程始终是依靠抽象的概念进行的，而其概念所反映的是事物或现象的共同属性或本质。例如，"电冰箱"的概念代表的是通过电能使冷凝剂的状态改变从而达到制冷的效果；"吸尘器"的概念反映了用电力带动电机压缩吸尘器内的空气，在吸尘口形成负压，使灰尘在空气的压力下进入集尘箱，从而达到净化环境的效果。

在现代工业产品的创意设计过程中，运用抽象性思维方式更便于把握事物表象下的本质，将表面复杂的问题简单化、条理化，开拓思维的范围，并以此进行联想、发散等思维构想操作，使得创新设计思路更加开阔，有利于创新构想的展开。

（二）形象思维

形象思维也称为具象思维，是意象运动的过程，通过对具体事物的外在整体形象进行观察来体会和了解物体的各种信息。它依靠自然真实的场景、丰富协调的画面、明确肯定的视觉符号、绚丽多彩的色彩，一切可直接感知的物体表面现象的理解，达到认识事物本质的目的。形象思维的过程始终依靠感性形象、想象和联想是形象思维进行过程中所使用的主要手段。形象思维是引起联想、产生想象，以至于启发灵感和直觉的重要诱因，是产生新设想的必不可少的思维形式。

在产品创新设计过程中，设计者可以集合意识中的大量形象资料，运用联想、想象甚至幻想，运用集中概括的方法来进行创新形象的构思。如图4-1所示"郁金香"椅是沙里宁对新材料和新技术探索的结果。"郁金香"椅设计于1957年，采用了郁金香花瓣的形态，使用了塑料和铝两种材料，在形式上仔细考虑了生产技术和人体姿势才获得的，它的自由形式是其功能的产物，并与某种新材料、新技术联系在一起。在设计史上拥有特殊的地位。

图 4-1 "郁金香"椅

(三) 直觉思维

直觉思维是人们不经过逐步严密的逻辑分析而迅速对问题的答案做出合理的猜测、设想或顿悟的一种跃进式思维形式。直觉思维是人类一种独特的"智慧视力"，是能动地了解事物对象的思维闪念，根据少量的本质现象为媒介，省略了推理过程而直接把握和揭示事物的底蕴或本质，是一种不加论证的判断力，是思维的自由创造。作为一种思维形式，直觉思维对事物的本质掌握是在经验积累和长期严谨的推理训练的基础上做出的，具有直接性、快速性、跳跃性和理智性的特征。人们可以借助于直觉思维进行快速优化选择，做出创新性预见，获得新的发明和提出新的科学思想，特别是在信息发达的现代社会中，快速地找到有用的信息是创新设计的有力保证。例如，科学家卢瑟福发现原子核的存在，提出原子结构的行星模型；法国气象学家 A.L. 魏格纳从地图上发现非洲西海岸与南美洲东海岸的轮廓相似后，提出的地质新学说——大陆漂移学，都是基于直觉思维的合理猜测。

（四）灵感思维

灵感思维也称顿悟，它是人们借助直觉启示而对设计问题得到突如其来的一种领悟或理解的思维形式，是一种把隐藏在潜意识中的事物信息，在需要解决某个问题时，其信息以适当的形式突然表现出来的创造能力。灵感思维是创新性思维过程中认识发生飞跃的心理现象，它的外在形态是对问题突如其来的顿悟。灵感来临时的突出特征是非预期性和转瞬即逝性，不及时捕捉就难以再现。灵感的出现不管在时间上，还是在空间上都具有不确定性，迸发于瞬间，但灵感的孕育和产生条件确是相对固定的，它的出现有赖于知识的长期积累，有赖于智力水平的不断提高，有赖于良好的精神状态、和谐的外界环境，有赖于长时间、艰苦的思索和专心的探索过程。

法国数学家热克·阿达马尔把灵感的产生分为准备、潜伏、顿悟、检验四个阶段。其中，准备和潜伏期是长期积累、刻意追求、循常思索的阶段；顿悟是由主体的积极活动和过去的经验所准备的、有意识的瞬时迸发，是思维活动过程中逻辑的升华。"灵感可以分为来自外界的偶然机遇和来自内部的积淀意识两种形态。外界的偶然机遇包括思想点化、原型启发、形象体现、情境感发等形式。内部的积淀意识包括潜知的闪现、潜能的激发、创造性的梦幻和下意识的逻辑推理等形式。"[①]

直觉思维和灵感思维有一定的相似性，都强调思维的直观性和突然性，但两者有着本质的区别。灵感思维是长久思索、艰苦劳动之后的成果，而直觉思维是从整体上对事物做出的突兀判断；灵感发生在久思不得其解之后，直觉却往往发生在第一次碰头之时；灵感是获取成熟的答案，直觉则

[①] 沈澈.设计概论[M].长春：东北师范大学出版社，2014：85.

是得到推测性的洞察。

（五）发散思维

发散思维又称辐射思维、求异思维或多路思维，著名的心理学家、创造学家吉尔福特把发散思维定义为能够从所设定的限制性信息中产生不同的多种信息，从同一来源中产生各式各样的为数众多的输出。它是指思考者以所思考的问题作为发散的基点，不受现有知识和传统观念的局限和束缚，充分发挥人的想象力，沿着各个不同方向多角度、多层次地思考，辐射性地探索解决问题的一种思维方式。由此，设计师能够产生新的设想、新的突破和新的构思结果。发散思维是多方向的开放思维，主要有三个特性。第一，流畅性，是指发散思维用于某一方向时，能够举一反三，在短时间内迅速地沿着这一方向表达出较多的概念、想法，形成同一方向的丰富内容，表现为发散的"个数"指标。第二，变更性，是指发散思维能从某一方向跳到多个方向，不局限于一个方面、一个角度，能够提供更多可供选择的方案，表现为发散的"类别"指标。变更过程实质就是指在思维过程中克服人们头脑中已有的传统的、固定的、僵化的思维模式，能够灵活地变更出新的方向来思索问题的过程。第三，独特性，是指发散思维能够在较短的时间内形成与众不同的独特见解，是创新性思维活动的高级阶段。发散思维的模式如图4-2所示。

（六）收敛思维

收敛思维又称为集中思维、求同思维或定向思维，它的表现形式为"以多趋一"，指在思考过程中，为了解决某一中心问题，尽可能利用已有的知识和经验，收集各种信息，从不同角度、不同方向将思维的方向指向该问题，把众多的信息逐步引导到条理化的逻辑程序中去，以探索快速、准确地解决问题的思维形式。收敛性思维包括收集、整理、分析、综合、归纳、演绎、抽象等逻辑思维过程。

收敛思维和发散思维是完全相逆的思维过程，其最终的目的是相同的，都是为了快速有效、创新性地解决设计问题，但是两者也有根本性的区别。

第一，从思维发展的方向上看，发散思维是从中心问题开始向外寻求解决问题的方法，是"从一到多"的过程，而收敛思维是从外部的各种信息出发，逐渐向中心问题靠拢，是"从多到一"的过程。第二，从思维活动的作用上看，发散思维有利于人们思维的开放，有利于拓展思维的空间，有利于探索出多种解决问题的途径，而收敛思维有利于从各个不同信息中综合选取最确切信息，有利于快速解决问题，也容易取得突破性进展。收敛思维和发散思维既有区别又有互补，在问题明确，但是信息比较少的情况下，一般采用发散思维，而对于信息量大，相对模糊的问题，则往往采用收敛思维的方式，在创新性解决问题的时候，必须将二者有机结合才能取得创新性成果。收敛思维的模式如图4-3所示。

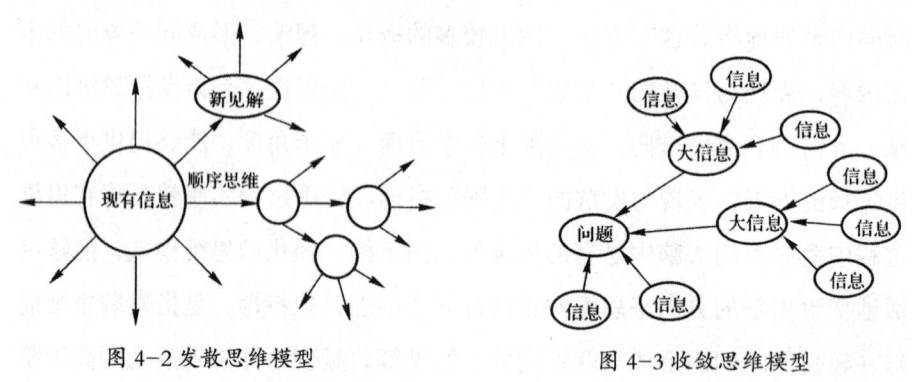

图4-2 发散思维模型　　　　　图4-3 收敛思维模型

（七）分合思维

分合思维是在思维过程中，为了将复杂问题简单化而把思考对象加以分解或为了整体思考的需要而将问题合并，然后获得一种新的思维产物的思维方式。分合思维包括分离思维和合并思维。

分离思维是将参考对象由整体分解为几个相互关联的部分进行思考，有利于抓住问题的核心，集中精力解决最重要的问题，从而找到解决问题的全新思路。分离思维最典型的例子就是曹冲称象的故事。他将一头重量达上万斤的大象以一艘木船为媒介，分解成等量的石头，使用200斤的杆秤完成了称大象体重的难题。

合并思维又称组合思维，是将几个相互关联的思考对象合并一起进行整体思考，从而找到一种新事物或解决问题的新方法的思维。这些对象因为有相互关联，可以在整体上相互促进、相互影响，提高整体效率。如计算机和手机的结合产生了功能强大的现代智能手机；把耳机与一架收音机组合起来，就发明了随身听；华特·迪士尼把动画角色米老鼠与旅游结合起来，创立了迪士尼乐园等，都是合并思维的结果。

在分离思维中，要根据事物的核心本质进行分解，注意对事物现象的提炼和抽象，而在合并思维中要注意合并对象之间相互关联的合理性和有机联系，无关事物的合并有时候会带来整体上的性能的削弱。

（八）联想思维

联想思维是一种把已经掌握的知识与某种思维对象相联系，由一种事物联想到另一种事物而产生认识的心理过程，即由感知或所思考的事物、概念或现象的刺激而想到的其他与之有关的事物、概念或现象，从其相关性中得到启发，从而获得创新性设想的思维形式。联想包括相似联想和对比联想两种方式，即两种事物之间存在相似性或对比性而使人在一定刺激或环境条件下产生的联想。充分地运用联想思维，可以开拓思维的广阔性，增加创新的突破性，联想越多、越丰富，则获得创新性思维的突破性越大。现代各种仿生学的设计，例如飞机的设计就是由飞鸟的飞行原理和姿态联想而获得成功的；再如人类在对付各种流行疾病时所发明的疫苗，就是因为人类感染过某种疾病后身体的免疫系统会产生相应的抗体，所以就可以事先人为注射带有病毒的疫苗，诱发人体抗体的产生从而抵御病毒的侵害；鲁班发明锯条也是由植物叶片的形状联想而来；等等。

所有的发明创新都与前人的积累有关，都需要从历史的经验中吸收知识和营养，关键是能否找到相关事物之间的相互联系，从而激发联想思维。

（九）逆向思维

逆向思维是人们在思维过程中思维倒转，不按照常规模式思考问题的一种重要的思维方式。逆向思维也叫求异思维，它是对司空见惯的似乎已成定论的事物或观点反过来思考的一种思维方式。让思维向事物的对立面方向发展，从问题的相反角度重新认识事物的本质，展开深入地探索，从而树立新思想，创立新形象。

由于受到知识和传统习惯的影响，人们往往习惯于按照常规，沿着事物发展的正方向去思考问题并寻求解决办法。其实，对于某些特殊问题，逆向思考，从结论向已知条件的重新思考或许会使问题简单化，使解决问题变得轻而易举，甚至因此而有所新发现，这就是逆向思维的魅力。

例如，常规的数学计算都是从低位向高位运算，符合人类认识事物的规律，但是著名的"快速计算法"却是从高位向低位的运算，抓住数学运算的关键步骤，从而使运算过程简洁高效；逆向思维科学家英国的法拉第在了解了金属导线通电后在其周围产生磁场，能使附近的磁针运转的发现后，运用逆向思维方法，将磁场转变为电能，发明出直流发电机；电在照明的同时会产生热量，造成能量的损失，电热器正是利用电能产生热量而发明的；电磁炉、微波炉等都是逆向思维所创造出来的具有新功能的现代工业产品，为人类的日常生活带来了极大的方便。

以上九种创新性思维方式是我们在现代工业产品创新设计活动中经常用到的创新设计方法。通过日常思维的训练，熟练掌握这些思维活动的过程并灵活运用它们是创意产品设计的关键。

三、创新性思维的特征

所有的思维形式都具有物质性、逻辑性和非逻辑性的特点，然而，作为人类特有的活动方式，创新性思维具有以下几个最显著的特征：

（一）思维方式的求异性

创新性思维方式首先表现为对传统思维方法的突破，能够打破常规，发现事物的独特本质，表现为对异常现象、细枝末节之处的敏锐性，这是创新性思维的必要条件。思维方式的求异性包含两层含义，一是对问题有独特的见解，在思考问题时能摆脱思维惯性，阐述自己的独到见解；二是能够从事物的相互联系中寻找新关系、新答案，创造性地提出新的解决方案。思维的求异性还表现为思维过程中突破理论权威、现成规律、方法和思维定式的束缚的勇气，如哥白尼的最大成就在于以日心说否定了统治西方世界长达1000多年的地心说；伽利略推翻了权威亚里士多德"物体落下的速度与质量成正比"的学说，创立了科学的自由落体定律等，都是在严酷的学术氛围中坚持思维的求异，坚持科学的方法的结果，没有创新性思维的求异性，何敢挑战最高的政治权威和学术权威。

（二）思维结构的广阔性

广阔性是创新性思维的充分条件。即思维能够在不同的对象之间迅速、灵活地进行转移和变换。创新性思维的广阔性表现为思路宽广，善于在事物涉及的范围内进行多层次、多方向的思考、联想和想象；既能抓住事物的细节，又能纵观全局；既注意事物本身，又能兼顾其他的相关事物。这是一种思维结构的灵活多变，思路及时转换的品质，常表现为思路开阔、妙思泉涌。如著名的画家达·芬奇不但在绘画领域功名卓著，而且是一位建筑师、数学家和结构学家，它甚至设计出了最早的飞机草图和结构图；我国当代著名的诗人郭沫若就是一位历史学家、文学家、考古学家、书法家、剧作家以及社会活动家，涉足众多的学科领域；作为我国航空、航天科学奠基人的钱学森，在力学、火箭技术、系统工程、思维科学、技术美学等广阔领域均有很高的建树。正是因为这些科学家们所具有的广阔知识，在思维过程中才能游刃有余地穿梭于各种知识的海洋，发挥出最大的创新性能力。

（三）思维过程的突发性

突发性是创新性思维的必要属性，创新性思维往往在时间、空间上产生突破、顿悟，没有突破性，就根本不可能进行创新性思维。"踏破铁鞋无觅处，得来全不费工夫""山重水复疑无路，柳暗花明又一村"就是创新性思维活动突发性的生动写照。例如，门捷列夫就是在即将上车去外地旅游之际，突然闪现了未来元素体系的思想；居里夫人也是在经历无数次试验之后，突然发现了镭和钋两种天然性放射性元素的。正是这种突发、跨越式的品质，才是创新性思维活动过程中的最为可贵之处。但是我们要注意的是，思维的突发性并不是无源之水，无根之木，它是长时间坚持、努力的成果闪现，门捷列夫如果没有长达十几年的观察、推理、演算就不可能突现元素体系表；居里夫人如果没有大量试验失败经验的积累，没有坚持不懈的恒心和毅力，也不可能有今天的成就。

（四）思维效果的综合性

综合性是创新性思维的根本。思维活动最终的目的是要创造性地解决实际问题，也即要最终构建出可行的实施方案，如果不在总体上抓住事物的规律和本质，预见事物发展的进程，则重新构建就失去了意义。例如，马克思在研究社会发展的过程中，首先分析商品社会中最基本、最常见的社会关系——商品的交换，阐明了其经济理论的主要基石——剩余价值理论，从总体上分析和把握了现代社会发展的原因。综合的基础是发散，要有好的综合结果，必选首先要进行详细、深入的分析，掌握事物发展的每一个细节，才能更好地在总体上把握事物的本质规律。

（五）思维表达的有效性

有效性是指思维对创新成果准确、有效、流畅地揭示和公开，并以新概念、新设计、新模型、新图式等的方式进行展现。思维成果的表达是创新性思维活动结果的抽象和提炼，是别人理解以及能够运用创新成果的基础，是创新性思维活动的最后关键环节，没有思维结果的有效表达，再好的创新设计构思也未必能转换为实际有用的价值。物理学中的"力""光""原子"等概念，政治经济学中的"商品""价值"等名词，无一不是准确、有效、流畅而形象地描绘了相关领域的创新成果，表达了概念的本质和内涵，有利于学生的理解和沟通，也有利于实际的运用，才发挥了重大的作用。

四、创新性思维的过程

与其他思维过程一样,创新性思维活动的过程包括资料的准备阶段、思维的发散与孕育阶段、思维结果的总结与明朗阶段和思维成果的实验验证阶段。具体内容如下:

(一)资料的准备阶段

资料的准备阶段,即搜集与要解决问题相关或相近的资料信息的阶段,包括发现问题,明确创新目标,初步分析问题,搜集必要的资料。这是创新性思维活动的第一阶段,主要任务是收集和整理资料,储存必要的知识和经验,研究必要的技术、设备及其他条件。准备阶段的前提是已经确定了创新性思维的明确目标,明晰了问题的基本属性,掌握了自己所要解决的主要问题,明白了关键矛盾所在。准备阶段不排除创新主体提出问题的初步解决方案,但解决方法并不成熟,正确性不高,确切地说只是一种肤浅的计划或预见。这是掌握问题、搜集材料、动脑筋的过程,即自觉的努力时期。

(二)思维的发散与孕育阶段

思维的发散与孕育阶段是思维的过程阶段。主要是对前一阶段所获得的各种数据、知识进行消化和吸收,从而明确问题的关键所在,寻求解决的初步途径。这一阶段显性思维处于惰性状态,隐性思维即潜意识处于积极活动期,有些问题虽然经过反复思考、酝酿,但仍未完满解决,思维活动常常停滞不前,问题处于被"搁浅"的境地。这个阶段既有理性的逻辑思维活动如对信息进行分解重组,反复地剖析、推断、假设等,又有不可被感知的思维活动,如潜意识的参与,也是灵感产生的潜伏期。

这个阶段的主要表现是苦思冥想,其中心内容是利用传统的、已知的知识和方法,对需要解决的问题做各种试探性探索研究,寻求满足设计目标与要求和技术原理以及对各种可能的设计方案的构思。技术原理可以是已知的，但需要加以变化、分解、组合。如果原有技术原理不能解决问题，还必须探索新的原理，或将已有的科学理论开发成技术原理。这个阶段持续的时间相对较长。

（三）思维结果的总结与明朗阶段

此阶段也被称为顿悟期或豁朗期。创新性思维活动在经过前一阶段的充分酝酿和长时间思考后，获得突变得到解决问题的重要启示，问题解决的途径和方法突然被找到。问题的明朗化有赖于创新主体的灵感思维或顿悟思维，这种思维是潜意识向显意识的瞬间过渡，是突然的、跳跃的和不能预见的。灵感的出现无疑对问题的解决十分有利，然而，灵感是在上一阶段的长期思考或过量思考的基础上经过总结才会产生的，即在久思不得其解后，对问题突如其来的顿悟。

解决问题的方案可以依靠直觉、灵感来获取，但是通过需要进一步验证和完善。这个阶段的重要表现是思维活动经过长期的酝酿、潜伏，突然出现灵感，有了解决问题的不同寻常的观念和方法。

（四）思维成果的实验验证阶段

实验验证阶段是保证创新性思维成果具有可行性的关键阶段，是从思想层面向物质层面或行动层面转化的过程。通过理论推导或者实际操作来检验上一阶段出现思维结果的正确性、合理性和可靠性，创新思维产物的可实施性、可推广性，其社会影响力、存在价值是否符合预定目标，何种方案的创新价值最高，何为最佳方案等，从而确定将那一种方案付诸实践。

通过检验，很可能会把原来的假设方案全部否定，也可能做部分的修改或补充。因此，创新性思维常常不可能一蹴而就，一次性解决所有的问题，往往需要多次的反复试验和探索，才能获得圆满的成功。因此，这一阶段是对灵感突发时得到的新想法进行检验和证明，并完善创新性成果的过程。

第二节 文化创意产品设计思维能力

一、创新性思维的能力表现

创新性思维是思维的特殊形式,强调思维过程的变异性、跳跃性、突变性,强调思维结果的独特性和新颖性,相对于常规思维模式具有独特的表现形式。进行创新性思维的训练可以提高设计师探索性、运动性、选择性、综合性思维的能力,提高现代文化创意产品设计的效果。作为信息时代的设计师,创新思维的能力主要表现在以下几个方面:

(一) **探索性思维能力**

探索性思维能力是指在思维过程中,善于发现未知世界,勇于创造新结论的能力,体现在能否对传统已知结论、习以为常的事实产生怀疑;是否敢于否定大部分人群认为是正确的结论;是否能提出自己的新见解。

只有具有"怀疑一切""寻根问底"的探索意识,不论什么事情都问一个为什么,而不是"人云亦云",才能促进对事物新的认识,提出新的设想。伽利略正是因为敢于挑战学术权威,才在科学试验的基础上提出了"自由落体"新理论。哥白尼也正是面临被教会砍头的生命危险提出了科学论断"日心说",推动了人类认识自然、了解宇宙的脚步。

(二) **多向性思维能力**

多向性思维能力就是打破传统思维能力的定势,使思维朝着正向、逆向、横向、纵向等多方向自由发展,在变化中寻求创新,在运动中发现机会的能力。

(三) **选择性思维能力**

人的生命是有限的,在有限的时间、空间中要获得成功必须要学会选择。在无限的创造性课题中,正确的选择与技巧就显得特别重要。学什么知识，收集什么资料，展开什么分析；创新课题、理论假说、论证手段、方案构思等的鉴别、取舍，均须做出有效和快速地选择。同时，创新性思维提出的构思方案具有独创性，可以参考的资料和经验都比较少，对结论的鉴别和选择就显得尤为重要。因此，创意产品设计师要在日常的生活过程中训练和培养有分析、比较、鉴别的思维习惯。

(四) 综合性思维能力

创新性思维的最终目的是寻找到解决问题独特、新颖的方法，而在思维过程中产生的各种创意和构思都必须经过提炼和综合，也即将大脑中接收到的信息综合起来产生出新的信息。为了提高综合性思维能力，创意产品设计师应该经常训练培养对信息的概括和总结、把握全局、举一反三的能力。

二、提高创新性思维能力的方法

人们普遍认为，创新性思维只有少数的天才才有，它是受遗传决定的天赋智力，智商高的人一定善于创造性思维。其实不然，从科学发展与实践相结合的观点看，创新性思维是人的基本能力，天生具有，带有一定的普遍性。人的思维能力可以通过后天训练培养而得到提高，天生的高智商只能代表较高的部分能力，并不一定伴随很全面的思维技能。大量的事实表明，创新性思维的产生与某一领域的专门经验无关。如最早的玉米收割机是一个演员发明的；最早的实用潜艇是由一位爱尔兰教师发明的；轮胎的发明人是一位兽医；水翼的发明者是一位牧师；安全剃须刀出于一个普通售货员的设计；彩色胶卷的发明者则是一位音乐家。

进行创造性思维训练的具体方法主要有以下几个方面：

(一) 注意观察周围的一切事物，提高直觉思维的敏锐性

直觉思维是创新性设计的最有效途径，但前提是直觉思维准确的预测性。直觉思维中往往蕴涵着丰富的创造性哲理、正确的洞察力。因此，在

日常的生活中要注意多观察周围的一切事物，掌握事物之间相互关系，了解事物发展变化的基本规律，有意识培养思维过程中的反常性、超前性，不要轻易否定、丢弃日常生活中点点滴滴的直觉意识，提高直觉思维的敏锐性和有效性。

（二）**掌握最新科学技术，培养对事物进行归纳、抽象的能力**

随着现代科学技术的飞速发展，人们对客观事物本质的认识必然越来越深入，许多科学理论、抽象概念反映了现代高科技产品的内涵和功能，借助现代科学的概念来判断、推理、揭示事物的本质可以提高认识事物的能力，而此过程是建立在对事物归纳、抽象认识的基础之上的，因此，通过各种渠道收集、整理、分析、研究现代科学技术，认识科学规律，对提高抽象思维是十分必要的。

要发展抽象思维，必须丰富知识结构，掌握充分的思维素材，不断加强思维过程的严密性、逻辑性、全面性训练。

（三）**抓住事物之间的逻辑关系，强化联想思维范围**

联想思维是把已经掌握的知识、观察到的事物现象等与思维对象有机联系起来，从已有知识和事物的相关性中获得启迪的思维方法。联想思维的锻炼对促成创新性思维活动的成功十分有用。因为已有的知识能够有效解决相关问题，或者已知事物具有相对成熟、经过多方验证的解决方案，如果建立起广泛的联系，就可以借鉴已有成熟的方法解决现有问题。关键是如何建立相关的联系，联系点在什么地方，这些问题的解决就需要具有广阔的知识结构，严密的逻辑思维能力，抓住事物之间的本质联系，强化联想思维的范围。一般来说，联想思维越广阔、越灵巧，则创新性活动成功的可能性就越大。

（四）**保持好奇心，充实想象思维的丰富性**

想象思维是指在已有知识、形象观念的基础上，通过大脑的自主加工改造来重新组织、建立新的结构，创造新形象的过程。想象力包括好奇、猜测、设想、幻想等。好奇心是探索新事物的直接动力，也是保持思维活跃的润滑剂,而猜测、设想和幻想是获得创新思维结果的有效途径。著名物理学家牛顿曾经说过:"没有大胆的猜测,就做不出伟大的发现。"达·芬奇时代并没有任何有关飞机的原型,而他基于对自由飞行的强烈好奇,根据大胆的设想,勾画了飞机最初的原型和结构;莱特兄弟也是因为向往飞行的乐趣,在无数次失败的情况下,冒着生命的危险,实现了人类第一次真正的飞上蓝天,也使人类今天可以自由方便地到世界各地旅行,更可以在不久的将来自由地遨游太空;爱因斯坦自己并没有经历过相对论的时空效应;罗巴切夫斯基也没有直接见过四维空间。他们的创造发现,都是建立在科学基础上的大胆想象。

三、文化创意产品设计师的能力要求

人脑接受信息可以分为有意识和无意识两种方式,有意识的接收是指有知觉地主动接受外在刺激并获取相关信息,无意识的接收则是指无知觉的被动情况下对信息的获取。

与明显的认知世界的意识相对,潜意识是"隐藏在人的大脑深层的各种奇妙的心理智能活动",是未被开发和利用的能力。潜意识思维形式主要指的是直觉思维和灵感思维,它们以感性接受信息为主导,是设计过程中特定瞬间的爆发,灵感是设计者创新欲望的"喷射口"。苏联心理学家柯·普拉图诺夫认为:"灵感是一个人在创新性工作进程中的能力的高涨,它以心理的明晰性为其特征,同时是一连串思想,以及迅速与高度有成效的思维相联系的。"由此可见,灵感是突发式的顿悟,不可预见,也不为人的意志和意识所控制。它是一种思想意识的飞跃,将感性认识直接转化为理性认识,使潜意识迅速转化为显性意识,通过将潜意识中的信息进行解构组合,以一种异常思维模式拼接成有新信息和新概念的形象或意象。如"著名音乐家舒伯特的世界名曲《听,听,云雀!》就是在与友人就餐时,被一本诗集所激发而产生的。"[①] 灵感是强大创新力的心理现象，同时具有强大的探索和开发功能。激发灵感首先需要构建、丰富并完善自己的信息系统，积累知识和生活经验作为信息储备。这是灵感产生的基础。构建自己的知识体系和信息结构对设计师来说是至关重要的，这不仅涉及灵感的产生、创意的爆发，还关系到设计能力、技巧和个人品格的完善。一位成功的创意产品设计师必须具备以下优秀的品质，才能不断地创造出优异的现代工业产品。

(一) 系统、深厚的知识素养

古语曰："人成于学"。要创造，首先要求知。知识是人们对客观事物的认识，是客观事物在人脑中的主观印象，是能力与智力的基础。

一个人创新设计能力的大小，首先取决于其知识的多寡、深浅和完善程度。尤其是现代信息社会，生产力、生产工具的发展加速，知识积累和更新十分迅速，科技成果转化为生产力的周期不断缩短，人们更需要学习，需要与外部世界进行丰富和多元的接触。在创意产品设计过程中，必须不断地学习各种知识，进行科学的选择、加工，形成一个合理的知识结构，然后才能达到创造性地加以运用。

创新性思维是一种综合能力的体现，尽管创新过程是一个思维过程，但离不开创新个体知的积累和知识结构的扩展。现代创意设计由于受到多种因素的限制，无论是哪种类型的设计师，都必须遵循一定的设计规律，而这些设计规律首先要求设计师要具备系统、深厚的知识素养。现代创意设计师的知识结构一般划分为如下三个层次：

1. 丰富、全面的基础文化科学知识。

基础文化科学知识是指揭示最基本科学规律和社会现象的知识，包括人文社会科学知识、自然科学知识和基本的哲学知识。具体指的是哲学、社会学、经济学、心理学、美学、艺术学、伦理学、语言学、数学、物理

---

① 虞世鸣.创意元素与产品设计[M].北京：中国轻工业出版社，2008：8.

学、生态学、信息科学和系统论等。因为现代设计包括的范围非常广泛，不同的设计领域，要求不同的科学基础，但是最基本的科学文化知识都是不可或缺的。

2. 深厚、扎实的专业基础知识。

专业基础知识是指专业设计理论、设计史等与设计密切相关的专业基本知识。设计师通过学习和掌握设计相关基础理论知识，明晰设计发展的脉络并掌握设计发展的基本规律，有助于设计师养成良好的创意思维方式并可对未来设计做出正确的预测。

3. 灵活、系统的设计专业知识。

灵活、系统的设计专业知识主要针对具体设计类型而设置的具有针对性和专业性的学科知识。这些知识反映了各类型设计的技能要求和本质属性，是创意设计各个门类的核心知识。掌握灵活、系统的设计专业知识有利于从不同的角度理解设计任务，得出系统、全面的设计结果。虽然对创意设计师的知识进行了不同层次的分类，但是各个层面的学科知识之间是相辅相成的，并无严格的界限。创意设计是综合性边缘学科，对各层面知识的要求都是必要的，但应注意灵活运用，有主有辅。

(二) 积极、主动地创新设计能力

创新设计能力是多项能力相结合并相互作用而呈现出的综合性能力。创意设计师除了应该具备基本知识之外，还需要具备与创意设计直接相关的创新设计专业能力。创新设计能力是在解决特殊问题时异于常规的求解能力。设计师创新力具有完整的结构模式，这种模式主要包括以下几个方面的内容：

1. 发现问题的能力。

发现问题的能力是指从外界众多的信息源中，发现自己所需要的、有价值的问题的能力。发现问题是创新活动的有效开始。例如，在手机的创新设计中，发现消费者在使用手机时的需求问题就可以促进手机的进一步创新设计。手机的通话质量提高了，短信的需求又提出来了，在短信功能

第四章　现代文化创意产品设计思维解构

实现后，又会进一步提出上网、听音乐、看电视、处理日常工作等新功能。

发现问题是设计师的基本功之一，它是以观察和理解能力为基础的，是针对设计客体所进行的深入的剖析、理解能力，是掌握相关构成要素及概括的能力，是感性思维和理性思维相结合的阶段，需要设计师有敏锐的洞察力、识别并过滤有价值信息的能力和善于接受的品质。面对信息时代各种设计信息的迅疾变化，设计师一定要具备及时准确地过滤出有效信息的能力，尤其要有自己精辟、独到、敏锐的眼光。

同时，创意设计师要有探求欲望和求知意识，要有发现问题的强烈的内在动机。对生活的热爱、对客观事物的好奇心和探索精神是产生创新欲望的先决条件，所谓"知其然，必知其所以然"，才能有更深入的探求欲。

2. 明确问题的能力。

除了要有强烈且敏锐的发现问题意识，还必须进行资料的整理与分析。设计师更要确保采集到的数据和资料的真实性，所以必须将感性认识转化为科学的、逻辑的理性认识，力求找出事物的内在规律性，明确问题的本质。

明确问题就是将获取的新问题纳入主体已有的知识经验中存储起来。创新主体通过收集和整理与问题相关的资料，组建起具有个体差异性质的知识经验库存。如果对这些问题信息采用科学的方式进行编码，并与知识经验相联系，包括问题信息和知识信息在内的整个信息系统就容易由于问题的不确定性而被激活，所有的相关信息能有效地被提取并应用，使得问题信息始终处于活跃状态去诱发创新者产生灵感。

3. 理解问题的能力。

对分析、整理后的问题能够给予理性理解，并捕捉到问题的

实质和难点所在。理解问题是指用矛盾分析方法去识别矛盾、分析矛盾，抓住创新客体或创新对象的主要矛盾和矛盾的主要方面。同时，对旧有知识和经验进行筛选和过滤，转化为与问题相一致或相关联的新信息。在这个过程中理性思维起主导作用，但也需要一定的灵感思维，同时还要考虑到其他的客观设计条件如经济因素、文化脉络、政治动因及环境要素等。

4.解决问题的能力。

解决问题的能力是指对问题的心理加工和实际操作加工的能力。这是创新设计活动的关键，直接影响创新成果产生的效率。要调动设计师所有的智慧，运用联想、类比等多种创新性思维模式探寻解决问题的可行性方法，在创新过程中各种思维方式相互配合，相互促进，在思考、修改、再思考、再修改的复杂过程中完成对初步创新设计构思的修改、完善工作，确保创新成果的可行性和有效性。

5.方案表达的能力。

方案表达的能力是指将解决问题的方案，用文字或非文字的形式呈现出来的能力。它是对设计师创新性思维成果的有效展示，也是让他人理解和接受设计方案的前提条件。好的表达方式能让设计方案展现出独特的魅力，体现出设计师思维转换能力的高低，是创新力转化为创新成果的有力保障。

（三）积极进取的良好个性品质

创新能力是多种能力的综合表现，除了与知识有关外，也与创新设计师的个体品质有密切的关系。因为创新设计主要是个体的行为，不同的个体品质会极大地影响创新主体的思维方式和解决问题的方法。法国作家、音乐学家、社会活动家罗曼·罗兰说过："没有伟大的品格，就没有伟大的人，甚至也没有伟大的艺术家、伟大的行动者。"精神素质是创新型人才智能结构的核心。富有创新性设计思维的设计师，其良好的个性品质可概括为以下几点：

1.广泛的兴趣爱好。

兴趣是求知欲的原动力和出发点，是掌握新知识、探索新创意最好的老师。在寻求问题解决方法的活动过程中，求知欲是最现实也是最活跃的成分之一，是一种积极的、选择性的态度和情绪，是设计师在设计活动之前的准备工作，会对正在进行的设计活动及形成设计的创新性具有强大的推动作用。

2.强烈的创新意识。

创新意识是创新活动的起点，它包含四个不同层次。一是好奇与不满足，愿意了解事物发展的规律，希望获得解决问题独特的方法。二是对事业的迷恋和进取，愿意在自己的职业中取得成功，获得突破。三是竞争意识或荣誉感，愿意在竞争的过程中获得快乐，愿意努力作一个事业的领军者。四是信念型创新设计，把创新性设计看作是一项伟大的工程，担负着人类和谐、持续与健康发展的责任。

例如，科学家狄塞尔在学生时期，当知道蒸汽机的热效率仅为6%—12%时，就立志于内燃机的研究，终于在1893年制出了第一台样机，使热效率提高了35%。我们伟大的周恩来总理也是在中学就立志为中华民族的崛起而奋斗，从而在新中国的胜利与建设中发挥了重大的作用。

3. 坚韧、顽强的意志。

意志是人自觉地确定目的并支配其行动以实现预定目的的心理过程。它是建立在人的自觉意识的基础上的，是人自主能动地改变客观世界、寻求问题答案的主观动机。

创新性设计活动是为了实现创新设计的目的而克服困难的行动，新的设计构思并不被他人所理解，甚至遭到质疑和排斥，设计师坚韧、顽强的意志品质可以帮助设计师克服各种阻力，作为内在驱动力推动创新思维的实现。如法国医学家巴斯德，为研究狂犬病的病因及防治，一次次地试验、失败、再试验，并冒生命危险在自己身上做试验，终于制成了预防狂犬病的疫苗，挽救了无数世人的生命。

4. 饱满的自信心。

自信是一种积极的自我体验，是成功的第一个秘密，是确定自我能力的心理状态和相信自己能够实现既定目标的心理倾向，是战胜自己的一种自我超越。自信能保持设计师乐观的工作态度和不断拼搏挑战、求实进取的精神，有了这一品质，只要有想法，就会有办法，就会锲而不舍取得成功。

5. 持之以恒的作风。

发明家爱迪生说过："发明是99%的汗水和1%的灵感。"创新性思维活动也是一项艰苦的工作，要想获得独特的创新性成果，必须经过艰苦卓绝的奋斗过程。如我国著名的医学家李时珍历经27个春秋，到江苏、江西、安徽、湖南、广东等地，尝百草，博览医书，三易其稿，于1578年完成了52卷巨著《本草纲目》，收载了1892种药物，1126幅附图，1万多个药方，在世界科技史上占有重要地位；王羲之专心习字，吃馍时没有沾蒜泥而沾了墨汁还吃得津津有味；牛顿将怀表当成鸡蛋煮在锅里的故事，均已家喻户晓。

6. 乐观、幽默的精神状态。

创新性思维活动有时候是一件十分枯燥的过程，甚至会受到别人的冷嘲热讽。乐观、幽默是创造者应有的精神品质，是一种健康的心理标志，是灵活思维的兴奋剂和调节器。保持思维的活跃正是获得灵感的重要前提。相反，在遇到困难时萎缩、放弃，则很难取得成功。

7. 良好的合作精神。

现代创意设计需要知识层次多样化、知识结构复杂化、知识属性多元化。不论是单一的设计任务还是大型的设计项目都需要各类型设计师与专业技术人员共同合作完成创意设计的任务，而在合作过程中，有效的沟通能力、良好的职业道德、团队协作意识和高度的责任感，是获得创新设计成果的基本保证。

第三节 文化创意产品设计的创新思维

一、文化创意产品设计构思方法

（一）文化创意产品设计构思方法

在进行文化创意产品设计时，我们首先要去了解设计的对象，做到心中有数。闭门造车是行不通的，要使自己的设计不落俗套，就必须关注使用人群，做好充分的前期市场调查，尽可能多的收集有用资料。全面了解所要研究的问题，如对现有产品的优缺点分析，用户的特征分析，用户期待分析，使用环境分析，材料和技术分析等。

在进行了市场调查之后，采用什么方法进行设计就变得十分重要了。文化创意产品设计中要打破常规，用创造性的方法去思考和分析。在文化创意产品设计中我们一般采用问题法，即从提出问题到解决问题的方法。无论我们碰到什么设计难题，都可以通过问题法来寻找切入点，就能比较容易地找出解决问题的设计方案。

1. 培养正确的构思方法

构思是产品设计的灵魂。我们刚开始学画画，老师都会先教我们基本的方法，作画的顺序，但在设计创作中很难找到一种固定的构思方法。艺术设计大多都是一个循序渐进过程，由不完善到逐渐完善的过程。因此，在文化创意产品设计中要把我们想到的构思及时勾画下来，哪怕是微不足道的一个想法的闪现，也能从中寻找突破点，进行拓展。俗话说得好，万事开头难，在设计时首先要打开思路，只有思路放开了，我们才会有源源不断的想法产生。当左思右想找不到突破口的时候，我们可以换个角度进行思考，灵活运用而不墨守成规，尽可能朝多个方向，多个层次上发散思维进行自由想象，这样总会产生一些想法的，再对各种新想法进行有价值的优化整合，得到一些新颖独特的方案。

2. 文化创意产品设计中创新思维的重要性

设计的本质在于创造，而创造力的产生与发展离不开人的一系列思维活动。设计的过程也是展开想象，进行创新的过程。文化创意产品设计离不开创造性思维。创新思维在文化创意产品设计的过程扮演了十分重要的角色。文化创意产品设计的核心是创造性思维，它贯穿于整个文化创意产品设计过程中。创新的意义在于打破原有事物的束缚，勇于探索，产生新想法。文化创意产品设计正是创新精神运用于实践，从而设计出打动人心灵的美好东西。

3.生活是创意的重要来源

设计不是灵感的闪现,更不会凭空出现,也不是每个人都会有好的创意,设计灵感是从大量的积累中而来。没有丰富的生活体验,是不可能产生神来之笔的,生活永远是最好的老师,我们可以看到许多经典的设计作品都是来源于生活,从生活中找到创意设计元素。例如北京 2008 年奥运会的"鸟巢"会场,设计者德梅隆从中国古代的鼎和仰韶文化——马家窑型的陶器中吸取灵感;1937 年芬兰著名设计师阿尔托在花瓶的设计上采用了一种有机形态的造型,其创作灵感来自他的祖国的湖泊边界线;丹麦著名设计师雅各布森就设计了许多津津乐道的家具产品,他所设计的"蚁"椅、"天鹅"椅和"蛋"椅的灵感都是来源于自然。再留心观察我们身边的产品,不得不感叹生活的确是一块令创意萌生的沃土,产品设计师们应该细心观察生活细节,有意识地进行知识积累,善于发觉和探索,培养敏感的艺术洞察力,在设计时挖掘生活的相关经验,整合创意概念。日本设计师高山正喜久就说过:一切事物,必须亲自去体验,从而训练自己进一步从知识的范畴里跳出来,你才算是一个成功是设计师。

艺术的本质是创造,而且是对生活意义的创造,对人自身存在样式的不断再创造。在产品设计中我们要有一双会观察的眼睛,但最重要的是要在设计过程中不断地思考和总结,逐渐探索出一条适合自己的道路。在设计构思过程中不要故步自封,可以几种方法相互配合灵活运用。

(二)简约设计的文化创意产品设计方法

工业革命之后的世界经济以前所未有的速度向前发展,但在获得巨大的物质文明的同时,人类亦付出了惨重的代价,那就是对环境的破坏所导致的人与自然的对立,人与人的疏离冷漠。在过去的几十年里,中国设计的发展取得了显著的成效,但也存在不少亟待解决的问题,因此对节约型设计的思考,对中国设计未来的发展有一定的指导意义。

随着"节约型"社会的提出,"节约型"设计也应运而生。"节约型"设计与绿色设计、生态设计和循环设计虽然称呼不同,但其内涵却大体一致，也可以说"节约型"设计是集合了绿色、生态和循环设计的一种设计。其最为重要的思想是将一些人弃之不用的物品或包装依据他们原有的造型特点、特质特性加以重新设计，改良成全新的物品，可以让它们重新走入我们的生活，延续它们的生命。概括起来可以给"节约型"设计这样的一个定义：节约型设计是产品一次生命周期结束后的第二次生命创造。着重考虑产品的可重复利用性，并将其作为设计目标，在满足重复利用的同时考虑和保证产品应有的基本功能、使用寿命、经济型和质量等。因此，"节约型"设计适合人们的生活需要，是人类文化发展进步的必然结果。

1. 简约设计观

简约设计是指运用最简单的结构、最俭省的材料、最洗练的造型及最纯净的表面处理等原则来进行产品设计的一种思想。

简约主义是从现代主义中演化过来的一种设计风格，是对现代主义的部分继承和发展，也是社会文明发展到现阶段的必然趋势。美国的国际主义现代建筑可以说是极简设计的典型代表，最后却不得不被炸毁拆除。谁能说它们是节约的设计？可能国际主义的设计师们有过节约的考虑，然而事与愿违，结果不仅造成了巨大的浪费，还带来了其他的社会问题。在产品的设计阶段，应以简洁、明快、实用、经济为设计原则，强调功能与形式的统一，使设计出的产品更加合理化和实用化，能真实准确地反映其自身的价值，满足消费群体的各种必要的审美和需求。在我国资源极度缺乏、环境问题日益严重的今天，推崇简约的设计理念，摒弃奢侈豪华的设计风格，是设计师应具有的社会责任。

2. 生态设计观

生态设计是环境管理领域的一个新概念，也称为"绿色设计"或"可持续设计"，是指将环境因素纳入设计之中，在产品生命周期的每一环节都考虑其可能带来的环境影响，通过设计改进使产品的环境影响降为最低。

中国自古以来就有崇尚自然、热爱自然的传统，古人将自己和天地万物紧密地联系在一起，视为不可分割的整体。"天人合一"就是这一思想的集中体现，它要求人一定要尊重自然规律，按照规律办事，从而达到人与自然的和谐统一。然而，中国当今一些制造商、开发商往往出于经济原因，不愿在项目中推行生态技术，而更乐于在形式上冠以"生态节能"的名号。这些企业更多地是关注眼前的经济利益，而忽视项目所能创造的生态价值，更损害了广大消费者的利益。在这一严峻情势下，很多设计师都已意识到生态设计的重要性，做出与国际接轨的绿色设计。我校美术学院学生多人作品入选"芬兰国际2012生态设计特别展"。展览作品中，他们对日常废旧材料所蕴涵的潜力的再发掘引人深思。这种设计不依循僵化的设计理论教条，而尊重日常生活中存在的基本规律，其态度本身就如同生活一样具有可持续性，使日常材料的潜力得到再发掘，进而突破常规情境得到功能转换、意义多样并蕴含情感的多重目的。

3 伦理设计观

设计伦理的中心点就是可持续发展，可持续发展是调节人类生活方式的新型伦理规范。设计中的异化现象屡见不鲜，如对产品的过度包装就提高了产品的售价；缩短产品的使用寿命，使消费者不得不购买新产品；设计过多的功能键暗示产品的科技水平来提高价值，结果为了一些不必要的功能增加的厚厚的说明书连专家也很难看懂，更不用说普通的消费者。设计师在设计的过程中，要真正为消费者着想，要考虑社会效应。设计师的责任应该是"使这个世界更美好"，而不是更糟糕。用最少的资源实现最佳的社会效果，才有可能让这个世界更美好。我们提倡"以人为本，以人为中心"同时也要强调人与社会、人与自然的和谐，单纯强调人的中心位置显然是不合适的。所以，只有将伦理学的内容带入设计中，只有让伦理设计意识成为每个设计师的自觉的组成部分，才有可能在未来的设计活动中杜绝那种不负责任的、不道德的设计。

4. 中国节约型文化创意产品设计的发展趋势

日本当代设计的代表"无印良品"的根本就是省去不必要的设计，诞生的商品都是单纯的，无印良品的艺术顾问设计大师原研哉说："要让每个消费者都觉得用得顺手，这正是我要的感觉。"其实很多人之所以喜欢无印良品，就是因为喜欢它的简简单单，不矫揉造作，简言之，就是喜欢在设计中体现的自然，坚持的自然。作为另个具有悠久历史的东方中国，在进行文化创意产品设计时，更应该多发掘传统的自然观与美学观；拥有13亿人口的人口大国，更应该以人为本，设计出不似国际主义那种单调冷漠，也不像巴洛克那样奢华浮夸的节约型人性化产品。

（三）国内优秀产品设计案例分析——"祥云火炬"

2008年北京奥运会火炬传递期间，每一个中国人甚至全世界的人都对"祥云火炬"赞叹有加，鲜亮的红色，耀眼的银漆，卷轴式的造型设计上附载着我国传统的祥云符号，令人过目不忘。这件设计作品从最初的草图勾画到最后的建模定型，是我国自主研发设计，由联想有限公司中标完成。它不仅是一把传递奥运圣火的火炬，它的整个造型设计都将中国最古老、最精髓的元素展现给了全世界。"祥云火炬"正是我们从中华五千年文明史中提炼的精品，每一个设计元素都有故事可讲。它的外形看起来简约流畅，其实背后隐藏着十分复杂的制作工艺，而且蕴含了丰富的设计理念，可以说，"祥云火炬"是艺术与科技的完美结合。

1. 卷轴——纸文化的发明国

"祥云火炬"的设计理念来源于"渊源共生，和谐共融"，整体造型是一个纸卷轴的样式。纸，联想Fire团队设计师仇佳钰无意中将一张纸这样卷起来，上面开口，下面是尖的，握在手里，其实这就是一个纸火炬！在讨论了许多可以代表中国形象的元素后，设计师章俊提出了祥云符号，才将纸火炬创意方案进一步推进。纸是中国古代的四大发明之一，它能够记录历史、传递文明，这与现代奥运火炬传递的宗旨十分相符。

2. 云符号——画龙点睛

什么样的图案，才是纸卷造型的最佳搭档？Fire团队追古溯今，从四羊方尊等古代青铜器模型，到有关建筑、装饰等丰富资料，从美丽的剪纸，到飘逸灵动的书法……源远流长的中华文化，让他们陷入了沉思。如何才能找到既能承载中华文明精神深邃内涵，又能融入现代感的创意符号呢？这时候给出提示的，竟然还是一张纸！当设计师们把纸卷起来，纸卷一端横切面的造型可以不断地延展变化，像浪花，像云朵，敏锐的设计师从中发现了一个写意的符号，这个符号贯穿了中国古代文明史，一直为人们所喜爱——代表着美好与祥和的云纹。

3. 色彩——惊艳的中国红漆和银色系

当人们第一眼看到祥云火炬的时候，可能无法关注到那些精美的细节，首先映入人们眼帘的，将是颜色。什么颜色最能代表中国？肯定是红色。哪一种红色是最适合火炬的呢？设计师一一比对，在鲜红、朱红、砖红等众多的红色中，最终锁定了源于汉代的漆红色，几千年的漆器文化，使漆红成为承载千年中国印象的最佳色彩，饱和而富有力度，热烈而稳重。

4. 科技——艺术创意的伴侣

设计是艺术与科技的结合，工业时代的设计就是艺术与技术的理性融合剂。工业产品设计是建立在机器化大生产的前提和基础上的，产品设计最终也只有通过对特定材料的加工成型才能赋予其物质和精神功能，加工成型后还需要对基体进行表面处理，用以改变材料表面的物化特征、提高装饰效果和保护产品等，然后通过检测产品的环境耐候性，综合了解产品本身的科技含量是否达到了表现其艺术性的目的。

北京奥运会火炬的科技含量达到了新的高度：火炬长72厘米，重985克，燃烧时间15分钟，在零风速下火焰高度25至30厘米，在强光和日光情况下均可识别和拍摄；在工艺方面使用锥体曲面异型一次成型技术和铝材腐蚀、着色技术；在燃烧稳定性与外界环境适应性方面达到了新的技术高度，能在每小时65公里的强风和每小时50毫米的大雨情况下保持燃烧。火炬有重量要求，为了让火炬手举握舒适，必须控制在1500克以内，所以要选用轻质的金属，经过比较选择铝，因为铝比较软，延展性好，便于塑性。首先在造型上，上大下小的设计，保证了火炬手举握火炬的稳定性，而且手握处截面大小约为50毫米×10毫米，这个数据，是经过人机工程学考证的，保证了每一位火炬手举握火炬的舒适度。而对于金属材质的外壳，如何能做到防滑呢？这就要归功于火炬下半部分的红色外衣了，这是一种高触感橡胶漆，它的触感接近人体皮肤，握着它就像与同伴握手，不仅手感舒适，还起到了防滑的作用，一举两得。在奥运火炬的设计上，使用橡胶漆还是有史以来第一次。

火炬外壁的制造工艺要求比较高，先把一个圆柱形的棒料中间掏空，上面延展拉宽，下面缩小，侧面压弯，最终塑造成型，外壳薄壁仅0.8毫米，很好地控制了火炬的重量。在高质量的抛光铝面上制作云纹，从而在底色和祥云图案之间达到了完美的平衡。打磨之后，首先给整个火炬覆上银色，并用特别的胶水轻薄地覆盖。设计者随后在胶水层表面覆上刻有云纹图案的胶片，下一个步骤便是利用光在涂底的火炬上刻蚀精美的云纹。

二、文化创意产品设计思维和设计理念

（一）文化创意产品设计中的创新思维

1. 文化创意产品设计的思维方式

文化创意产品设计的过程可以看作是发现问题、分析问题和解决问题的过程，它通过物的载体借助于一种美好的形态来满足人们的物质或精神的需要。而创新思维是一种全方位的思维形式，能够引导人们从不同的角度、不同的层面去思考问题，从而突破思维定式，激发设计灵感，进而使人们考虑问题更为全面。所以，创新思维的培养有助于提高设计能力。

思维人人都有，然而大家的思维水平却高低不一，总会产生思维盲点。我们的大脑需要不断开发，通过开发训练大脑思维潜能，达到培养提高人的开放能力、创新能力和创造能力的目的。创意始终依赖于设计者的创造性联想。联想是创意的关键，是创新思维的基础。那么，什么是联想呢？它是指因一事物而想起与之有关事物的思想活动；由于某人或某种事物而想起其他相关的人或事物；由某一概念而引起其他相关的概念。联想是暂

时神经联系的复活，它是事物之间联系和关系的反映。各种不同的事物在头脑中所形成的信息会以不同的方式达成暂时的联系，这种联系正是联想的桥梁，从而可以找出表面上毫无关系，甚至相隔遥远的事物之间的内在关联性。例如，我们由点可以联想到线，再由线联想到面和体，甚至空间。就文化创意产品设计而言，通过联想可以拓展创新思维的天地，使无形的概念向有形的产品转化，然后创造出新的形象。

想象是比联想更为复杂的一种心理活动，是人通过大脑提取记忆中的材料进行加工改造，并产生新的形象的心理过程。它可以是没有预定目的和计划的，就像做梦样；也可以是有预定目的、自觉地进行的想象。它是人类对客观事物特有的一种反映形式，能打破时间和空间的束缚，可谓天马行空。但想象归根到底还是来源于生活，客观现实中的各种启示激发出无穷的创意，它对我们进行创造性的思维活动有十分重要的作用，能有力推动我们创新思维的发展。尽管想象可以不符合客观现实的逻辑，但是在文化创意产品设计中，它都要按照设计的目的和要求去运动，在构思中，不论想象如何奇特和自由，都不能脱离表达主题思想这个基本要求。

逆向思维是超越常规的一种思维方式，通常人们习惯于沿着事物发展的正确方向去思考并寻求解决办法。然而，对于某些问题尤其是一些特殊问题，从结论往回推，倒过来思考，从求解回到已知条件，会使问题简化，甚至有新发现。运用逆向思维去思考和处理问题，实际上就是以"出奇"去达到"制胜"，其结果常常会令人大吃一惊或有所得。朝着人们思维习惯相反的方向思考，才容易开辟新的领域，发现新的问题，以表现自己对已有认识、已有结论的超越。《老子》第三十六章中说"将欲废之，必固兴之；将欲夺之，必因与之"就是这个道理。

还有多向思维，它是指思考中信息向多种可能的方向扩散，以引出更多的新信息。它是一种发散性思维，要求我们对给出的材料信息从不同角度、不同方向、不同方法或者途径进行分析，有助于认清事物本质，通过对知识的综合运用达到举一反三的目的。

第四章 现代文化创意产品设计思维解构

爱因斯坦曾经说过："提出一个问题，往往比解决一个问题更重要，因为解决问题也许仅仅是一个数字或实验上的技能而已，而提出新的问题、新的可能性，从新的角度去看旧的问题，都需要创造性的想象力。"同一款文化创意产品的设计，如果创新思维不同，那么得到的结果也大不相同。通过对不同的创新思维作用的结果进行比较、筛选，就能不断地优化设计方案。每个设计的终点都可以看成是下一次设计的起点，使设计方案得以不断优化。

然而，永恒、经典的设计作品往往来源于我们生活中的点点滴滴，从人们的日常生活和精神需求出发，体现了设计对生活的体贴和关怀。路易吉·克拉尼是当今时代最著名的也是最具颠覆性的设计师，被国际设计界公认为"21世纪的达·芬奇""离上帝智慧最近的设计大师"。他用极富想象力的创作手法设计了大量的运输工具、日常用品和家用电器，造型极为夸张。1946年，世界上第一台大规模电子管计算机诞生在美国宾夕法尼亚大学，尽管它体积庞大、耗电量非常大、操作非常烦琐，但在当时却是一个奇迹。

发展到现在的台式电脑、平板电脑，功能日益强大，速度日益快捷，而形态更加小巧，每一次创新都给人类以震撼。第一代iPad于2001年推出，在当时引起了轰动，它不但漂亮，而且拥有独特和人性化的操作方式以及巨大的容量，iPad为M3播放器带来了全新的思路，发展到iPadTouch6，有了更多的颜色选择，更大的屏幕，更强劲的CPU，更好的摄像头，每一次变身都是一个巨大的创新。从电话问世到"大哥大"再到4G手机，从黑白电视机的出现到现在普遍使用的液晶电视等，还有许多此类的成功案例不胜枚举。产品的创新往往是品质的跨越，这些产品创新的内在动力是人的需要，填补人生活中的需求空白，同时这些新的血液也改变了世界。

在当今技术与设计的整合时代，我们的生活越来越离不开设计，从自身的关怀需要，发展到对家庭、朋友、邻里的关怀，直至发展到对整个社会、国家乃至世界生态环境的关怀。在不断扩大对这些需要满足的基础上，融入创新思维的设计，达到促使社会进步的目的，创新设计使人们的生活更加美好。

2. 创新性思维

在文化创意产品设计中的应用创新是打破常规的思维活动表现在意识形态上的哲学反映，创新的力量来源于创造性思维的开发和拓展，创造性思维是人类运用大脑开拓新的认知领域、开创新的认知成果的全新意识活动，是人类思维模式的最高级表现形式，一旦创造性思维被论证合理可靠，那么就奠定了产品设计的有利开端。

文化创意产品设计的出发点是功能创新，功能创新主要依托于技术的创新，一项新技术成功的应用到新产品上，往往会改变产品的原有形态模式。

在文化创意设计中，对产品功能的创新无疑是最重要的。新产品的研发基本目的是为了满足消费者不断增长的新需求，从目前全球知名企业的创新主要关注点来看，功能性创新依然是企业管理的重心所在。据调查 iPhone 手机的功能创新占总体创新份额的 52%，iPhone 手机之所以备受人们关注，是因为 iPhone 给手机领域带来了多项具有革命性意义的技术，iPhone 手机将所有输入工作通过手指点击屏幕实现，省略掉键盘，在手机表面积一定的情况下尽可能地增大了屏幕，为用户更好地查阅图片、网页以及视频文件提供了方便，而这完全依靠于苹果自主创新的 "Multi-touch" 多点触摸技术。与传统的人机交互技术相比，此技术更加着重于对 "用户研究" 和 "用户体验" 的重视，属于 "脑的延伸" 阶段，当两个手指接触在屏幕上时，通过改变两指的间距来实现图片翻页、查找功能；此外，再配以 iPhone 优秀的 UI 视觉效果，操作 iPhone 手机对使用者来讲简直成为一种体验享受。

形式创新是建立在功能创新基础上的，有什么样的功能就会产生与之相适应的形式载体，换言之，一个成功的产品，只要功能具有合理性，那么它的形式也应是合理的，这符合 "形式追随功能" 的设计定律。但并不等于，一个功能只对应一个固有的形式，在功能相同的条件下，设计人员会根据市场调研情况进行多种形态的尝试，从而满足消费者的多样需求。

产品能给人带来美的视觉享受，是因为其形式符合人的审美要求，以汽车设计为例：哈利·厄尔是"美国商业有计划废止制"的灵活人物，他设计的凯迪拉克剑鱼汽车前脸是鱼的一对胸鳍，像是能高速飞翔的翅膀，车尾有一个尾鳍与之互呼应，尾鳍设计成喷气飞机喷火口的形状，整体形态威猛夸张。这些鱼鳍除标榜它的造型与众不同外，没有实质性的用途，之后，通用公司又推出了"艾尔多拉多"59型轿车，车体更长、更低，夸张的形态达到了顶峰，因其在一定程度上迎合了战后美国人追求炫富的前卫心态，因此这种造型在20世纪50年代取得了良好的市场效应，这是样式设计对销售的贡献。汽车除作为交通工具外，也是文化的载体。如甲壳虫的轿车富有幽默而情趣的设计理念，符合空气动力学的形态，采用逼真的表情，表现出积极向上的能量主题，打破了传统汽车产品的机械化冷漠感，以其活泼可爱的造型赢得了市场的青睐。再如青蛙笑脸版的奇瑞，将两个车前大灯仿生成眼睛，将车前盖仿生成微笑的嘴巴，亲切而平实。车身还有许多塑料，触感温和，没有异味，仪表和控制台设计走间接路线，按键大，布局清晰，简单熟悉后即可完全掌握，这绝对是年轻女士的首选款型。

如今消费者购买产品，往往从自身经济状况、个人偏好甚至理念信仰出发，显示出更为理性的购买心态，市场细分成为商品经济发展到一定阶段的必然趋势，因此设计师在设计产品时，除设定产品的固有功能外，同时也会推出更多的款式供不同性别、年龄、职业、民族的消费者选择。

材料和工艺创新是制造业发展的助推器，要满足消费者求新的审美诉求，设计师就必须会运用新材料、新工艺来加工产品。如塑料由于其易加工且成本低附加值高等特性，使得塑料产品成为一种精致的艺术品和能满足消费者期望的工具，极大地改变和丰富了人们的生活方式。

1998年，在苹果前CEO史蒂夫·乔布斯与设计师乔纳森·伊维的构思下，苹果摆脱了原有个人计算机的标准模式，推出了全新的个性化iMac电脑，在电脑行业掀起了革命性浪潮，受到全球瞩目。iMac秉承苹果电脑人性化的设计理念，采用半透明化的塑料作为机壳，童趣的糖果色彩看上去纯净甜美，完全打破了原有个人电脑严谨的造型和乳白色的传统样式，影响了消费者的审美心理，改变了消费者的购买习惯，通透的外壳设计拉近了用户与科技产品之间的距离，在1999年为苹果公司增加了40%的营业额，可以说，iMac成功得让史蒂夫·乔布斯重归苹果后站稳了脚跟。此后，苹果又推出了半透明及全透明的ipad、ibook等电子领域的产品，同样受到设计业界的好评。色彩创新是产品设计中符合当代人审美心理的精神动力，是产品设计中的一个重要环节，更是时尚产品畅销的关键因素之一。随着商业的发达，消费市场正在迈向成熟期，具有时代性的色彩可以展示产品的独特魅力，满足今日消费者个性化、差异化多样化的需求。色彩规划的走向不仅要符合未来的色彩趋势，符合美学需求，还需整合营销策略，全面吸收市场信息，考虑公司的整体形象，最终赋予产品最适合的色彩。在研发新产品的进程中，存在着继承传统和创新变革两种现象，但二者并不矛盾，创新是通过引入新思维进行产品创造和对传统产品进行改良设计的高级活动。唯有创新，产品才能真正实现为人所用的目的，也就是文化创意产品设计的意义所在。

（二）文化创意产品设计中的理性思维

立品设计所追求的最为真切的内涵是永恒的、本质的、真理的。这就要求现今的设计师们在实践、创造中用这种思维语义去创作自己的作品，创造出当今消费者的需求。因为在21世纪的今天，消费者们毫无准备也没有时间来决定或想象高科技产品将会怎样改善他们的生活，这就决定了产品设计师要担当这一决策人的责任。

新产品和新服务上市的速度极快，但不管怎样变化，工业设计师依然应该着眼于现在和可预知的未来，给人们带来前瞻的、经典的产品，并以合理化的手段投放市场，建立健康的工业产品创作运行模式。

1. 文化创意产品设计实现过程中的首要思维程式

设计一个产品时，我们首先要进行市场的分析、定位。要去广泛地了解市场中的同类产品，认真做好市场调研工作，尽可能多地收集同类产品的设计、科研资料、工艺情况、产品材料和耗能情况的数据分析情报，按照功能的复杂程度和价格高低进行分类。然后进行竞争者分析和自身品牌分析，找出同类产品竞争者的缺陷和自身品牌的优势与识别传承性，依据该结果确立新设计的功能和价格，找出新设计在市场中的定位点，并依据该定位点确立基本造型和结构关系。

另外进行的是客户分析，也就是分析委托客户的个人取向，了解他们的爱好和需求，要在做设计时与之及时沟通，了解委托客户的生产能力和工艺水平，了解他们的优势和不足，并依据实际情况确立新设计的广度。争取用最快的速度取得客户对产品设计的认可，只有这样才能使自己的设计与生产方达成共识，让自己设计的产品尽快上市。

除此之外，我们还要对文化创意产品本身的成本进行控制，依据基本造型大致确立将要生产的产品的零件数量，并且在设计的始终时刻保持对成本的控制，将成型难度降到最低点，确保基本造型便于拆装和维修，并且包装后不增加额外的运输成本。

我们在生产的过程中，首先需要调整好自己的思维方式，要使自己的文化创意产品能够成为合理的、前瞻的作品，就要时刻保持这种如绘画中"坚持第一感觉"般的设计思维。

2. 文化创意产品设计过程的分析

（1）用户与消费群分析

我们要依据上一思维程式确立一个目标用户群。该用户群的消费能力影响产品的价格因素，反过来，文化创意产品的造型特征应体现出产品的价格区间。这是我们确立产品价格的一个至关重要的因素。该用户群的年龄、性别、受教育程度决定他们的审美取向；他们的工作和生活方式决定他们的消费习惯。因此新的设计，则应依据该用户群的审美取向和消费习惯，确立产品的色彩语义和视觉感受倾向。

（2）对所处环境的分析

我们依据产品所要表达的色彩语义、潮流因素以及视觉倾向，大致确立新设计的造型风格。分析产品所处的环境或使用场合周围的物体，拿来现成的因素推敲造型风格，依据产品与环境和谐的原则确立新设计的造型语义。设计不可以超越环境氛围，应紧密与周围环境相融合，如违背将会造成产品设计的突兀，从而影响大众对设计的认可度和信任度。

（3）从人机工程学的角度分析

在未来的创意社会中，人机工程的运用将更加重要，以人为本的思想决定了我们所做的设计要依据基本造型语义确立人机关系，用简图分析尺寸和作业半径，保障符合人体使用尺寸，舒适、宜人。科技产品应变得越来越实用，用户可以更加容易地掌握、使用它们。文化创意产品功能的实现，所带给人们的认可度和美感，除了功能性的实现，在另一方面材料也发挥着很大的作用。我们在设计时应考虑环保性的材料和便于回收再利用的结构，无障碍的造型，不可有对人体造成伤害的形态，要将操作难度降到最低点，使你的设计更具有功能之美。

3. 文化创意产品设计的其他影响因素分析

（1）新技术运用

在产品的上述因素分析完成后，我们要着手产品的实现过程。首先我们要注重新技术在设计中的应用，在每一个设计师的设计生涯中非常紧要的就是时刻关注制造技术的新发展，新的成型工艺或材料可能带来更多的功能可行性，或者产品的美学潮流。例如表面 uv 漆，钢琴烤漆，光敏电阻器，导光 LED，半导体技术依据可能的新技术、新趋势，为新设计确立新概念，使我们的产品更具未来性和前瞻性。我们要让自己的作品引领时代的潮流以适应当今艺术与技术迅猛发展的时代，因此新技术核心材料的掌握和信息的更新，也成为我们在设计中冲出凡俗陈旧、创作出新颖独特产品的制胜法宝。

（2）产品细节与功能再定义

我们要寻找功能本质和普遍宽松定义，重新描述名词，寻找功能类似的产品。例如，椅子的本质是坐具，键盘的本质是输入信息的工具，旋钮的本质是可移动位置的操作等。我们将这些概念化的名词回归到其最原始的本质，再将这一本原的概念依据功能本质重新进行逆向的发散思考，小概念放大化，重新构建功能的可行性。借鉴使用环境里周围物体的造型细节，或可实现功能本质的同类产品，来构建新设计的细节，达成语义联想。

（3）要对产品的自身结构进行分析

我们设计出产品的大致形态、功能后，要对现有我们掌握的同类产品的资料进行彻底分析，确认零部件之间的功能关系和零件布局的目的，区分可变因素和不可变因素。在符合客户的意见和喜好、成本标准、用户群体认识、环境的融合、人机工程学的具体分析等这些因素后，对可变因素进行再推敲，依据功能关系和新的造型语义对可变因素进行重新排列组合，并确保其布局符合和谐美学标准和新的造型语义。

文化创意产品设计的语义，不单单是为了创造出好的产品，更重要的它是为了现实而又超越现实的设计，在整体的设计思路中，我们要遵循科学、合理的思维方法，只有这样才能达到创新的高度。从宏观上而言，顺应时代的发展，为人类社会带来新的亮点，注入新鲜血液，而不是刻板地描摹或不合逻辑的、偏执的设计。从微观上，是设计出来的产品得到商家和大众的认可，尽快与生产相结合，投放市场，实现设计创作的最原始的价值。

第五章　现代文化创意产品设计解构

第一节　文化创意产品设计的架构

文化是人类在文明进化的过程中留下的产物，包括语言、风俗、宗教、艺术、思维方法和生活习惯等。随着社会经济的不断发展和日益增长的生活需求，消费市场转而进入文化消费和创新设计的时代。文化创意产品是一种参照文化特性所衍生的消费性产品，如何通过设计将文化的特性与产品相结合，又能突破传统的设计束缚，成了当下文化创意设计产业所面临的新问题。通过对多层次的隐喻设计架构方法的探讨，可以帮助设计师打破现有知识经验的局限，以提取文化特征元素为隐喻来源，文化创意产品为设计载体，为设计带来跳跃式的创新，更好地在设计中诠释文化的内涵与价值，推动文化设计产业的创新发展。

一、多层次隐喻设计架构

隐喻是一种普遍现象，人们每时每刻都在使用大量的隐喻。关于隐喻的本质，Lakoff&Johnson 认为隐喻是根据甲事物来理解和体验乙事物，因此，隐喻不只是一种语言现象，人的思维过程大体上也是隐喻性质的。从本质上来理解，隐喻是通过一方面领域的经验认知，在另一方面的领域上作为基础概念认知构建新的思维模式，是用已知的体验去解决未知的问题。

（一）相似类比型

通过艺术的感性进行相似发掘，是对原本看来无关的事物进行关联的创造性过程。相似性是人类感知外在客观事物的重要因素之一，而类比则是根据两个或两个以上的对象之间的相似性进行的一种推理形式。类比基于相似性和感知的意象中介，基础是本体和喻体间的意象互动及其体现的恒常性原则，基于对事物性状、关系的描述，构成隐喻的"类比论"[①]。人们通常会将事物以相似或差异进行区别划分，对划分对象采取观察、分类、搭配组合与特征提取，因此深化对相似类比的认知是有效理解隐喻的重要途径之一。

简而言之，隐喻是以 a、b 两对象之间的相似性作为表述工具，用 b 来诠释和理解 a 的认知行为。换言之，由两个互不相干的对象搭配重组，经过认知与诠释，进而产生新的认知关系和设计思维，而隐喻的目的是创造相似关系，而非简单表述。与语言学的隐喻比较，设计的隐喻除了有语言学共有的相似性关联外，还包括造型、色彩、材质等相似性关联。

类比模式是用一组特征的集合来说明两个对象的相似性。相似性说明的类比模式见图 5-1，对象之间的相似性用线性函数来表述共同特征和各自独特特征，a、b 两对象以及各自的特征集合 A 和 B，如果两对象之间存在的共同特征 f(A∩B) 较多而各自不同的特征 f(A–B) 和 f(B–A) 较少时，两对象之间的相似性 S(a, b) 就较高，反之则相似性较低。

[①] 张立新.隐喻认知语用研究[M].广州：世界图书出版广东有限公司，2014.

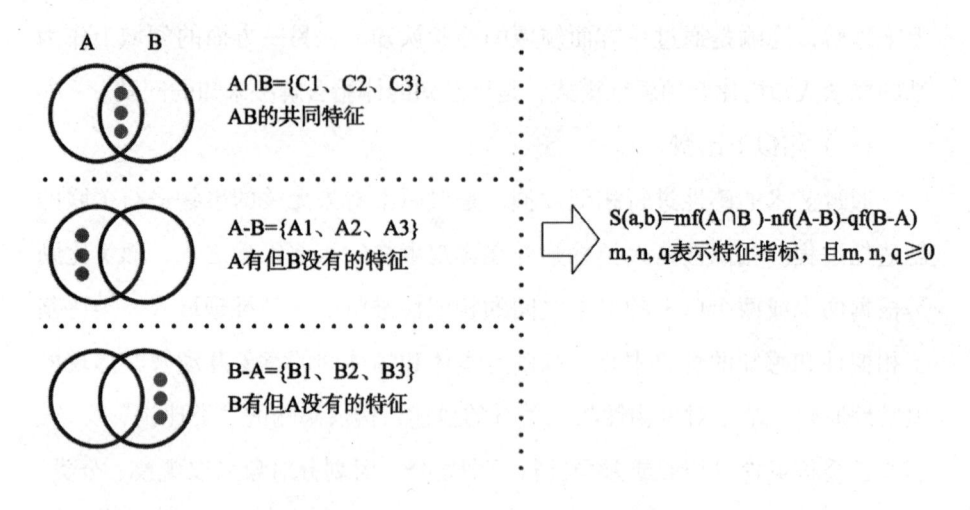

A B A∩B={C1、C2、C3}
　　　　AB的共同特征

A-B={A1、A2、A3}
A有但B没有的特征

B-A={B1、B2、B3}
B有但A没有的特征

$S(a,b)=mf(A\cap B)-nf(A-B)-qf(B-A)$
m, n, q表示特征指标，且m, n, q≥0

图 5-1　相似性说明的类比模式

（二）概念置换型

概念是人脑中相对稳定的知识单元，人的思维过程可以对概念的结构和内容进行重组。例如，木材具有材质特征、纹理特征、感知特征、色彩特征等，当"古朴的"这一感知特征进入木材的概念特征结构中时，木材的概念结构就会随之发生相应变化，即概念特征置换。在隐喻中，本体和喻体两者之间得出相似性概念特征后，进行概念特征的置换，从而可以获得新的认知与思维模式。

概念特征置换模式见图5-2，A、B两个特征框架涵盖了各自的概念特征，将A框架内的概念特征置换到B中对应相似性的概念特征，同时A、B两者也可以采取整体或局部的互为置换的方法，对于置换特征的衡量和取舍的程度，则取决于设计师对概念特征的认知程度和知识结构体系。著名设计师杨明洁设计的作品《知竹常乐》茶具系列见图5-3，该系列茶具设计将中国传统文化中的"竹"与"茶"相融合，选用锡纸为材料，该设计将竹子的纹理特征、造型特征以及质感特征与茶具的概念功能特征相互置换，茶具手柄、底部等其他局部位置采用竹材质，起到隔热、减重的作用，彰显了设计师的独特匠心，体现了传统文化与现代设计的完美交融。

```
┌─────────┐                    ┌─────────┐
│ 古朴的  │                    │形状特征 │
│ 坚硬的  │       置换          │方位特征 │
│ 暖色的  │  ──────────────→   │时间特征 │
│ 流畅的  │                    │感知特征 │
│  ...    │                    │  ...    │
└─────────┘                    └─────────┘
A ←──────────────────────────────────────→ B
```

图 5-2　概念特征置换模式

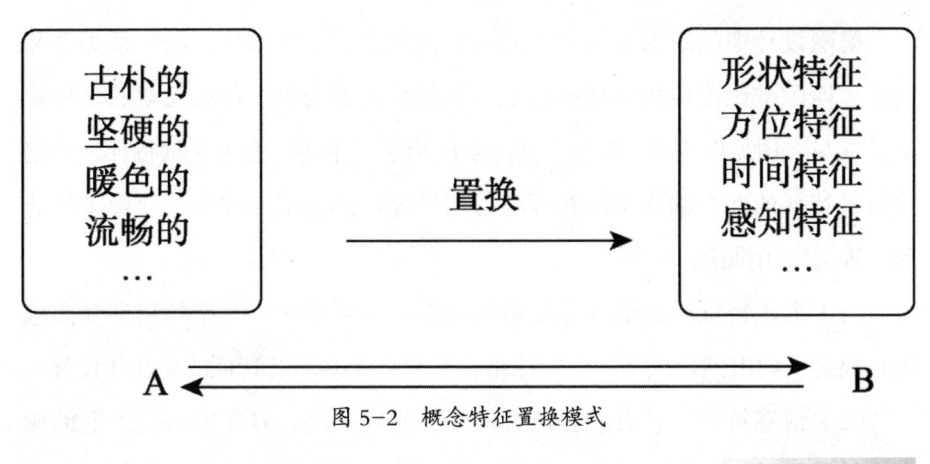

图 5-3　《知竹常乐》茶具系列

(三) 结构映射型

Gentner 于 1983 年提出用以诠释类比迁移的结构映射理论，她认为类比迁移是结构映射过程，是在不同对象之间通过逐个的匹配，寻找它们结构上的相似点从而通过归纳把来源体中元素间的关系提取出来，用于解决目标体中的问题。虽然该理论探讨的内容是类比而非隐喻，但是其核心理念是从一个领域到另一领域的知识结构映射，既能在来源体中组成预定关系，又可以在目标体内搭建相关联的系统。该理论衍生下的一套关于提取、映射、推理和评估的方法，是以领域系统中的属性和关系作为参照的基础，进一步推理在其他方面也具有相似性的流程。

隐喻设计中的映射是从两个输入空间向合成空间输出，以特征关系和元素去匹配推论出应用结果的过程。以月亮元素为例，月亮元素的多种映射呈现与应用见图5-4，提取月亮元素的形态、情感、意象3种特征，分别将每种特征的两个输入空间相互映射然后输出到合成空间中，获得多种映射呈现与应用推论：

（1）形态特征，选取月亮元素的圆形和月牙形态，与隐喻物件婴儿床进行映射，输出到合成空间，推论出具有月亮元素形态特征的婴儿床设计；

（2）情感特征，人有悲欢离合，月有阴晴圆缺，月亮能引发人们的相思哀愁的情感，而借酒又是一种消愁的手段，选取酒杯为隐喻物件，与情感特征相互映射，推论合成月亮酒杯的设计；

（3）意象特征，月亮的光明特征和选取的隐喻物件台灯相互映射，推论合成弦月灯的设计应用。

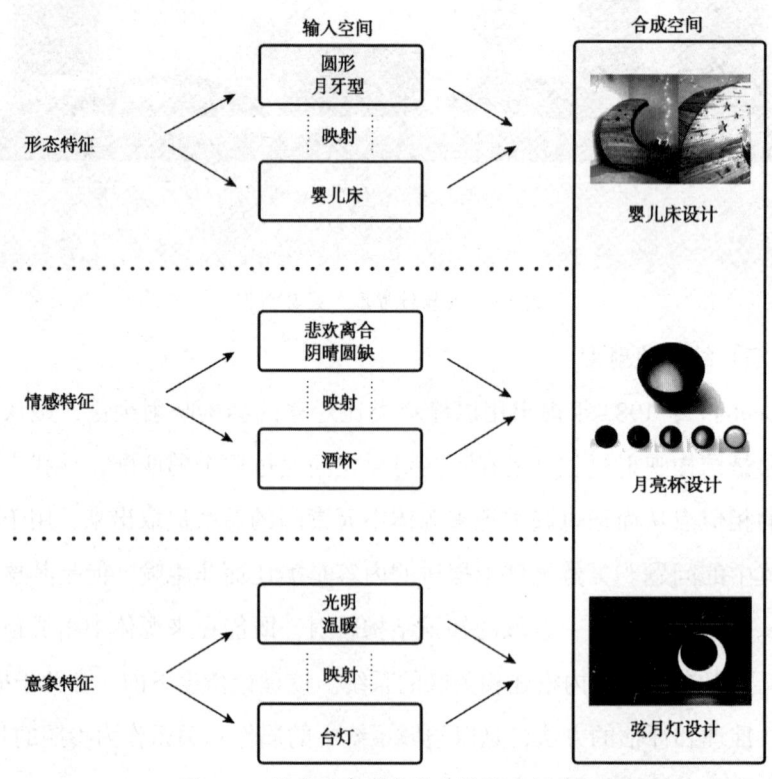

图5-4 月亮元素的多种映射呈现与应用

在文化创意产品设计的过程中，由于文化产品本身的特征并不是独立存在的，而是由关系将许多特征相互连接在一起，特征同时还存在于较多的抽象层面中，因此就需要关系结构来阐述隐喻特征的相似性。

设计师李星星设计的"溪流"茶盘见图5-5，外观设计如"溪流"其名，在木料上刻出山间溪流的深浅形状，并在其中设计出不规则摆放的石头造型，功能上河流的凹槽深浅不同和石头摆放位置的差异，对流水和流香会产生不同的变化效果，在材料选择上也充分发挥了木材纹理特征和色彩特征起到的作用。"仁者乐山，智者乐水"，该设计多方面结合了茶盘、溪流、木材的综合特征关系，系统整合设计在一起，既满足了产品的使用功能，又达到了产品与文化的融会贯通。

图5-5 "溪流"茶盘

二、文化创意产品隐喻设计架构流程

（一）隐喻设计架构

隐喻是建立在联想和想象基础上的"意义转换"。在隐喻设计架构见图5-6，整体架构是由目标和来源为基础展开（即设计产品对象与设计参照物），目标与来源为相异的不同类别，包含目标案例、隐喻载体和参照来源3部分（箭头所指为属于关系），经过相似特征关系匹配、结构之间相互映射，隐喻载体内的特征关系经对应的相似类比和概念置换，得到隐喻设计的创新思维，其中，特征在此架构内作为连接关系而存在。

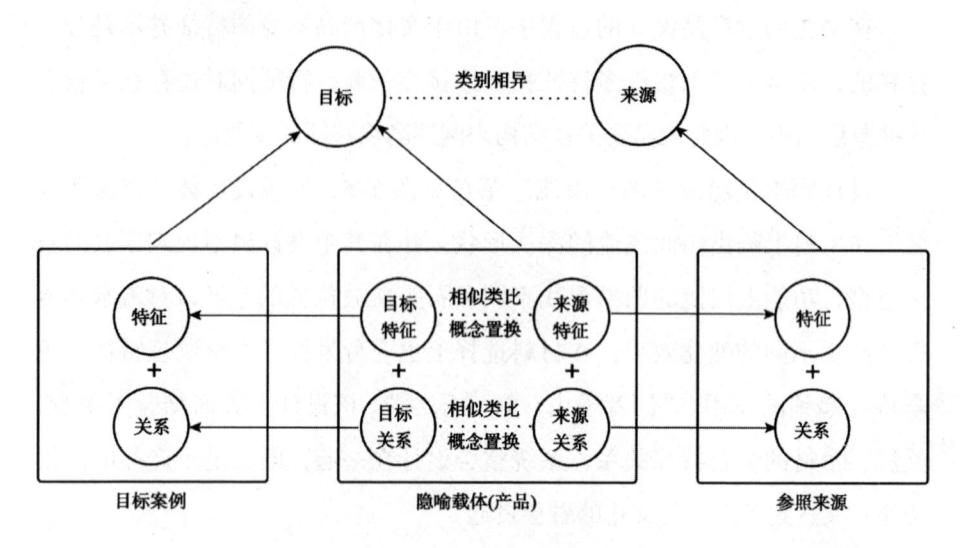

图 5-6　隐喻设计架构

(二) 文创产品隐喻设计流程

得出隐喻设计架构图后，可以将文化创意产品作为设计目标载体代入其中，将架构图转化成文创产品的设计流程。隐喻设计流程见图5-7，该流程可分为3个阶段：

1. 构思阶段

利用隐喻设计的相似性类比方法将主题种类、设计目标分别与对应的来源种类、参照物进行种类的相异与相似判别，进一步分析目标与来源物的匹配程度，规划出两者之间的特征相似性轮廓，从而以此顺利进入到下一阶段的进程之中，在此过程当中，对于目标与来源的深入了解有助于进行相似特征的提取与匹配；

2. 创作阶段

通过置换映射的操作方式，对从目标与来源中提取的特征进行适当的概念置换和特征映射，对于文化创意产品而言，其产品属性中所特定的文化元素特征相对突出，设计师可以基于构思阶段规划的特征轮廓，主观地进行相似性特征的概念置换，在映射过程中，是以特征提取进行关系组合，并以特征组合为单位进行对象之间的匹配，逐步进行推理来生成构建具象

的隐喻产品雏形,在此过程中还要将创作目标即文化创意产品的元素、材料、色彩等运用纳入其中,以完善设计成果的总结归纳;

3. 总结阶段

通过构思与创作的过程,获得隐喻设计产品雏形与创意思维,最终构建完整的设计方案。

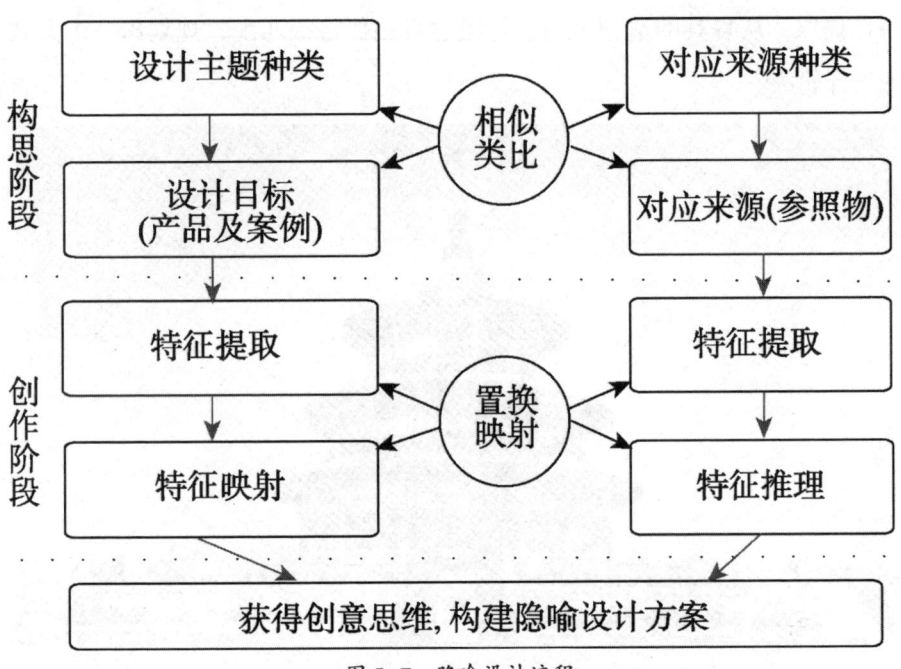

图 5-7　隐喻设计流程

三、文化创意产品设计实践

结合隐喻设计及研究总结的多层次的隐喻设计架构,选择北京地域文化创意产品设计作为实践,主要任务是寻求中国传统文化同现代产品器物相结合的方法,以推动文化产业的发展与进步。在此背景下,选择日常使用的陶瓷系列餐具作为设计目标,北京天坛祈年殿为隐喻来源,北京天坛祈年殿见图 5-8。

"隐喻是人类共有的认知方式,为交流沟通提供了心理基础,该思维方式能让人们在两个分离的领域中觉察出新的关联，产生新的认识角度和新的意义，得到新的特征，为产品展现新认同和新体验提供保障。"[1] 根据之前得到的隐喻设计流程，在构思阶段，首先要对设计目标与隐喻来源即陶瓷餐具和天坛祈年殿进行两者的相似性类比判断。在此过程中，对餐具和北京地域文化进行类别相依性判断，陶瓷餐具和天坛祈年殿进行目标相似性特征提取，从餐具的造型上与祈年殿进行相似特征匹配，规划出一个大致的设计轮廓。

图 5-8　北京天坛祈年殿

在构思阶段通过相似类比判断出相似特征后，笔者最终确定设计目标陶瓷餐具系列内包括套碗、碟盘、茶杯和筷枕4种产品，然后将其分别与隐喻来源天坛祈年殿的三层重檐、圆顶攒尖、殿顶造型和屋檐排列4种元素进行概念置换和特征映射，特征置换映射见图5-9，然后进行设计雏形的创作构思：

1.套碗

餐具当中最常用的器具，根据祈年殿三层重檐、三层依次往上渐小的

---

[1] 尹翠军，任立昭，何人可.论设计创新思维的启发式[J].包装工程，2007，28（18）：118-119.

建造构思，设计大、中、小三只碗，设计出三层套碗的组合，寓意父母子家庭和睦团圆。

2. 碟盘

餐具中用作盛放酱醋之类的调味料，根据祈年殿圆顶攒尖的特征映射，可将其造型特征设计抽象概括设计于碟盘之内，以达到在小小碟盘内划分区别调料的作用。

3. 茶杯

国人喜饮茶、品茶，提取祈年殿局部造型，转换映射在茶杯的造型设计之中，品茶之道，自在天地之间、方圆之中。

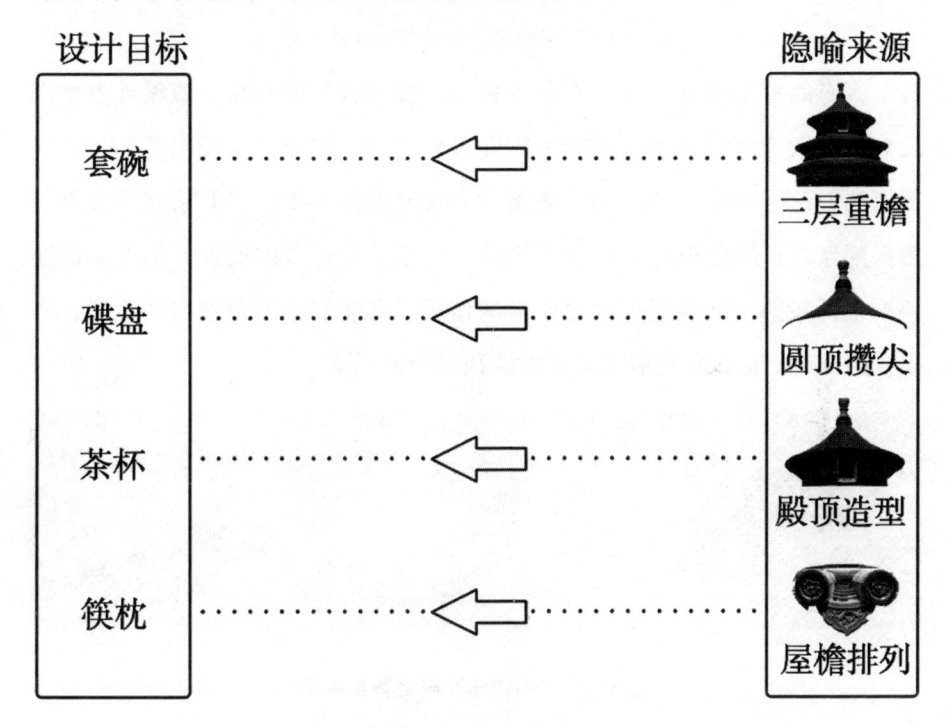

图 5-9　特征置换映射

4. 筷枕

筷子作为中国饮食文化餐具中最不可或缺的物品，而筷枕则是筷枕的依托，从祈年殿并列排布的屋檐之中，提取并排相依的相似特征，以及圆形琉璃瓦当元素，置换映射于筷子和筷枕的设计上。

文创产品设计创新研究

从餐具中彰显对饮食的尊重，经过不断地整合完善修改，最终得到一套完整的文化创意陶瓷餐具设计方案，"第六味"陶瓷餐具设计方案见图 5-10。

图 5-10 "第六味"陶瓷餐具设计方案

人有六感，食有五味，而六味难尝，故取名为第六味。该设计方案以天坛祈年殿为隐喻来源，寄形于陶瓷餐具之中，色彩上采用白色为主、局部搭配天青色为辅，"第六味"陶瓷餐具细节见图 5-11，三层套碗和茶杯外观搭配条纹，灵感取自祈年殿屋檐特征元素，在碟盘内面设计为突起的祈年殿顶部轮廓，既能起到划分调料的作用，又能起到容量测量的效果，在筷枕的设计上也充分提取了祈年殿圆顶的特征元素。

图 5-11 "第六味"陶瓷餐具细节

此套陶瓷餐具组合设计在多层次隐喻设计架构之下，将中国元素与美食用器相结合，点缀天青色，浑然天成，相得益彰。

第二节　文化创意产品形态设计

一、文化创意产品形态设计因素

自然界中一切能见到和触摸到的物象，都称为形态。在现实世界中，自然环境用神奇的创造力创造着千变万化的自然物象，人类的各式各样的活动，也在不断地创造着满足人类物质和精神需要的无尽的人造物象，这些自然和人造物象的形态都是视觉和触觉能够直接感受到的形体轮廓。不论这些形态结构多么复杂，如将其经过一定限度的分解和概括，便可以发现，它们都是由点、线、面、体几类基本形态要素所组成的。这些基本要素又称为形态要素。

平面形象的构成主要以线的形式构成肯定而实在的图形；而立体形象的构成是以面的形态要素为基础，以一定的空间感来表现。因此，凡是有形的物体，不论是宏观还是微观的物质，都是由基本的形态要素点、线、面、体而构成。

基本形态要素提取了事物的形态特征，可以抽象地表达出产品形态美的感受，更为重要的是基本形态要素的研究超越了具体事物的外形，形成了相对独立于自然形象之外的一种美的形式。用分析、综合、分解、重构、整合的方法，对形态要素进行认识和研究，是文化创意产品形态设计研究的基本方法。

（一）点及其知觉感

1. 点的概念

点是指平面上位置的所在。点的理想形状一般是圆形，但也可为任意的自然形（如角点、星形点、米字点、三角点等）。点的特征与形态无关，而决定于其面积的大小。点有概念的点和实际存在的点之分。概念的点，如形象上的棱角、线的开始和结束、线的相交处都形成概念上的点，概念上的点属于几何学上的含义，只有位置而没有形状和大小，它具有一定的视觉作用，但在产品形态因素中，它属于消极的形态。实际的点是指平面上面积比较小的图形，它有大小和形状，作为产品形态的基本要素具有一定的功能含义。

点是视觉的聚焦，具有高度集中的视觉感受，在产品形态创意设计中利用空旷的面积突出某一小点的对比作用，极易引起视线集中于此点的视觉作用。例如，在大平面上，采用面积虽小但有高度艺术性、色彩夺目的一个小商标（标志）图案，很易形成视觉的焦点，从而首先引起观察者的注意。合理利用点聚焦的性质，会使很小的点起到不可估量的形态调节作用。

产品基本形态意义上的点，是指视觉上细小的形象。所谓细小的形象，是相对而言的，不是形象本身所决定的，它是以比较、对照的手法予以确定的。所以，形态上的点并没有一定的可度量的尺度，它是由人的视觉感受产生的。由于人们的感觉基本上能达到一致，所以观察夜晚的星星、大海中的一舟、天空中的鸟都能被认为是点。

2. 点的形态

几何意义上的点，没有形状和大小的区别、只有位置的变化。但实际意义上点如果没有大小和形状的变化，就无法作视觉表现，因此产品形态中的点是有大小和形状的变化的。

点，通常是圆形的，简单、无棱角、无方向，也可以有其他各种形状，但由于点的视觉感觉太小，无论有无形状的变化，都只会形成感觉上大小的变化，不会引起重要的心理效果。

3. 点的大小

点的大小是相对而言的，同样大小的点在不同的环境中感觉是不一样的，在大的环境中感觉小，在小的环境中感觉大。通常来说，点的形态越小，点的感觉越强，视觉聚焦越明显，反之，其视觉感受越弱，以至于产生面的感觉，左边是点的感觉，而右边有面的感觉。

4. 虚点

与实点相反，虚点是由四周的形包围、中间留下的空白（见图 5-12）。虚点在产品的形态中，主要起到形成点的虚实变化、前后立体变化的效果，以增强产品表面的立体感和丰富的效果。

5. 点的知觉感受

由于点的大小、形状、位置关系、数量的变化，会给观察者产生心理上的知觉感受（见图 5-13）。单点在画面上是视线的集中（见图 5-13（a）；两个一样大小点的排列，就会诱使视线来回反复于这两点之间，而产生"线"的感觉（见图 5-13（b）；如果两点有大小、轻重之分，则人的视线就从大的点移到小的点，这是由于人的视觉首先感受到强烈的刺激——大点（见图 5-13（c）；如果画面上有不在一条直线上三个点的排列，则会形成三角形的消极的面（见图 5-13（d）；如果有多个点，并按一定的形来排列，就会有这个虚形的感觉（见图 5-13（e）。所以点能够起到引导视线，组织视线移动的作用。

图 5-12 虚点的感觉

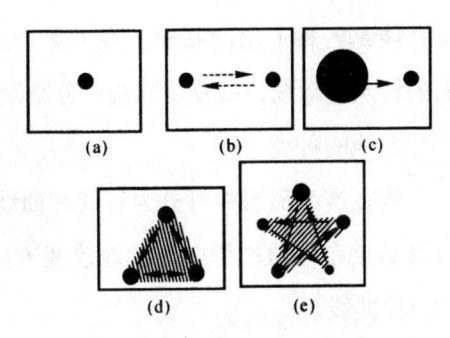

图 5-13 点的知觉感受

当三个点按一条直线排列，那么人的视线就会从一个点到另一个点，最终回到中间点上停止，形成视觉停歇点，这样就产生了稳定的感受。同理，奇数点都有稳定的感觉，因为视线往复运动后，最终仍回到中间点上。因此，在设计时，各种感觉的"点"，宜设计为奇数。但点的数量太多视觉很难在短时间捕捉到视觉停歇点,所以"点"的设计,每行最多以七个点为宜。

(二)线及其知觉感

1. 线的概念

线是点在平面或空间移动的轨迹,也是两个面相交的共线。一连串点的排列也可以造成视觉上虚线的感觉。

线的性格特点表现主要取决于点的运动特性。点的运动特性主要是指点运动的方向、速度等。点的运动方向不同则形成不同性质的直线、折线、曲线等。在创意产品设计中经常要应用这些不同类型的线形来实现产品的形体结构。线有粗细、曲直、疏密等形式。粗线给人以刚劲、有力感;细线给人以柔和、精细感;若在粗线的一侧或两侧加上细线则成了子母线,可产生静中有动、刚中有柔的视觉效果。

几何意义上的线是指平面图形的边缘部分,这是消极形态的线。在面面上,宽度与长度之比悬殊的也称为线,这是实际意义的线。与点一样,线在人的视觉中有一定的长与宽的基本比例范围,超越了这种基本范围就不具有线的感觉,而成为面的感觉了。

线是各种形象的基础。在工业产品中,线可体现为面与面的交线、曲面的转向轮廓线,以及装饰线、分割线等。

2. 线的种类

线在产品形态中可分为直线和曲线。直线是点沿同一方向移动形成的。曲线是点在移动过程中连续地改变方向而形成的。曲线包括几何函数曲线和自由曲线。

3. 线的形状

几何学上的线没有粗细,只有长度与方向。而在实际的设计中,由于线是由点的运动形成的,所以点的形状就决定了线的轮廓形状,不同形状的点运动后形成轮廓不同的线,点的不同运动方式形成形状不同的线。

4. 线的方向

线的方向有直线和曲线，线的曲直主要取决于点的运动因素，如方向、速度和速度的平稳性（加速度、减速度、速度的不规则变化等）。直线有垂直线、水平线、各种角度的倾斜线；曲线更有趋势、同转、流向等方向性。

5. 线的性格

线的种类、形状及方向等许多特征赋予线不同的性格。线的性格明显、活跃，不仅体现了自身的性格特点，而且还常常影响到整个平面甚至立体形态的性格，不同形状线的性格如表5-1所示。

表 5-1 不同形状线及其特征

类别		性质	演变
直线	水平线	平行于水平面的直线，为一切线之基准	相互结合构成凹凸线
	垂直线	垂直于水平线的直线	
	斜线	与水平线（垂直线）成一定的角度	任意折线（无规律），锯齿形折线（有规律）
曲线	函数曲线	可用数学方程式描述的曲线	弧线、抛物线、双曲线等
	任意曲线	无规律的曲线	C曲线、S线、涡线
		具有比例关系，有一定特征规律的曲线	比例曲线、同族曲线、波纹线，螺旋线

（1）直线。它能给人以严格、坚硬、明快、正直、力量的感觉。粗直线有厚重强壮之感，细直线有敏锐之感。在产品形态创意设计中，直线的运用，能使人感受到"力量"的美感。

（2）水平线。它是其他所有形的基础，具有安详、宁静、稳定、永久、松弛的感觉。产生这些感觉是由于水平线符合均衡的原则，如同天平两侧质量相等时秤杆呈水平状一样。同时，它所产生的这些感觉，能使人联想起长长的海岸线、平静的海面、宽广的地平线、大片的草原等。

（3）垂直线。表示奋发、进取的含义，给人以严正、刚强、硬直、挺拔、高大、向上、雄伟、单纯、直接等感受。如果垂直线伸向高处，那么它们显示出一种满怀希望和超越一切的力量感。这种效果无疑与克服地心引力，设法使人们的注意力摆脱各种束缚，奋力向上的思想有关，所以也有崇高、肃穆的感觉。古典庙宇大多采用垂直向上的线条，营造出神秘的宗教气氛。

（4）斜线。有不稳定、运动、倾倒的感觉。如果把观察者的位置作为坐标，向外倾斜，可引导视线向无限深远的地方发展；向内倾斜，可把视线向两条斜线相交点处引导。

（5）曲线。它能给人运动、温和、幽雅、流畅、丰满、柔软、活泼等感觉。在产品形态创意设计中，曲线的使用，能使产品体现出"动"和"丰满"的美感。

水平伸展的起飞线，除了有温和、优美、流畅感之外，也能产生轻快、松弛的感受。这是因为水平伸展的曲线不但有曲线的特性，且具有水平线的松弛、安详、稳定感。

曲线可分为几何曲线与自由曲线。几何曲线包括弧线、抛物线、双曲线等。它们给人以理智、明快之感和一定弹性的紧张感，犹如弯曲了的钢丝。

抛物线有流动的速度感；双曲线有对称美和流动感；自由曲线柔软流畅，有奔放、丰富之感，具有抒情诗一般的优美。有规律变化的曲线，如下弦曲线，其波动和方向上的变化，如果没有任何中断，就能够产生出种种富有韵律的沉静效果。沙漠、漫漫大海以及滚滚波涛的海面也有这一特点。在大自然中，许多道路和小径，给人以富有韵律的沉静、幽静感。曲径通幽，即由此而来。

在产品形态创意设计中，曲线与直线的综合应用较为普遍。常以直线为主、小曲率曲线为辅所构成的形态，具有刚柔结合的特色，给人以亲切、温顺的感觉，同时产生较好的触感。

6. 线的面化

如果把线密集使用，便会形成面，由此可以创造出奇妙的多种曲面效果。直线群逐一改变角度，可以创造曲面效果（见图 5-14）；利用折线则可以形成凹凸面效果（见图 5-15）。

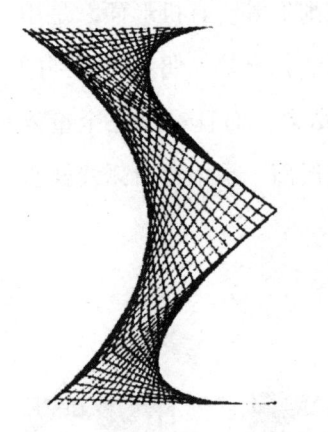

图 5-14　曲面效果图　　　　　　5-15　凹凸面效果

（三）面及其知觉感

1. 面的概念

按照几何学的定义，面是线段移动轨迹的反映。面包括消极的面和实际存在的面。由点以及线聚集而成的是消极的面，线实际移动的轨迹而成的，是实际存在的面。

2. 面的形成

（1）线移动形成面。直线平行移动形成正方形或矩形面；直线回转移动，形成圆形或扇形面；直线倾斜移动，形成菱形面。

（2）点、线排列形成消极的面。点、线排列可形成各种形式的消极面。

3. 面的种类

由于线的形状、运动方向等因素的不同，可以形成不同形状的面。可分为以下两种：

（1）几何形面。几何形面是由直线或几何曲线按数学方式构成。组成几何形面的各种要素往往是相同的（如边长、角度、圆周上的点到定点的距离）。几何形面的基本原形是正方形、等边三角形、圆等。由这些正方形、等边三角形、圆形组成的各种直线形、曲线形也是几何形（见图5-16）。

（2）自由形面。自由形面是由自由曲线、自由曲线结合直线、直线与直线组合而成的。它包括有机形、偶然形和不规则形等。有机形面，是用自由的弧线构成的形。偶然形面，是用特殊的技法，意外、偶然所得到的形，设计者无法完全正确地控制其形成的最后结果，而且难以完全重复（如瓷器在自然界中的窑变产生的裂纹）。不规则形面，是用自由弧线及直线随意构成的形（见图5-17）。

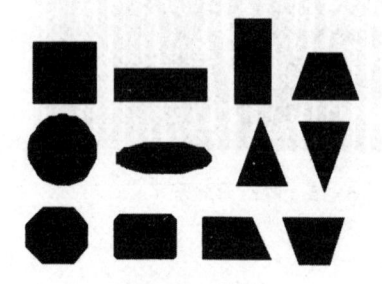

图 5-16　几何形面　　　　　　图 5-17　自由形面

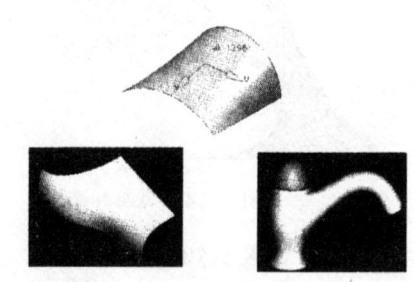

从面的空间位置来划分，可分为水平面、垂直面、倾斜面、曲面。曲面又分为单曲面、双曲面和自由曲面。单曲面是母线沿着一条曲线轨迹平行移动而形成的曲面；双曲面是母线沿着两条曲线轨迹移动而形成的曲面；自由曲面是线的自由移动或者旋转而形成的面。

4.**面的知觉感**

不同形状的面，由于轮廓线形状以及面积不同，给观察者的视觉感受也是不同的几何形的面，给人以单纯、明朗、理性、秩序、端正、简洁的感觉。几何形对视觉的刺激集中，感觉醒目，信号感强，但有时会有呆板、冷漠、生硬、单调的感觉。

正方形是与圆相对的形体。正方形以直角构成，能给人大方、严肃、单纯、明确、安定、庄严、清冷、静止、规则的感觉，但由于其四边相等，缺乏变化，因此又给人以乏味、单调的感觉。

矩形，如长边为水平位置，则此矩形给人以稳定之感；当长边为垂直位置时，则给人以挺拔、崇高、庄严之感。

正梯形，具有较强的稳定感，倒梯形则具有轻巧的动感。

圆形，无论在平面或在立面中，总是封闭、饱满、肯定和统一的，还给人以活泼、灵活运动和辗转的幻觉感。椭圆面以及类似的曲线面除了有十分安详的感受外，还因为轴线的长短不同而强调动态感。

三角形中的正三角形给人以稳定、灵敏、锐利、醒目的感觉。这是一种容易被人认识和记忆的图形。倒三角形则具有不稳定的运动感。

有机形，活泼、大胆，但往往也会引起不端正、杂乱、缺乏严谨的感觉。水平面有平静、稳定的感觉，有引导人的视线向远处延伸的视觉效果。垂直面有庄重、安定、严肃、高耸、挺拔、雄伟、刚强的感觉。倾斜面具有活泼、不稳定的动感。几何曲面具有流畅连贯、变化有序、规则流动的感觉。自由曲面具有自由奔放、轻松欢快、亲切自然的感觉。在产品形态创意设计时，要善于把严谨的几何形与活泼的自由形结合起来，取长补短，求得变化与统一，使所设计的形态既有几何形的明确、简洁又有自由形的活泼、大胆。

（四）体及其知觉感

体是线和面的移动与组合所构成的立体。体有封闭状态和非封闭状态。封闭状态的体称为形体，非封闭状态的体则称为空间。根据几何学的定义，几何立体是平面运动的轨迹，一个方形平面，沿着垂直于该直线方向进行运动，其轨迹形成正方体或长方体。矩形平面以其一边为轴，进行旋转运动，形成的运动轨迹呈现为圆柱体。一个圆形的平面，以其直径为轴，进行旋转运动，可形成球体。

平面立体具有轮廓线明确、肯定的特点，并给人以刚劲、结实、坚固、明快的感觉。曲面立体的表面由曲面或曲面与平面围成。在视觉上，曲面立体的轮廓线不够确切、肯定，常随着观察者的位置变化而变化，它给人以圆滑、柔和、饱满、流畅、运动的感觉。

平面上的图形，就是一个不变的轮廓线，而立体形由于视觉方向的不同，没有固定不变的轮廓线，而只有决定于视觉方向的视向线。

体的知觉感，除了与体的视向线所呈现的性格有关之外，还与体的体量大小有关。厚的体量有庄重，结实之感，薄的体量产生轻盈感。

体的基本形可分为球、圆锥、圆柱、立方体、正棱柱、正棱锥等六种。这些基本形是产品形态设计中最基本的"语言"单位。

从基本形态中的任何一个形态出发，将其稍加变形，就可从一个基本形态演变到另一个基本形态，从而产生出很多新的形态，这些形态彼此之间都有一定内在的形体特征联系。

产品的形态创意设计，从某种意义上说，可视为基本几何体的组合。组合后的不同基本几何体，在视觉中的呈现次序具有如下的特点：三角形由于具有尖角的存在，有聚焦视线的作用，具有强烈的视觉刺激感，最易为人们所感知，首先映入人的眼帘。对位于视觉中心上的形体，也具有相同的效果。动感强的形体，如圆锥体、球体等回转体，也具有先声夺人的视觉效果。当圆锥体和球体的体积相等时，人们首先感知的是圆锥体。当正方形的边长与球体的直径相等时，首先映入人的眼帘的则是球体。

二、文化创意产品形态设计

随着社会经济、政治、文化和科学技术的快速发展，当今人们的物质生活极大丰富，各类商品琳琅满目，消费者选择产品时的需求也在不断地提升。要在无数同类产品中迅速吸引消费者的目光，获得消费者的青睐，产品在形态创意设计中就必须要坚持不断的改进和创新。创新的产品形态能体现出设计师奇妙的创意构思和强烈的创新精神，蕴涵着机智与深邃的知识与文化内涵，它能振奋和激励人的精神和意志，唤起人们的求知欲望。在市场销售过程中，创新性的产品形态能以自身独特的形态结构、比例尺度、均衡稳定、统一与变化等美学因素，赋予产品一种新颖的视觉效果、丰富的美学精神内涵，从而产生出巨大的视觉冲击力，以此激起人们购买和使用该产品的欲望。

(一) 文化创意产品形态设计的本质

产品形态是产品使用功能、结构、材料、工艺以及人文、艺术等信息的载体。设计师通常运用独有的形态语言，借助产品形态向消费者传递产品的基本内涵。消费者在选购该产品时，也往往通过产品形态所表达出的信息来判断和衡量该产品是否与自己的需求相一致，并由此最终做出是否购买的决策。因此，文化创意产品形态设计的核心与本质就是通过设计师创新性的构思过程，赋予现代产品新的、富含物质与精神含义的全新外在视觉形象。

产品形态创新设计的魅力有时可能会远远超出我们的想象。例如，丹麦设计师维纳设计的扶手椅极少有生硬的棱角，形态折处一般都处理成圆滑的曲线，给人以亲近之感，坐上去十分舒适。它那抒情而流畅的线条、精致的细部处理和高雅质朴的造型，使其具有雕塑般的质量。1947年他设计了"孔雀椅"因神似一只开屏的孔雀，形态优美，制作精良而被放置在联合国大厦。

世界著名的电脑公司——苹果公司，曾由于设计守旧、只注重产品的功能，而在20世纪80年代的市场竞争中始终处于不利的地位，并一度陷入发展危机。由英国设计师乔纳森为美国苹果公司设计的iMac电脑让濒临破产的苹果公司起死回生，这款电脑也被誉为电脑产品设计史上的里程碑。iMac秉承苹果电脑人性化设计的宗旨，采用一体化的整体结构和预装软件，插上电源和电话线即可上网使用，大大方便了第一次使用电脑的用户，打消了他们对技术的恐惧感。该产品的外观形态设计独具匠心，用蓝白两种颜色透明的工程塑料制成流线型外壳，内部机芯隐约可见，造型雅致而又略带童趣，色彩则采用了诱人的糖果色，完全打破了先前个人电脑严谨的造型和乳白色调的传统，高技术、高情趣在这里得到了完美的体现。整个产品形态给人耳目一新的感受，极具视觉冲击力，科技与艺术在iMac的身上得到了完美的融合。在iMac上市后，在最初短短的139天中就销售了80

万台，平均每隔 15s 就卖出一台，创造了苹果电脑销售史的奇迹。iMac 的成功不仅使濒临破产的苹果电脑公司起死回生，同时也为公司的后续产品形态创意设计开创了新的设计思路。

（二）文化创意产品形态设计的原则

尽管产品形态创意设计包含着许多不确定的因素，但由于产品形态创意必须从属于整个产品设计的基本目标，因此，文化创意产品形态设计并不是漫无边际的遐想。文化创意产品形态设计必定受到产品所赋予的使用功能、审美倾向以及构成产品形态的材料、技术、生产等因素的影响。

此外，产品形态的构成通常也符合自然界中一般形态形成的普遍规律。所以，通过对产品形态构成中的美学特征及其规律，创意原则与方法等方面的探索与研究，将有助于我们在产品形态的创意设计中，在充分发挥想象力和展示创造力的同时又有一定的规律可循。

产品除了要提供人们物质生活中所需要的特定功能外，还要给人们带来精神方面的享受。所以一件产品除了好用外，还必须给人带来心理上的愉悦感，在形态上必定具有美感，具有艺术性。但产品形态毕竟不是一件纯粹的艺术品，它的艺术特征是设计师对产品的材料、工艺、结构、功能等造型要素综合运用的体现，是科学、技术和美学的有机融合与统一。

1.形态对功能的传达原则

功能的实现是文化创意产品形态设计的首要任务，而功能的实现必须要有一定的结构和材料来支持，同样的功能就决定了产品形态整体的形式。例如，汽车的形式是由底盘、车体、四个轮胎与内饰组成；自行车是由链条、两个轮胎和车架组成等。这是产品功能对形态的决定作用，但是功能并不能完全决定形态的必然呈现形式，特别是科学技术的发展使产品的功能实现越来越集中在体积更小的集成芯片中，功能对形态的限制作用越来越小，产品形态的创意设计有了更大的自由度。例如，同样功能的椅子可以有千变万化的不同形态；手表的设计几乎不受功能的任何约束等。形态是产品功能的外在表现形式，形态与功能的协调可以促进产品功能的发挥，反过来它对产品的功能有一定的反作用。例如，汽车、飞机、轮船等高速运动的产品采用流线型的形态，有助于减少空气阻力，发挥产品的性能。就一般产品的形态创意设计而言，其核心价值在于其对产品功能的发挥，因此，在通常情况下，"文化创意产品形态设计以帮助产品功能的有效发挥为第一要务。"[1]

2. 形态对信息的传达原则

产品形态创意设计是对产品概念的视觉阐释，优秀的产品形态会清晰地展示出该产品的功能是什么？它应该如何安全操作与维护？它还应该提供给我们更多的文化价值和更广的思维空间。

产品形态中包含的信息可以分为两类：一类是科学技术信息，另一类是价值信息。科学技术信息是指为了帮助产品功能的正常发挥而在文化创意产品形态设计中加入的技术辅助性信息，文化创意产品形态设计中的技术性信息主要包含以下三个方面。

（1）提供识别的形态信息。形态的差异性帮助人们识别出不同功能的产品；同一产品上不同区域的形态差别提示使用者正确使用该产品。

（2）操作提示信息。如按钮、把手、显示等操作区域通过形态设计引导消费者进行正确操作，使消费者更好处操作产品，避免误操作。

就一般的产品形态设计而言，首先，产品的操作区域的形态设计要与非操作区域有明显的差别，能够让消费者清楚地知道哪些部分是用来操作的。哪些部分是不能用手触摸的。其次，不同的操作区域要给予充分的形态提示，使消费者借助本能或一些基本的经验就能正确区分哪里是显示部分，哪里是手操作的部分，哪里是可以拆卸的部分，哪里是组件衔接的部分，哪里是禁止操作的部分。总而言之，使用文化创意产品形态设计的语言最大限度地实现良好的产品表面层次的人机信息交互，原则是便于理解，便于使用，避免误操作，保障消费者的人身。

---

[1] 杨松.产品色彩设计[M].南京：东南大学出版社，2014：54.

在文化创意产品形态设计中设置正确的操作信息一定要考虑人的使用习惯和约定俗成的规则，利用这些习惯和规则更好地引导消费者的使用行为。如果形态信息与规则相背离就有可能引起误操作。另外，产品形态能够较好地反映产品的结构、各部分关系和装配关系，这样便于消费者理解产品的功能含义、更快地掌握产品正确的使用方法。

（3）功能扩展的形态提示，属于操作提示信息的扩展部分。利用一组相关的形态信息组成一个信息链条，引导消费者探索产品的功能扩展和形式的变换。这种产品能提供给消费者探索功能、形式和操作方式的空间，能够激发消费者的求知欲望，使消费者获得趣味性和知性的愉悦。现代相当多的益智游戏产品具有这个特性。从抽象性的意义上说几乎所有的游戏软件都具备这种引导性和扩展性的特征。

3. 文化创意产品形态设计的审美性原则

文化创意产品形态设计不但要考虑产品功能和经济因素，审美也是必须考虑的因素之一。在诸多的消费价值因素中，审美价值是最能够增加产品附加价值的形式，而文化创意产品形态设计是体现产品审美价值的最重要要素，也是最能够打动消费者审美心理的因素。创造符合审美价值的产品形态是产品形态创意设计中最常用的手法，优美的产品形态能极大地提升产品的价值空间。在具体的创意设计中可运用统一与变化、均衡与稳定、比例与尺度、节奏与韵律等形态设计的美学法则实现产品形态的形式美感，帮助实现产品审美价值的最大化。

产品形态的审美性主要包括形态本身的美学特征，形态与功能、结构、材料、工艺、表面肌理等因素的和谐统一。具象的仿生形态具有自然、可爱、亲切的美感，抽象的几何形态具有简洁、秩序的严谨美感；产品形态所体现的科学技术新成果、强大的使用功能、合理的结构、新材料的独特风格、现代加工及表面处理工艺所带来的产品形态的新突破等。

随着科学技术以及社会文明的不断发展和进步，每个时代的审美观念都是不断变化的，产品形态创意设计要考虑流行的审美因素，紧跟时代的审美节奏，创造出具有强烈时代风格的现代产品形态，满足消费者的审美价值需求，达到最优化的市场效果。

4. 文化创意产品形态设计的简洁性原则

简洁性原则是文化创意产品形态设计的一个基本原则，在合理的情况下产品的形态应该尽可能简化。

(三) 文化创意产品形态设计的内容

创新是人的本质，人类社会就是在不断创新的过程中发展起来的。求新是人的天性，也是人们在社会中普遍的心理现象。表现在人们选购商品时，一般对以前已经使用过的产品所表现出的兴趣要远比新产品低。即使对非常有信任度的品牌，也希望在色彩和形态上与已使用过的产品有所不同。因此，当一件新颖的产品形态出现时，必定受到人们的关注。

追求产品形态的创新设计是人们求新、求异本质的反映。一个具有创新的产品形态，除了能给人以新颖和独特的感觉外，往往能体现出设计师巧妙的构思和强烈的创新精神，蕴涵着机智与知识。因此，具有创新的设计总是包容着一种特殊的美感。它能振奋和激励人们的精神和意志，唤起人们的求知欲望。任何一件产品的形态创意设计都是以其本身的使用功能作为设计的出发点。如手轮的形态是梅花形，人操作时，手在任意位置都可以握紧它，这些形态的产生都与产品本身的使用功能分不开，而且不同的使用功能就构成产品形态的不同的基本结构。例如，一只茶壶的使用功能决定了它的基本结构必须有壶身、壶嘴和把手。那么每一部分的形态、组合方式、怎样体现壶的最佳使用功能等，都要在产品基本结构已经确定的基础上，进行构思及比较，从而设计出功能合理，使用方便、造型美观的产品。

因此，文化创意产品形态设计的基本点是产品形态结构的优化，只有在形态结构优化的基础上，才有可能进行总体造型的优化，在文化创意产品形态设计的过程中还要在掌握形态结构变化规律与方法的基础上，根据消费者的不同层次和心理需求，去探索、创造出既新颖又美观的产品形态。

产品是具有目的性的人为形态。它受到产品的使用功能、内部结构、成形材料、加工工艺、审美观念、社会经济、科学技术、文化等方面因素的制约。只有充分考虑了这些制约因素之后，所创造出的产品形态才有综合的价值。

在市场上，具有创新的产品形态总能以其独特的外形形态和艺术魅力吸引消费者。因此，文化创意产品形态的创新设计是产品在市场竞争中的重要因素，是企业发展的必要手段。如日本的爱华公司为了保持其音响产品在世界市场中的主导地位，每年新设计的音响形态就达几千种之多。而日本索尼公司对"Walkman"设计的口号是：在世界上，"Walkman"总是最新的。

强调文化创意产品形态设计的创新并不是一味地求异和求怪，它必须建立在科学合理的基础之上，通过创造性思维，进行大胆的探索和实践。在文化创意产品形态设计中追求创新总是与一味模仿别人的东西格格不入的。它首先要求设计师必须端正设计观念，牢固确立"以人为本"的设计思想，培养严谨、踏实的工作作风；其次，在设计中要尽力摆脱传统的思维模式，勇于创新。特别是在设计的一开始就要具备强烈的创新意识。

（四）文化创意产品形态设计的策略

社会不断发展，文化创意产品形态设计便不断地与之相适应，当前信息社会的快速发展与变化使得产品形态创意设计的适应性更加突现。信息时代以计算机及相关信息技术的迅速发展和普及为重要特征，它们的发展直接带动了文化创意产品形态设计的创新。信息技术的应用极大地改变了文化创意产品形态设计的技术手段，也改变了文化创意产品形态设计的程序与方法，文化创意产品形态设计由此得到全方位的创新。与此相适应，设计师的观念和思维方式也有了很大的转变。从另一个方面促进了文化创意产品形态设计的创新。为了更好地实现文化创意产品形态的创新设计，可以从以下几个方面进行构思创意。

1."高技术化"文化创意产品形态创新设计策略

第五章 现代文化创意产品设计解构

以信息技术为代表的高科技的发展,使文化创意产品形态设计的表现空间发生了根本性的变化。当前信息类高技术产品的设计已不再主要侧重于对实在的形态和物理的人之间关系的探索,而是侧重于人与虚拟物之间关系的研究,以及侧重于信息传达方式的设计和与之相适应的外在形态的表达。比如,互联网的快速应用使信息的传播更加快捷和有效,人们沟通和交流的平台也发生了根本性的转变,人们开始通过网络进行产品的购买甚至使用,这就使产品的形态由真实形态转变为虚拟形态,"人—机—环境"系统也转变为虚拟的"人—机—环境"系统。这个侧重点的变化,就是当前信息时代产品形态创意设计的"高技术化"创新策略所致。这些新设计理念的变化必然在很大程度上促进了文化创意产品形态设计的"高技术化"。这种"高技术化"的产品形态不仅因为采用了多种高新技术而具有这些技术的痕迹,更是因为新的信息技术和生产工艺的综合应用而被赋予了全新的产品认知和形态表达方式。

2."情感化"文化创意产品形态创新设计策略

以人为本是当代文化创意产品形态设计的根本目标,即在文化创意产品形态设计中,更加注重对人情感需求的满足。人是一个具有丰富情感的动物,对产品的掌控是人安全的需要,也是体现人类智慧和精神的需求,这种对人们情感关注的凸显,正是当前产品形态创意设计的"情感化"创新设计策略。"情感化"的文化创意产品形态设计包括关注人与产品之间及产品与环境之间的情感交流和反应。

信息时代的文化创意产品形态设计的"情感化"正体现了信息社会自身的时代特色,它倡导产品形态的多样化、形象化和人性化,提供给人们广阔的欣赏空间。这样的产品形态能表达出人们的好奇心、强烈的自我主张并提供给人们多样化的选择和全新的视觉感受。如现代汽车设计中手自一体式的变速器,即使汽车的驾驶非常舒适,也可以体现驾驶的乐趣,体现人的能动性。

照相机的设计也提供自动和手动两种模式,在自动模式下可以快速地拍摄出清晰的照片，在手动模式下，更可以体现出摄影师高超的摄影技巧、独特的构图方式、独具魅力的艺术创作能力，实现人们对美好生活的憧憬，实现高技术与高情感的有机结合。

3."个性化"文化创意产品形态创新设计策略

个性也可谓是特点。富有个性的形象才会醒目，才能引起人们的关注。追求个性是人们在审美心理过程中的一个重要特点，也是表现美的更高层次。如年轻人为了充分表现出与一般人在文化水平、艺术气质、生活修养等方面的不同，常常在穿着打扮或购买物品时对某种形状或色彩进行刻意的选择，以追求自身的个性特征。

在信息社会这个物质丰富的消费时代，个性化需求正在凸显，模式化、统一化的产品形态注定不能与这个时代相适应，多品种、少批量的柔性生产方式由此产生。当今的时代，也被人们称为一个"体验经济"时代，"体验"成为时尚与个性的代名词，人们渴望使用代表自己品位的产品来点缀他们的生活，人们愿意体验各种不同特点的产品来表达他们的个性，人们强调产品的个性化和个人风格，提出了"生活环境个性化"的口号。消费者对那些具有创新设计思想并与他们想法有关的产品形态表现出强烈的认同感。这样一来，文化创意产品形态设计就不仅仅是设计师借助技术来发挥自己想象力的过程，它还是设计师通过与使用者不断对话，使设计的产品能更好地表达使用者愿望的过程。

随着世界现代化进程的发展，使世界各地之间的距离感变得越来越短。人们生活、文化、习俗等方面的差异也渐渐缩小，但人们追求艺术个性的心理不会改变。因此，在现代文化创意产品设计中仍要强调个性化。但这种个性化的设计不是一朝一夕能解决的，它必须在继承和发展传统文化的基础上，以创新求异的精神为先导，不断开拓思路，大胆进行实践，在长期的艰苦训练和积累的基础上才能得以形成。

我们完全可以相信，用不了多久，人们就可以像现在随意改变电脑屏幕保护图案那样，也能够根据自己的想法或方式来定制产品，设计师将在文化创意产品形态设计上为消费者的个性化需求提供更多的选择，人们的生活将更加丰富多彩。

第三节 文化创意产品色彩设计

一、文化创意产品色彩设计基本原则

色彩作为现代文化创意产品重要的视觉要素，对文化创意产品的视觉质量具有重要的意义，要全面提高现代文化创意产品设计的效果，为消费者提供优秀的物质和精神并重的现代文化创意产品，文化创意产品的色彩设计必须满足以下要求。

（一）满足产品使用功能的要求

每一种产品都具有自身的功能特点，文化创意产品的色彩设计必须首先考虑与产品物质功能要求的统一，帮助使用者加深对产品物质功能的理解，有利于产品物质功能的充分发挥。文化创意产品设计最基本的一点，就是使产品的形式充分表现出功能特点。作为文化创意产品设计三大要素之一的色彩设计，也应满足最基本要求。在进行产品的色彩设计时，尽量使色彩的功能作用与产品的功能特征相吻合，以便更好地发挥产品的功能效果。

产品的形态、结构、功能要求与色彩统一和内在联系，是文化创意产品色彩设计成功的重要条件。有的文化创意产品色彩设计的美学要求是次要的，而功能要求是主要的。例如，电取暖的暖色基调有利于增加产品温暖的心理感受；电冰箱的冷色基调符合事物冷藏的心理感受；电视机的深色基调则有利于电视画面的突出等，都从产品各自的物质功能特点出发，选择了不同的色彩，作为产品的色彩基调。而有的文化创意产品色彩设计的美学要求是第一位的，功能实现是第二位的，比如各种工艺礼品，强调

色彩设计的丰富多样性，满足消费者欣赏的需求。

满足产品的功能要求是文化创意产品设计的主要任务，也是文化创意产品色彩设计的最重要任务。文化创意产品色彩设计，就是要在文化传播的基础上把产品的功能特点与色彩的视觉效应结合起来。产品的功能要求是多方面的。如在汽车设计中，车型要求、整车用途要求、零部件的功用要求、宜人性要求，以及特殊车辆的特殊功用要求等。竞赛用的越野车、赛车多用兴奋色为主色调，以激起使用者积极、拼搏的激情；仪表板用视认度较好的宁静色便于长久观察；支架用坚硬色表示坚固、结实；坐垫用软色，使人感觉柔软、舒适等。满足产品功能需要的色彩创意设计不仅能提高产品的功能效率，而且能适应人的审美观，美化产品视觉形象。

文化创意产品种类繁多、功能各异，它们都在一定的场合中，完成各自的功能效用。在进行色彩设计时，尽量使产品的功能要求与色彩的功能作用相结合，以便于产品功能的发挥并取得良好的功能效果。

例如，现在的消防车都采用红色为主体色调，这是根据消防车的功能特点和色彩的功能作用与联想作用相结合而进行选择的。消防车的功能是灭火，它必须迅速赶到火灾现场，立即投入紧张而又危险的灭火工作。红色让人联想到火的危害，红色有很好的注目性和远视效果，能让人及时避让，使消防车畅行无阻。同时红色能振奋人的精神、激发人的斗志和勇气，敢于拼搏，积极投入灭火工作。因此，消防车采用红色能够充分发挥其功能作用。在进行色彩设计时，应该根据不同的功能用途和外形结构特征来选择主色调。对于汽车色彩的选择，根据其动态的功能特征，主色调宜用明亮、鲜艳、醒目的明度和纯度较高的色彩，以表现出汽车与环境明显对比和运动的功能特点。

（二）满足人与产品相适应的要求

文化创意产品的色彩，应该有利于人在使用产品时的各种活动要求。利用色彩满足人与产品相适应的要求，就是使产品的色彩与人的生理、心理作用得到协调和平衡。尽管汽车的外型可以采用多种色彩，但汽车驾驶室内的色彩，宜选用低明度、低纯度、弱对比、无反光的主色调。这种色彩应该对人无刺激、无干扰，有利于驾驶员集中精力、迅速反应、安全操作、不易疲劳。

（三）满足产品作业环境的要求

文化创意产品色彩设计，应该考虑产品的具体使用环境的特点。就地理位置来说，在寒冷地区使用的产品一般宜用暖色，使人有温暖的感觉，在心理上得到平衡；在热带地区使用的产品，一般宜用冷色；使操作者感到凉爽而心情平静。在室外使用的产品，其色彩应有良好的视认度和关注感，一般采用纯度和明度高的颜色，使其能在环境色和背景色中显现出来。在室内使用的产品，根据采光和照明条件，在满足主色调统一的情况下，可点缀高纯度、高明度的色，达到对比中有调和，统一中有变化的效果。在噪声大、粉尘多的污染环境中使用的产品，宜采用纯度低、明度适中的中性色调；在清洁干净的环境中使用的产品，宜采用明度高、纯度适中的浅色调。如在家庭中使用的产品，使用环境干净整洁，可采用浅淡、明快、柔和的冷色调或暖色调，创造一种和谐的环境气氛，让人感到家庭的亲切、温馨。

（四）符合美学法则的要求

文化创意产品色彩设计美的法则与产品形体设计等美学法则是统一的，共同表现在产品的局部与整体中所规定的秩序中。文化创意产品色彩设计的美学法则包括色彩的对比与调和、色彩的均衡与稳定、色彩的节奏与韵律、色彩的比例和尺度、配色的重点突出等。

1. 色彩的对比与调和

色彩的对比与调和法则即色彩的变化与统一法则，色彩的对比，可以使两个不同色彩要素的质或量被特别强调，使其显示各自的特质生命力。例如，红与绿、黄与蓝互补色的对比关系、黄与黑有彩色与无彩色的对比关系、白与黑明度对比关系、红与蓝暖与冷的对比关系，还有浊与清、纯与浑、硬与软、重与轻、华丽与朴素等等方面的对比关系，在创意产品设计的各个局部的色彩设计中得到了应用。但是，作为整体的产品，不允许色彩设计的混乱、相互割裂、杂乱无章，必须研究产品局部结构色彩之间的有机联系和组合成整体色彩的秩序关系。在表现一个主题的前提下，调整好各个局部色彩的分量，达到统一的色彩艺术效果。

在文化创意产品设计中，首先根据产品的功能特征、作业环境的要求和人与产品的关系等因素，确定出产品的主色调，然后在与主色调同一色系中，选择色彩，因为在同一色彩系中，所以色彩之间容易得到统一的视觉效果。为了使产品的色彩生动活泼，可以在不破坏产品所表达的主题和整体效果的条件下，对局部色彩作适当的对比处理。例如，在配色过于单调的情况下，通过小面积、与主色调对比强烈的色彩加强产品的色彩效果。这样为单调的主体色彩增添了生机和活力，使强调色在与主色调的对比中更加艳丽动人。

2. 色彩的均衡与稳定

在文化创意产品设计中，配色的均衡感与稳定感，是达到视觉均衡与稳定的有效方法。特别是对于那些产品形体结构不对称、不稳定的产品，可以利用色彩的轻重以及强弱感觉，达到视觉感受上的均衡与稳定的效果。

色彩的轻重感主要与色彩的明度有关，明度越高，色彩感觉越轻，明度越低，色彩越有重感。因此，对于左右不对称的产品形体结构，小面积用暗色，大面积用浅色，可以取得左右量感上均衡的视觉效果。同样，在产品的上部分结构用明亮色彩，使其显得轻巧，下部分结构用暗色，使其显得沉重以获得稳定的效果。除此以外，利用色彩的其他感觉作用，如虚实感、大小感、软硬感、厚薄感等，也能弥补因产品结构所造成的不均衡和不稳定。

3. 色彩的节奏与韵律

色彩的节奏或韵律就是色彩保持连续或间隔的变化秩序，或者说色彩层次变化的规律性。

色彩的节奏感是色彩三属性所表现出来的连续或间断、渐变或反复等有方向性的色彩运动感。如把色彩的色相按照光谱规律，排列为红、橙、黄、绿、青、蓝、紫的序列组合，人们会感到色彩从暖到冷、从进到退、由近向远等具有方向性的流动感，这就是色彩色相的层次；把色彩从暗色到亮色逐渐有规律地进行明度阶梯的组合，人们对色彩会产生从重到轻、由硬到软、由暗到明等具有方向的流动感，这是色彩明度的层次；同样，把色彩从混浊到纯清逐渐过渡的组合，也会产生由退到进、由隐到显、由厚到薄等具有方向性的流动感，形成色彩纯度的层次。色彩的这种排列层次，即色彩流动的规律性，也是色彩的一种节奏。

把强烈的、中间的、弱的三种色调的色彩组合时，由于组合顺序不同，会给人以不同的节奏感。如将三色按强、中、弱的先后顺序组合时，会形成逐渐变化的色调层次，给人以流畅、轻松的节奏感；如果把三色按强、弱、中或弱、强、中的顺序组合时，给人以一种新的节奏感，一种跳跃、强调、活泼的动感；如果把这些组合色按连续、间隔、渐变、重复等秩序进行新的组合，就会变成不同形式的节律。两种或两种以上的对比色组合时，在这些色彩之间插入一些连续层次变化的色彩或者非连续变化的色彩，从而获得色彩的调和感或统一感。即通过中间色规律性变化的联系，把原来对立的色彩关系变成了统一整体中的"成员"，并形成一种新的色彩秩序美。

利用色彩的节奏与韵律能使产品的形式获得动感，它是现代工业创意产品设计的一个重要特点。而色彩的节奏变化与线形的变化相结合，或产生流畅而连续的运动效果，或产生间断、突变的跳跃式运动效果。设计者应根据所表现的对象和表现的内容灵活运用。

4. 色彩的比例与分割

比例，是用量的概念评价形式美的一条极其重要的法则。在形式美原理中，比例的含义是指造型对象的整体与局部、局部与局部的数量关系，常表现为形状和体量上的长与宽、面积与面积、体量与体量的序列规律。自古以来，人们通过大量实践和研究，总结出具有黄金分割比例、整数比例、中间值比例、均方根比例等系列的形体组合，都具有一定的美感。

色彩创意设计的比例是随产品形状及其组合而产生的，利用色彩的对比与调和，以及色彩的功能作用，可以强调产品形式的比例美特征。

在文化创意产品设计中，由于产品的功能、结构、尺度、技术、环境等多方面的原因，使得产品的形体不可能也没有必要按某一"精确的"比例进行形态设计，在这种情况下，产品形式比例美的获得，往往依赖色彩的适当变化，造成视觉上的比例协调。例如，当大面积的色彩过于单调时，用小面积的色块或色带将其进行一定比例的分割，可以得到既有变化又成比例的协调美。当产品形状为一竖向的立面时，利用色彩的层次变化，上部分结构用浅色、下部分结构用暗色进行比例分割，不但可以增加视觉上的稳定感，同时也可以获得比例协调的造型美。对于十分规整的块面，利用色彩的分割可以造成方向上的对比而产生动感；对于结构复杂、形式多样的块面，利用色块的分割可以增强产品视觉上的统一感和整体感。

5. 色彩配色的重点突出

所谓突出重点是指在文化创意产品色彩设计过程中，打破配色上的单调和僵化，有意识地创造视觉中心，在色彩搭配时要着重强调的某个结构部分，使产品的整体产生活跃感。重点色应该选择与整体色调成对比的调和色彩、比整体色调更强烈、更艳丽且关注感高的色彩。重点色宜用在小面积上；重点色的配置位置，应有利于整体色彩的调和与平衡；重点色配置时不应对人产生不利的影响。

（五）符合时代的审美要求

随着生产力和科学技术的发展，在不同的历史时期，社会的物质基础和社会精神文化会发生一些变化，人们的生活规则、生活态度、审美标准和对美的追求也会发生变化。在色彩方面会产生某些带有倾向性的喜爱，这些颜色在某个时期或某个地区甚至在世界范围里，受到人们的欢迎并广泛流行，形成所谓的流行色。由于流行色具有强烈的时代气息和新奇性，能够适应人们爱好变化的新要求，受到人们的关注，因而流行色在一个时期内会特别引人注目并成为广泛使用的颜色。产品的色彩设计应充分考虑使用流行色的作用和效果，以符合产品配色的时代性的审美要求，满足消费者的愿望。

流行色是随时代不同而发生变化的短期内使用的颜色。现在，在国内和国际上都成立了专门的流行色研究会，预测未来的社会状况和人们的心理变化，研究未来年代里人们对色彩的倾向，提出流行色计划。一般流行色格调新颖、时代感强、投其所好，加上广告和宣传的作用，为色彩的流行和产品的畅销创造了条件。如在世界经济萧条的年代，人们普遍能接受明度和纯度低的冷灰色调，以适应人们对生产不景气、生活每况愈下、前途令人担忧的心理。在科学技术发达、工农业生产欣欣向荣、人们的生活蒸蒸日上的年代里，大家都倾向于用明度和纯度较高、色相艳丽的色彩。目前，由于世界范围内的生态环境受到破坏，江河、海洋被污染，森林和动物面临毁灭威胁、土地沙漠化严重等，果绿、豆绿、浅蓝等自然生命色受到普遍的欢迎，以满足人们保护环境、回归自然的心理期待。

流行色有时会受到具有国际影响的重大事件的影响，激发起人们对某种色彩的追求，以表达人们对未来的向往、理想和感情。例如，当人造卫星发射上天，人类第一次登上月球的时候，便流行一种所谓的宇宙色。色彩学家预计，"当世界趋于缓和、军事大国愿意削减军备、和平谈判取得进展的时候，人们会为战争因素减少、和平因素增多而欢欣鼓舞，象征和平的颜色，如橄榄色、浅绿色、粉红色等会流行起来。"[1]

时代的前进，社会的发展，人们的审美情趣也在变化，而且多数人往往对某种色有倾向性的喜爱，而成为该时期、地区的流行色。现代发达的交通，频繁的交往使流行色不仅具有地区、国家的意义，而且具有国际性意义。流行色不仅反映在服饰上，而且反映在日常用品和工业产品上。

（六）色调的选择应符合着色工艺和经济性的要求

---

[1] 张夫也.世界现代设计简史[M].北京：中国青年出版社，2013：103.

文化创意产品的色调是指产品色彩的总体特征或总倾向效果。不同的色彩调子表现出不同的艺术氛围。文化创意产品色彩的主调主要是根据产品功能、作业环境、用户的要求以及色彩的功能作用等进行选定的。文化创意产品的主色调多为一色和二色，色调愈少，表现主体特征愈强，装饰效果愈好，形态的形式关系愈易取得统一。

　　文化创意产品主色调的选择，除了上述的原则外，往往还反映了设计者所要表现的某种含义或感情。不同色彩的功能作用，给人不同的感觉和联想，同一种色彩在不同的环境气氛中，也能给人以不同的感觉和联想。正因为如此，文化创意产品色调的选择不可能只有某种单一的模式或规定。如奔驰在原野上或崇山峻岭中的火车、汽车，为了与自然界达到统一与和谐，可以选用绿色为主色调；为了与自然界的绿色形成一定的对比，以达到视觉上对比的效果，可以选用红色或橙色为主色调。消防车的色调选择，从产品的功能和色彩的功能与联想作用来考虑，选用红色为主色调，因为红色可以激发人的奋斗精神，提高消防队员的灭火效率；从降低交通肇事率的角度考虑，应选用黄色为主色调，因为黄色消防车的肇事率不到红色消防车的一半。但黄色不如红色能鼓舞士气，消防队员灭火效率低。医疗卫生用品，常选用白色为主色调，虽然展现的是干净、卫生的视觉效果，但是给患者冰冷的感受，所以现在开始采用更柔和的粉红色、珍珠色、淡绿色为主色调，以强调色彩对患者的安抚作用。

（七）符合不同地区和国家对色彩爱好和禁忌的要求

　　由于各个国家和地区的民族、宗教信仰、传统文化、生活习惯的不同，以及地理位置、气候条件、生活环境和人们年龄、性别、文化素养、经历、职业等的不同，人们对色彩的爱好和厌恶，表现出地区上的差异和个体上的差异。文化创意产品色彩设计应充分考虑到这种差异，满足更大范围人群的需要。

　　文化创意产品的色彩设计，不能脱离客观实际，不能脱离地域和环境的要求，要充分尊重民族信仰和传统习惯，这样才能使产品受到人们的喜爱而扩大销路。

（八）满足材料加工工艺和质地的要求

文化创意产品的色彩与产品采用的材料的加工处理方法、材料处理后的质地以及光泽色的应用有直接的关系。现代文化创意产品的色彩处理，必须重视应用新材料本身的色质和金属材料经过特殊加工处理后的表面质地的特殊效果，起到丰富色彩变化、增强产品的高技术水平、突出时代风格的现代设计的特征。

（九）满足企业形象的要求

许多历史悠久的企业由于始终保持产品的质量优良、服务周到的传统，已在广大消费者心中，树立起牢固的企业形象和产品信誉。这种形象和信誉不仅表现在产品的商标品牌，同时也表现在对企业所采用的独具特色的材质、传统的产品主色调和特殊的装饰上。因此无论该企业开发多少新产品，其色彩设计，都应该尽力保持和维护原来的主色调，满足企业形象和产品质量在消费者心目中经久不衰的要求。

（十）色彩必须与视觉生理平衡

人要进行视觉生理平衡，必须满足两个条件：神经动态的平衡和颜色视觉形态的平衡。前者是通过兴奋和抑制的互相作用来实现；后者是通过三种感色物的供求平衡来维持的。因此，在文化创意产品的色彩搭配时会因过亮或过暗，过分模糊不清，色相单调，而使眼睛容易劳累和厌烦。所以配色时应保证配色的总体效果是中间灰色，即按视觉平衡的要求来选择色彩的色相、明度、纯度、色相数、无彩色数来组织产品的主题色调关系。

（十一）色彩设计应注意色质并重

文化创意产品的外观色彩对产品视觉形象的美观起了重大作用。获得产品外观色彩的方法和手段是多方面的，不仅仅是采用油漆、涂料的方法来装饰外观。如仅用涂装色彩的手段，会使产品外观色彩表露人为修饰的感觉，而对充分表现材料加工工艺的水平却有影响。此外，色彩涂饰过多，还显得不太自然。

如果在运用色彩时，充分考虑了产品某些部分的功能要求和加工的可能性，可以利用材料自身本质的色彩，参与产品的总体色彩构成，既起到丰富色彩变化的目的，又充分显示高超的加工工艺。这种色质并重的色彩设计方法，才真正充分发挥功能、材料、加工工艺、表面处理等各方面的优点，使它们共同服务于产品外观质量提升的总目标之中，得到自然、协调、丰富变化的产品色彩效果。

（十二）极色和光泽色的合理使用

极色就是黑、白二色。光泽色一般指金、银、铬等具有光泽的色。这几种色彩由于它们都含有非彩色因素，极易与其他色彩形成协调的效果。用这类色彩做衬底、线形装饰，作两色之间的过渡，容易使众多的色彩归于统一，起到骨架作用，提高主色调的色阶。同时金属的光泽色（金、银）具有强烈的装饰作用，能使产品产生辉煌富丽、豪华高贵的视觉感觉。

极色和光泽色不可多用，尤其避免大面积地使用反光性的光泽色，以免引起耀眼的刺激而带来操作者视觉上的疲劳，同时也增加产品的成本，所以必须合理使用。

在文化创意产品设计过程中，文化创意产品的色彩设计主要以以上要求为依据，但也不能全凭客观以及逻辑推理的分析进行色彩处理。设计师应该对客观事物、消费者的喜好、需求的发展趋势以及人们审美心理的变化等进行深入细致的调查，运用配色规律和美学法则，创造出人们喜爱并乐于接受的产品色彩效果。

二、文化创意产品色彩设计

（一）主色调的选择

一个产品在配色上须有主调才能得以统一。产品的色彩数量愈少，装饰性愈强，色彩效果愈易统一。色彩数量多，造成色彩分割反而难于统一，同时色彩的涂装工艺复杂，实现困难，经济效果差。因此，文化创意产品色彩设计应以一种色彩为主体色调,其他色彩作为辅助。主色调占大部分面积,其位置也多在视觉中心之处。

除了大型产品上大面积无任何变化的外表面需要分色增强变化外,一般不会由于采用一个主体色而使产品显得单调无生气。因为产品由不同材料、功能、形状的零部件构成,总有一些不加涂饰及涂饰非主体色的部分,加上产品各部分能形成明暗的层次,还是能够形成丰富的色彩效果的。

一般产品的主调色可以根据产品功能要求选定,一旦主调色选定后,其余色彩必须围绕这个主调色配置,以形成统一的整体色调。主色调的性质、特点由主调色的特征与色感决定。如以暖色、高纯度色为主有刺激感,以冷色、纯度低的色为主则有平静感;以高明度色为主有明快感,低明度色为主有阴暗、庄重感;以暖色调为主有兴奋激情感,以冷色调为主有平静、精密感等。

通常情况下,以红、橘红等红色调为主的产品,辅助以白色和黑色。红色、白色、黑色搭配往往被认为具有一种永恒的色彩美。在汽车的色彩创意设计中,若使用者主要是青年人为主,则使用高明度、高纯度的明亮、艳丽色彩,或采用对比强烈的复色色彩,有热闹、明朗、欢快的视觉感受。若使用者主要是女性或年纪略大的人,则使用冷色和纯度较低的色调,有平稳、宁静、庄重的视觉感受。如家庭用车主要以浅色、高明度、高纯度色彩为主;商务用车则以深色、低明度、低纯度的色彩为主,强调稳重、大气的视觉感受。

(二)文化创意产品配色的技巧

文化创意产品的配色通常是指两个方面:一是颜料的调配;二是画面的用色安排。有些产品是采用一种颜色,有些产品以一种色彩为主调,另外再配以块状或带状的次要色构成。"各种色彩只有通过恰如其分的对比及相互衬托,才能使产品得到较好的装饰效果。"[1]

---

[1] 吴廷玉.产品设计与品牌管理[M].杭州:浙江大学出版社,2014:43.

纯度高的色彩比纯度低的色彩鲜明，中等纯度的色彩较柔和。一般小型产品使用纯度高的色彩相匹配较多，因其体积小，色块面积不大，对比强烈、鲜艳的色彩能起到美化环境、引起人们兴趣的效果。而大、中型设备一般用中等纯度的色彩较多，这类产品有的采用蓝、白对比的色彩，有的以红色为主调，配以黑、白两极色形成对比，其特点是既强烈富丽，又调和悦目。

浅色调比较明快、淡雅，同时冷色调易与浅色协调，使人有安静感。在室内使用的产品，工作环境比较洁净，经常采用浅色调。暖色调能与浓暗的色彩协调，金、银、黑、白、灰可与任何色彩协调，尤其是能与原色调和。在室外使用的产品经常与泥土、加工物料、灰尘接触，容易受到污染，为了"耐脏"，往往采用暖色或低纯度的色彩，如紫红、墨绿、深蓝、橙色等。

同一产品上的色彩相互对比，有的有前进感，有的有后退感。像红、黄等高纯度的色彩有前进感，灰红、灰蓝、灰黄等低纯度的色彩有后退感。明度对比中，浅色、白色有前进感，深色和黑色有后退感，白色有扩张感，黑色在浅色、白色包围中有收缩感。一些轿车上部往往来用浅色，就有增强整车前进感的作用。

色彩的明显差异会产生不同的重量感，明亮的色彩显得轻，暗的色彩显得重。人们一般喜欢外观稳重的产品，但整机都使用深、暗、暖的色彩，就显得过于笨重。因此，在用色时既要产品稳重，又不能呆板，为此有些产品在上部用浅色，下部用深色或暖色，就可使机器显得既稳重又轻巧，使人们容易得到心理上的满足。

1. 两种色彩配置的典型方式

为使产品色彩丰富而选用两个主体色时，两者之间须有一定程度的主次之分，它们的搭配应符合色彩对比与调和理论的要求。主色相的面积应大于次色相。两种色彩虽然采用调和的方式，但色阶不宜太近，以免含混不清。可以采用同色相的明度对比，近明度的色相对比，或彩色系列与无彩系列的对比方式，获得两种色彩之间的变化效果。

两种色彩在空间的配置有以下几种形式。

（1）上下分色。上下分色通常可以取得产品的重量感、稳定感，采用上浅下深的配置方式，应注意色彩之间的调和。配色不宜含混不清，要有适当对比，但也不可对比太强。一般上下色彩面积不宜对等，如机床、小汽车的色彩设计上下分色，加强产品下部的重量感。同时上下分色造成产品横向加长的视觉感受，也可达到增强产品的视觉稳定感的目的，或为了强调产品水平方向的线形特色。

（2）左右分色。左右分色，要分清色彩主次，突出主调，可改变视觉效果，造成产品高耸挺拔感。也可用来改善产品横向尺寸过大的不良视觉感受。有时产品形体比例不理想，例如近于正方形显得呆板，而由于结构原因又不宜上下分色，可以用左右分色来处理。左右分色既不可平分，又要注要两色对比的均衡感，避免引起产品向一侧倾斜的感觉。

（3）综合分色。考虑产品的整体形态、结构位置关系以及比例关系等因素，在产品的前后、两侧作上下、左右的多种分色配置。综合分色能形成产品丰富的视觉效果，但要注意分色的整体性，不能破坏产品形象的统一视觉效果。

（4）采用中间色带。依产品的结构关系，设置中间色带，形成形体结构有变化又统一的感觉，产生节奏感，可使产品在长度或者宽度上增大效果。它与上下、左右分色不同的是不会产生截然分开的感觉，且能造成一定的轻巧感。中间色带可将产品的上下、左右几部分结构联系起来，加强产品的整体感，但是色带的用色不能与主体整块色对比过强，以免有割裂感。

2. 三色以上的色彩配量

由于主体色过多易使色彩纷乱，影响产品的整体感，也造成涂饰工艺的繁杂，所以选用三个主体色要慎重。少数情况下选用时，一般宜选两色近似另一为对比色，且色彩的面积也要拉开差距，不能太接近，以便主从关系较为明确。对三个主体色进行上下或左右各种分色配置时，更应力求简单化，切忌过于复杂。

无论是两个或三个主体色，分色应与产品结构关系相适应，一般应避免在同一功能零部件上分色，在可能的条件下尽量让分色线与结构线一致，保证产品结构的视觉完整性。

（三）文化创意产品色彩设计过程文化创意产品的色彩设计是一个由整体到局部，逐步深入的过程，其具体步骤如下：

1. 选择主调色彩

在文化创意产品色彩设计中，首先经过资料收集、调查、分析之后，确定产品的色彩意象，然后根据色彩意象，选择具体的色彩表现产品的意象效果。例如，浪漫的感觉可用淡色调，成熟、稳重的感觉可用浊色调，新潮、时尚的感觉可用鲜色调等。依据主色调，定下最有优势的主调色。

2. 选择辅助色彩

色彩调和配色的同时，考虑对象的体积、色彩图案面积的比例、材质等因素，用色标或色样并置排列的方法，多方衡量后再选择出几种最佳搭配的辅助色，即搭配色。

3. 选择点缀色彩

在文化创意产品形态上，一般主导色的面积最大，也可能是配色的底色。根据调和配色方法选择的辅助色和主导色的配色效果可能有点平淡，若配一些点缀色，强调一下产品重点结构部位，可使产品整体的配色效果丰富生动。

4. 试彩与修正

将前阶段选择的各色彩配置方案，在相同的材料表面或模型上进行试验，以探讨实际色彩配色在产品上的视觉效果，或调配出所选色样，供分析与修正使用。改变效果不好的色彩搭配、修正色彩搭配的面积比例，或修正图案纹理以配合色彩效果。

5. 色彩设计效果的测试与评价

根据最后选定的色彩样本，进行心理、生理和物理方面的测试与评价，以确定色彩样本是否符合要表现的对象形象。文化创意产品的色彩设计是产品形象的最直接视觉表现，色彩效果的优劣严重影响产品的视觉形象，影响消费者的购买决策，也影响消费者对产品的精神需求，只有认真研究色彩的规律，掌握文化创意产品色彩设计的原则与要求，才能创造出真正优秀的产品。

第六章 文化创意产品的开发设计

第一节 传统文化元素与文化创意产品设计

市场上文化创意产品错综复杂,各具特色。从广义的角度来说,与文化有关且被某些群体所认可的创作,可以称为文化创意产品。狭义上则是指附带传统符号的商品。传统于现代设计的而言,是一个包含关系,你中有我,我中有你。所以在现代设计中,将传统加入创作理念是很有必要性的。也只有梳理好二者的关系,才能协调好传统文化元素符号与文化创意产品的设计关系。

一、传统文化元素符号的应用原则

(一) 区域民族性原则

民族地区的文化传承一直以来都是一个深入探讨的问题。作为"自用"功能的延伸,传统文化元素符号与文化创意产品的结合,是民族文化在"他用"中的体现,推动文化的传播,消除了对民族地区原有认知上的"神秘感",也孕育出文化内部新的动力和融合。文化创意产业的发展对民族地区的文化传承具有极大的推动作用,也为原有的自然发展的路径提供出一种新的渠道，民族地区的"物质产物"不再孤立，为服务小群体而存在，而是以一种产业化、商品化的表现形式展示出来。而传统文化元素符号是伴随着文化创意产品的发展而发展，二者是属于伴生关系，相辅相成。融入具有特色的传统文化元素符号已经成为文化创意产品设计的灵魂与核心，独特的性质及功能，也符合现今文化创意产品的设计。

（二）认知性原则

从起初的"师法自然"再到"和谐共生"等思想，这都体现了生命与自然之间的共性，共性的特点贯穿着文化创意产品的始终。传统文化元素要经过选用、提取、再造、组合等步骤才能应用于文化创意产品上，这个过程的首要是对传统文化元素符号的本身进行认知，文化内涵的分辨。

而这个认知关系也构成了功能与形式二者之间的平衡。二者之间的强弱关系也会如"蝴蝶效应"一般，影响人们对于文化创意产品的不同审美需求，因此现如今的极致的简约或繁复的奢华这些不同的审美态度均存在于世。

（三）审美及指示原则

1. 指示功能

传统文化元素符号在文化创意产品设计中起到了重要的作用，因为在使用传统文化元素符号的过程中势必会传递某种信息和寓意。在一定程度上，传统文化元素符号是文化创意产品的附属品。设计师将传统元素应用于文化创意产品中不仅仅要传递元素的信息和寓意，而是要用这种"隐喻、象征"的艺术手法，来加强产品及产品之间的物与物之间的联系。元素符号之所以能传递寓意，是因为文化创意产品本身就是一个文化符号系统，是具有表现与等语言功能的综合系统。

2. 审美情感功能

美学家克莱夫·贝尔在《艺术》一文中指出："一种艺术品的根本性质是有意味的形式。"传统元素符号作用于文化创意产品的设计中，就是一种有"意味"的设计方式，这种方式在某种程度上满足了受众的心理需求，还满足了其情感需求。另外，传统元素符号中的审美情感功能和艺术审美在某种程度上又是一样的，左右人的情绪，让人产生美的享受与感动。

二、传统文化元素符号在应用过程中所面临的问题

（一）"文"与"创"的不平衡

上文提到的目前市面上的文化创意产品的种类多，表现形式也错综复杂，从而也出现笔者标题所提到的"文"与"创"的不平衡。有些文化创意产品中仅应用了"文"的含义，载体中也是在"文"这个特点上处处做"文章"，将各种类型的元素糅杂在一起，随意排布。这种表现形式从表面来看毫无瑕疵，但细品之下，"文"堆积过多的文化创意产品与"文""创"均衡的产品，就相差万里。同样，仅有"创"的产品亦是如此。

（二）"形"与"意"的不均等

传统的元素符号在应用的过程中是为了吸收它的"形"，借住产品的外观来表达它具有的"意"。只注重"形"而忽视"意"或对"意"凭空想象，及胡乱表达的产品也是不合理的。只重寓意的文化创意产品是没有支撑点的，现在所流行的部分产品中，重寓意而轻形式的产品不在少数，那是因为有些人只是单一理解产品中所表达的寓意，而放弃了对传统元素形式的追求。在对某一传统元素进行元素提取时，我们应该考虑它背后的"故事"，如文化禁忌，文化搭配等。

三、解决的方式

而今的社会环境正好为传统元素文化符号与文化创意产业的结合开辟出一块新的土壤，让传统元素文化符号在文化创意产品的设计之中寻找出一条新的路径，从而复兴优秀的传统文化。

（一）产品符号的再造

我国具有浓厚的民族历史，而伴随着民族历史而生的则是民族文化，

因此浓郁的民族文化让我们在文化创意设计的过程中"底气十足"。传统文化符号应用于现代产品设计中，需经过一个再造的过程，这种再造的艺术手法又分为两个方面。一是精神层面，着重指的是通过重塑心境进而对人的精神面貌和心智发生变化。二是物质层面，直接对传统本身的某些结构进行重构，形成一种新的物体。这种再造的方式，赋予了产品"生命的活力"，在保护了文化元素的传统性的同时也进行了创新，让产品提升了产品的综合实力与特色。

（二）材质的选用

除此之外，对材质的选用也是至关重要的。新型材料给传统工艺带来了许多创新的机会。工业化大生产的出现，并没有让传统工艺就此衰落，反而促进了传统工艺发展。在发展到一定程度时，事物本质会发生变化，让人思考。这种变化对于我们来说，可以界定为传统与现代的交融，两者相互联系，在矛盾中产生新的作用，让原有的"枯燥无趣"转为"生动活泼"。

（三）"一物一心"即匠心

何谓工匠精神？"心心在一艺，其艺必工；心心在一职，其职必举。"此句的意思是指如若想把自己所从事的事业做得完美，就得倾尽自己之所有，不气馁、不放弃，就能超越梦想、成就辉煌。工匠精神渗透在生活与生产，以及设计中的每一个环节，并且形成了所独有的文化及精神内涵。而在文化创意产品设计中，工匠精神的呈现在于对文化创意产品的外观设计精益求精，对文化创意产品的附属品传统元素的提取完后精雕细琢。每个时代都有着自己的传承，但工匠精神的"精益求精，精雕细琢"的理念一直是不变。

"创新"一词明面上是指的对材料、工艺、造型等各种要素是对文化创意产品的一次"革命"。抱着对传统文化信仰的坚守及背后承载的文化与精神的敬畏与传承之心，出现了"创新"。但真正的工匠精神，又是慎谈创新的。对于传统的认知和坚守越深入，对于创新的理解和探索也就越慎重。

每个时代都存在不同程度地属于自己的"创新"风格样式。这种"创新"，一定是植根于传统与现实需求的"摹古酌今"。

传统文化元素符号的本身是一个不断变化的过程，我们看待传统，吸收传统也需要用辩证的眼光去看待，并不是所有的传统元素符号，都是可取的或被可利用的，对于这些传统文化的至宝，笔者认为作为现代继承者的我们，应该辩证看待传统元素符号，取其精华，去其糟粕。将传统进行剥离，取用可行之物，应用于文化创意产品设计之中，才是正确对待传统，尊重传统，而不是单纯地将传统文化元素进行吸收、转化。

第二节 多感官体验与文化创意产品设计

一、视觉感官设计应用

相关调查显示，在五种感觉中，视觉感受所占比例为37%，居于首位。因此，一个好文化创意产品首先应该在视觉形象上抓住消费者的眼球，这样人们才有可能去进一步了解它，感受其更深层次的丰富体验。而视觉中包含色彩和造型两大主要内容。

（一）视觉色彩的应用

色彩作为无声的力量，能够潜移默化地影响人们的心理，通过不同的色彩搭配，传达不同的情感思想。文化创意产品中，熊本熊形象就生动地诠释了色彩对消费者购买欲望的重要作用。设计师为突出熊本县特色，在熊本熊身体上使用了熊本城的主色调黑色，并在两颊使用了萌系形象经常使用的腮红。而红色不仅代表了熊本县的火山地理，也代表了当地特有的红色食物。全身大面积的黑色突出了脸颊上的红腮红，将熊本熊的憨厚可爱形象放大，深受人们的喜爱。如今，在各大商场、服装上都能看到熊本熊形象。

(二) 视觉造型的应用

造型形态是文化创意产品设计的重点之一，通过精准的形态塑造、生动的线条形式，对消费者产生强烈的视觉冲击，并带来舒适的视觉体验。以 2008 年奥运会五福娃为例，五个吉祥物均采用圆弧线作为基础造型单位，将各带寓意的装饰图案作为头饰，在和谐统一中又不缺失各自鲜明特点，五个福娃的造型与所要表达的意象达到了视觉上的统一，形成了一个整体，满足受众对于系列吉祥物整体感知的需要。所以文化创意产品设计应遵循一定的完形规则，有利于受众将产品各个造型看作一个整体。各部分的造型要素符合受众的期待，使造型所呈现的创意得到完整、全面、有层次的解读。

二、听觉感官设计应用

由前文可知，视觉感官体验在消费者购买商品时占据着主导地位，但相关研究表明，听觉感官同样具有重要的影响作用，所占比例达 41%。换言之，在色彩之外，人们对美妙或是响亮的声音也会加以留意。因此，如何充分利用听觉的感官特性、增加感官刺激，使人们对产品的体验更加深刻，是文化创意产品设计中值得思考的一部分。

(一) 听觉包装

听觉包装可以是产品附加的背景音、简短的宣传语，或是使用过程中发出的特殊音效，它们的作用通常是加深人们对该产品的认知与印象。这类包装方式多存在于儿童玩具和部分电子产品中，因为儿童对新鲜事物充满好奇心，在儿童电子乐器上常会有各式按钮，在按下时发出有趣的旋律。

此外，听觉包装也可以是通过产品本身结构的设计或特制材料的运用，使其具有独特的音效，并以此形成品牌独有的听觉识别元素。如旋开可乐瓶时，由于碳酸饮料的特性，气体涌出瓶外发出的"咻"的声音已经成为独有的一种听觉识别元素。又如用特种纸张印制的书籍，在翻页时会发出较大的声响，以此吸引读者的注意力等。

（二）视觉与听觉结合

当产品的造型与包装已经达到良好的视觉效果时，通过材料、结构的进一步细化，让用户在使用时，产品发出高质量、舒适的声音，给予使用者不同的感官体验。有这样一件名为"红山实验2.0"的展品，将大地的脉动形态投影到展馆中央的球体上，同时又与声波变化相结合，使参观者身临其境，切身感受整个过程的跌宕起伏。相较于纯视觉传达，这种沉浸式的体验能给予人们更多的满足感，同样也适用于产品与包装的设计。笔者认为，这是一种更能满足消费需求的设计趋势。

三、触觉感官设计应用

在五种感官体验中，触觉体验所占的比例相对较小，为25%。触觉感官影响力较小的一部分原因是需要实际接触产品才能产生，但其依然是使用体验中重要的一环。

（一）触觉包装

触觉包装主要与材料的质感、纹路、肌理、软硬度以及整体造型等相联系。所有的物品都有特定的构成方式，而不同的材料与造型会给人们完全不同的触觉感官体验。随着科技的发展，包装的形式已经不仅仅局限于使用传统的工业材料，许多新型材料陆续运用到产品包装上。比如，目前市面上许多家电开始尝试运用布面、木头纹理的表面材料，这提高了包装多样性，也给予使用者更多的选择。

（二）视觉与触觉结合

材料的各种属性及产品包装的造型是可视的。例如，酒瓶是磨砂还是光滑、收音机是棱角分明还是圆润，首先给予人们视觉上的不同体验，接触它们的时候又能刺激触觉上的感知，二者共同影响，加深使用者对这个产品的印象。如布面、木头纹理给人更加柔和而温暖的视觉效果，在触摸时也没有金属那样冰冷的感觉。因此在设计过程中，可以同时考虑这两种感官，让使用体验更加多元化。

四、嗅觉感官设计应用

气味是一种比视觉画面更有张力的记忆形式，并且比视觉记忆停留更久。气味不仅能营造氛围，而且气味的再现能调动用户的嗅觉感受，使用户很快回想起过去的特定场景，引起用户的情感共鸣。利用嗅觉感官可以建立起气味和品牌、文化之间的联系，让文化创意产品带给用户更深刻的体验。

（一）现有的嗅觉运用方式

直接运用到嗅觉感官的一类文化创意产品是香氛类产品，液体香氛、固态燃烧香等产品本身带有气味，气味就是该类文化创意产品的主体。另一类是本身无气味、但通过熏香外加上与产品同主题气味的产品。例如，在古风类文化创意产品熏以古朴的东方木质香，通过这种气味和古风意向的关联带给用户深刻的体验。同样，以书店 MUJIBOOKS 为例，它和其他门店一样，传达"生活美学"的概念。在书店中，香氛机始终工作，释放自然精油香气，同时用户购买的产品中也会萦绕这种气味，这种气味的体验以一种不张扬的方式将文化、价值观传递给用户，并且有更长的持续时间。

（二）嗅觉在文化创意产品中运用的未来展望

目前已经出现一种能够记录及复制各种味道的仪器，可以做到再现玫瑰的馥郁、香蕉的甜腻、甚至各类刺鼻气味。这为文化创意产品中大量运用嗅觉元素提供了可能。通过气味监控、气味制造、结合软件和留香材料，相信气味记忆将和现在的摄影留念一样，不同特色的气味可以被保留，可以在朋友之间传递，可以与更多的人分享，成为一种流行的保留回忆方式。利用嗅觉相关技术的文化创意产品将具有更强的传递文化、分享城市印象的功能性。

五、味觉在文化创意产品中的应用

味觉主要在食品类文化创意产品中出现，在一些前沿的食品包装设计中，用视觉插画或是特制材料体现食物口感，已经是一种成熟的多感官运用方式。

圆润的食品包装会让人联想到柔和的口感，棱角分明的包装则与刺激的口感匹配，低饱和度的颜色对应清淡的口味，鲜艳的颜色则对应浓郁的口味，这是长期以来人们习惯的预期联想。这种视觉和味觉上的对应可以应用于文化创意产品营销，因为大多数人认为图形比文字更直观，当用视觉形象做包装来表现文化创意产品口感时，会比文字描述更引人注目，更容易吸引消费者，给其留下深刻印象。

此外，味觉记忆能将进食行为与周围的物质环境形成相对稳定的意象联系，将味觉纳入文化创意产品设计能将个体生命记忆纳入社群记忆（城市文化、印象、价值观）之中，给消费者更深刻的体验。

城市文化创意产品产生的目的主要是传递城市文化，增强用户的记忆和情感体验，而多感官文化创意产品的核心竞争力在于"体验感"。充分调动五感的产品，能和用户本身有更多物理互动和情感交流，比单一感官的产品更具趣味性和人文关怀，是市场的大势所趋。

第三节 色彩文化与文化创意产品设计

色彩是人类探索世界、认识世界的一个独特窗口，是绘画、设计和审美的重要因素之一。早在河姆渡时期与仰韶时期，我们的祖先就开始使用植物与矿物的颜色来记录他们的生活。从人类文明史中可以发现，任何一种心理模式的出现都源于一种文化根源。生活中的一些色彩现象折射出丰

第六章　文化创意产品的开发设计

富的文化意味，形成了独特的色彩文化系统。中华文明源远流长，传统色彩文化熠熠生辉，宝贵的色彩文化资源对现代文化创意产品的设计研究具有重要的现实意义。

一、融入中国传统文化思想的色彩观

人类对于色彩的感知是多维度的，主要通过人体的视觉系统、色彩的文字意义，以及一些物理现象来认识与重构色彩。中国传统色彩源远流长，从原始先民们的单色崇拜，到开始使用石绿、朱砂等，至虞舜时期五色体系的形成，中国人民的色彩审美在漫长的民族文明中不断演进。中国古人对于色彩的使用具有精神性，与西方理性分析光谱与色谱有所不同，中国对于色彩的认识基于感觉系统，是一种文化性阐释。在"天人合一"的哲学思想下，古人将物质世界抽象成"木、火、金、水、土"的五行概念，从而演化出"青、赤、白、黑、黄"的五色观。五色体系成为中国绘画的基础，又将五色与"东、南、西、北、中"五个方位进行对应，形成"东青龙，南朱雀，西白虎，北玄武，中勾腾"。古人还将颜色与季节建立起相对固定的配色方案，将"春、夏、秋、冬"对应"青、赤、白、黑"。从这些文献研究中，我们可以看出中国传统的五色系统是古人观察、类比、附会自然万物的结果。在中国传统文化中，将"色彩"与"物体""方位""动物""季节"进行直接的指代，产生某种颜色可以代替某种形象的文化概念，这是中国传统色彩观念的语言性体现。以上研究证明，中国人的色彩审美精神性极高，不仅是空间、时间等因素结合的产物，更是追求情感、时空、物质之间关系的表现。

中国传统色彩观念富有浓郁的封建情结，李广元先生曾在《东方色彩研究》一书中指出，自封建社会确立之后，色彩的本性便失去了原始色彩这个最终保护地。中国传统色彩形态开始走向精神领域，随着人们色彩自觉性的提升，显在的色彩活动逐步取代人类自觉的色彩形式，色彩本能成为人类思想上的沉积。于是中国古人的色彩意识由原始自发色彩象征逐渐转入精神层次的自觉色彩象征。儒家思想曾是我国古代的主流意识形态，在文化思想上以其博大精深成为我国传统文化的精髓，同时在艺术审美上展现了中国传统色彩美学思想的包容与含蓄的特性。

从传统的服饰文化中便可看出，我国各个朝代都有色彩偏好。例如，秦始皇崇尚黑色，汉高祖喜爱赤色，隋朝高官多着紫衫白袍，唐朝规定黄色为皇家用色，庶民不得以赤黄为衣，宋代崇尚紫色，清朝以黄色为贵，这种偏好大多源自统治者对于色彩的喜恶。君与民的用色之分反映了人们对于"礼"的推崇。另一种色彩美学思想是以色来暗示美德，即"比德"。在我国经典的戏曲文化中有所体现，用单纯、夸张、鲜明的脸部色彩来展示人物的面貌，不同颜色的脸谱暗示着不同性格与品德：红色象征着忠勇、黄色象征着勇猛、白色象征着阴险狡诈、黑色则表示刚直不阿，戏曲中的色彩具有塑造"典型人物形象"的良好作用。这种典型的色彩审美将传统色彩进行社会化，具有伦理道德性，在现代社会生活中仍具有"寓褒贬、别善恶"的社会教化功能。

二、色彩文化在文化创意产品中的应用

目前文化创意产品作为文创产业的重要载体和表现形式，成为地域文化产业发展的中坚力量，是区域政治、经济文化的显性呈现。由于当前国内文化创意产品的发展以实践为主，缺乏相应的理论支撑，导致在文化创意产品的开发过程中出现形式雷同、用色不慎考究、实用功能差等现象。文化创意产品中文化内涵的缺失是问题产生的重要原因。现代文创品的色彩研究应该注重传统色彩的现代转化，注重色彩设计的隐喻性及功能性，这样才能更好地体现出文化创意产品的独特性与文化性。

（一）注重传统色彩文化的现代转化

传统色彩在现代文化创意产品中的应用不应该是盲目的"拿来主义"，

进行科学的选择与有效的现代转化才能更好地迎合现代消费者的需求。目前，文化创意产品设计大致有三种类别：一类是对文物的高仿再造，这种类型产品需要工艺与技术的支持，创意稍弱，如故宫博物院文创旗舰店的"云山墨戏图卷"的复制品；一类是创意衍生品，将参照物中的符号进行嫁接，利用现代数字媒体技术制作出的文化创意产品属于这一类；还有一类属于产品的再创造，将原有图形元素进行重新组合，打造具有产品特征的全新视觉形象，比如富有青花图案的系列餐具，从古代服装配饰演变来的创意挂饰等。以上这些方法都是寻找传统文化与现代生活的结合点，取其精华，通过对已有事物进行"陌生化"处理，架起传统与现代的桥梁。

首先，应充分考虑传统色彩性格，依据产品的特点选择合适的传统色彩。近几年关于国家博物馆的文化创意产品层出不穷，将文物的文化符号从形态层面到精神层面进行了概括与融合，与时代接轨，创造出一种自身特有的文化创意产品设计风格。

其次，在配色过程中注重对色彩的重新组合与合理搭配，比如改变传统色彩在产品中的比例与面积，在视觉上构成全新的色彩意象。如一款名为"双连油醋瓶"的文化创意产品，设计灵感来自清乾隆年间的粉彩开光花鸟双连瓶。设计师在原有文物的配色中取色，将色彩进行整合，简化色彩的数量，采用蓝色与白色。通过对瓶身原有形态的保留与改变，使得创意产品既具有传统美感又不失现代生活气息，将原本是帝王书斋里的珍玩，设计成现代餐桌上的调味瓶。如果设计师按照文物原本的图案与色彩进行复制，得到的产品则会略显陈旧。通过对传统色彩的重新组合，一个以自身描蓝边，另一个以蓝身描白边，两个瓶子搭配在一起，透露出独特的东方之美，既有历史文化印记又有现代生活情趣。

最后，充分考虑传统色彩属性与产品之间的联系，必要时可适当调整色彩的属性。中国古代传统色彩在使用上重精神而轻形式。西周时期，统治者将五色定为王室、宫廷使用的正色。为了凸显黄权的尊贵和显赫，皇家用品配色一般都以鲜艳为主，配金银色为装饰，这种审美趣味一直延续至今。例如故宫博物院文创旗舰店出的一款名为"有凤来仪"的杯垫套装产品设计。产品的图案设计灵感来源于清代点翠凤凰纹头花，是一对回首凤凰，色彩以黄、红、蓝为主。以传统金线勾边，按照翠羽、宝石的颜色调配出近似色，利用现代的微量射出工艺进行色彩填充。整个产品线条流畅、色彩华丽，透露着宫廷用品的古法韵味，使故宫文化不再停留在馆藏文物的展品序列，而是采用现代的方法把东方文化进行转换并传播出去。没有生硬地照搬传统清朝宫廷用色，而是将传统色彩进行纯度与明度的提升，将原本沉闷的历史文化转化到亮丽的色彩表现和造型上，实现历史文化传播的同时，体现出现代设计的时尚气息，很好地将传统色彩进行了现代转化。

（二）注重文化创意产品色彩设计的隐喻性

文化创意产品设计的本质是物的文化设计。在进行文化创意产品色彩设计的时候要注意色彩中蕴含的文化隐喻性。"色彩能够表达情感，这是一个无可辩驳的事实。"色彩之所以具有一定的象征功能，是以一定的传统文化为背景的。中华民族崇尚红色，红色具有热情、喜庆、吉祥等色彩寓意，所以红色在中国人心目中具有特殊的情感和审美象征意义。节日喜庆要用红色来做装饰，新娘要穿红色礼服。在文学中也不乏对于红色的喜爱，人走运了称为"红运"，将美丽的女子称作"红颜"，受人喜爱、得到重用的人称为"红人"等。这种色彩倾向自古就有，相传神农氏自封为炎帝，炎者红也，刘邦兴汉后自称"赤帝之子"，这些都是红色的类比所在。受众的审美取决于环境的感染、文化的熏陶，甚至是宗教的影响等。在进一步的研究中，我们还会发现古人常用颜色的视觉感受指代人物形象，例如民间有"女红、妇黄、寡青、老褐"的称谓。这些富有颜色性的词语实则指代不同年龄段的女性，通常用穿红戴绿来表现少女的形象，用黄衣或黄巾来表现少妇，孤寡者以着青色显示肃穆，老年人则用储墨或褐色来表现，采用人们对"红、黄、青、褐"颜色的视觉来表现具体生活形象。如此一来，颜色被赋予了其所不具备的概念，产生了象征意义。

故宫博物院有一款名为"万紫千红便笺纸砖"的文化创意产品。其创意灵感来自故宫博物院藏的清代画珐琅团锦花纹盖罐，此文物通体白釉画珐琅彩花，颈部、腹部及盖子上描绘着大小各异的团锦花纹，具有很强的艺术感染力。设计师借传统色彩之形，取传统色彩文化之意，将美好的寓意寄托在产品设计之中。在注重产品色彩美观性的前提下，大大提升产品的格调，深受消费者喜爱。

中国色彩文化与传统文化密不可分，是我国人民审美意识的集中体现与表达，透露出中国式的思维与逻辑，具有地域特性。现代的文化产品设计行业需要创新，不仅要紧跟国际潮流，同时也需要注重本土化发展，从中国的传统文化中汲取营养。研究传统色彩是对我国传统文化的继承与弘扬，不仅便于设计师们进行设计创作，同时也使购买者更好地解读中华传统色彩语言，更好地构建具有中国特色的产品色彩设计体系。

第四节　仿生设计与文化创意产品设计

在社会不断发展的今天，人们对文化生活的重视程度逐渐提升，文化创意领域的产品设计水平也不断发展，将文化创意产品中的设计元素与仿生设计内容相结合可以强有力增加文化创意产品的自然属性，更贴合现代人的生活需求，容易激发受众的认同感，对文化创意产品设计具有重要的价值和意义。

一、仿生文化创意产品的现状

随着人们生活水平的不断提升，大家对文化旅游、创意设计等方面的兴趣浓厚。但是目前的一些仿生文化创意设计图单一，不具备灵活性。文化创意产品的主要原则是在融合原本的文化元素之外，创新更高层次的文化产品。不过，当前市场的一些文化创意产品只是将众多的设计元素拼凑组合，在仿生设计部分缺乏独特性。比如，只是将仿生设计与明信片等产品单一结合，或者完全仿照某种生物制作工艺品，缺乏自身的独特性。

二、仿生设计在文化创意产品设计中应用

（一）形态仿生设计中应用

形态仿生设计是指在文化创意产品设计时通过简化或者模仿生物体的外部特征，利用艺术的处理手法将该要素应用于文化创意产品设计中。其中包含三个方面。

1.具体形态仿生

具象形态仿生是利用自然界中的各种生物外形，采取变形、夸张的艺术手法，相近地展现事物的形态，实现吸睛的视觉效果。在文化创意产品设计中运用仿生原理可以提升文化创意产品的创新力与创造性。因此，可以将这种设计理念运用在一些文化创意产品中，比如将自然界中的鸟、虫、鱼、花等元素的外部特征与手机壳、钥匙扣、杯子的形状相结合。

2.抽象形态仿生

抽象形态仿生指以事物的外部形态为基础，加以总结提炼，通过变形、夸张的手段，对仿生对象的形态特征加以利用，使其高于本身的自然形状，做到"神似而形不似"，运用于产品的设计中。比如，某设计师设计的墨竹挂钟。古人常常以"宁可食无肉，不可居无竹。无肉令人瘦，无竹令人俗"表达竹子在国人心中的地位。这款挂钟的钟面是我国著名山水画大师绘制的墨竹作品，指针设计成竹叶的形状，随着时间流逝，竹叶巧妙地与表盘中的画作融为一体，俨然成为墙上的一幅墨竹画作，而表框变成了画框。拥有这种仿生时钟，抬头间仿佛感受到微风与月光相互交错下的竹影，将竹子的抽象形态传递给受众。

3.意象形态仿生

意象形态仿生是结合事物的形和意因素进行设计，使文化创意产品不

仅具有自然的视觉效果，还具有寓意与象征。意象形态仿生设计的重点是将事物外形与产品之间的隐藏联系进行深刻剖析，在对比中建立仿生对象与文化创意产品设计之间的关联。比如，在推出猫形吉祥物时，设计理念在利用猫的外形之外，还引用了猫吉祥招财的寓意，将文化创意产品做到神、形具备。其中，招财猫举起的左爪和右爪分别代表招福、招财。

（二）结构仿生设计中应用

结构仿生设计是从不同的角度找到事物与文化创意产品之间的关联，将其融入产品的设计之中。在产品仿生设计中，一般将植物的茎叶、动物的肌肉、骨骼结构，甚至是自然景观的细节纹路融入产品设计之中。比如，海洋馆中售卖的由贝壳托起的水晶球产品，水晶球中的岩石以及外部的贝壳纹理细致。比如杭州雷峰塔景区推出的冰箱贴、钥匙扣等文化创意产品上雷峰塔的细节部分十分清晰，富有质感。

（三）色彩仿生设计的应用

色彩仿生在文化创意产品设计中占据极大的地位，在仿生的设计初期，就需要将形态与色彩相结合。由于一种颜色在不同的环境中的感受均不一样，可将大自然中的显性色彩运用与文化创意产品设计中。比如，花朵的鲜红、树叶的翠绿、动物具有警示作用的皮毛色彩均可运用到产品中。例如，北京故宫博物院推出的"如朕亲临、奉旨旅行"的腰牌卡。拥有明黄色与深蓝色两种配色。其中两条龙的颜色配置大胆，十分亮眼。由于腰牌是古代官吏别在腰间的出入"通行证"，北京故宫博物院利用腰牌的概念以及颜色，与现实中的行李牌相结合。既可以作为公交卡套又可以作为行李牌，亮丽的颜色深受大众的喜爱。

（四）功能仿生设计的应用

功能仿生主要利用自然界中的生物存在能力与天然材料的属性设计改造的。在古代春秋时期，鲁班就曾利用锯齿草叶片的特性，制造出了锯子。功能仿生在产品生产中占据极大的地位，深受设计师的喜爱。比如利用一些景观建筑的独特属性设计开瓶器、门挡，将某地景点特有的鸟类设计成哨子，利用某地特有的莲花形状制作储物架，将博物馆的画作印制成帆布包，都是将功能仿生与文创相结合的例子。

综上所述，文化创意产品在迎合大众的审美、消费需求中具有极大的作用。而生物仿生是结合生物的特性与产品的结构应用于实际的产品设计中，二者之间相互关联各有特色。由于仿生设计在具体的应用中没有特殊的限制，因此可以和文化创意产品的设计相结合，发挥意想不到的独特效果。

第五节　文化新经济与文化创意产品设计

随着人民生活水平的提高，对文化创意产品精神满足的需求会超越功能性需求。文化新经济下消费者消费心理的变化，将给传统文创产业一个巨大的转型机会。

一、文化新经济

（一）新经济起源

时至今日，高新技术的发展及其产业化对人类社会和经济的发展带来深刻的影响，以技术、知识为主要标志的新经济已成为主宰世界的主要经济形式。

（二）文化新经济概念

文化新经济以文化元素核心为内在驱动，以拉动文化消费为主要手段，以产业转型升级为最终目的。文化新经济是从发展经济的角度往回看，如何把文化元素提炼出来，附着到存量的经济体制上，让它焕发出新的活力，这是文化新经济的独特内涵。概言之，文化新经济则从经济发展的量性指标来衡量，提炼文化元素，与新的方式结合。文化新经济为文化创意产品的发展指明了方向。

比如美国迪士尼，提炼出影视形象，把每个形象元素标准化，然后就会形成迪士尼餐厅、迪士尼文具、迪士尼乐园等等，由卡通形象衍生的各种各样的商品，这就是后商品时代，采用授权经济模式。由上文可知美国迪士尼的文化创意产品是以迪士尼卡通人物形象为原点进行设计的，则这些人物形象可称为迪士尼的目标文化。如何提取和运用目标文化将成为文化新经济下文化创意产品的关键。

二、文化新经济下文化创意产品的设计原则

从文化新经济的角度讨论文化创意产品的设计工作，就是从产品如何产生最大效益反向推导产品的设计工作。文化新经济概念所描述的特征应表现为如下：首先是文化经济的高度融合和统一，文化需结合资本、技术、产品等要素融合发展，各要素之间相互渗透，很难再将文化或文化产品单个区分对待和研究；其次，融合文化和创新发展才能成为文化产品的核心竞争力。综上提炼以下三点文化新经济下文化创意产品应遵循的设计原则。

（一）绿色设计原则

在人类的发展史上，工业设计为人类带来了现代生活和环境，但是也加速了资源的消耗和利用，对地球的生态平衡已经构成影响。站在文化新经济的角度应重视文化创意产品的绿色设计。即在产品的整个生命周期中，在保证功能的前提下，减少对环境的污染，对能源的消耗。在文化创意产品的选材、加工、包装和产品全生命周期，考虑其可拆卸性、可回收性、可维护性、可重复利用性等。

（二）倡导更加科学生活方式

文化新经济关注的受众群体是人，所以更积极倡导人们以更加舒适、更科学的生活行为方式生活，是工业设计师的本职工作。无论哪一项开发设计都应遵循这项原则。文化创意产品也是一样，文化新经济下科技进步

经济发展，人们的生活质量将被推向一个极致，在这样的条件下，文化创意产品应更加重视引导人们以更科学和态度的方式生活。

（三）以目标文化为核心原则

每种文化创意产品都要为目标文化服务，文化创意产品可以被认为是消费者和文化之间的纽带，人们使用文化创意产品的过程也是对这种目标文化学习和传承的过程。文化新经济下，每一种目标文化就好比市场竞争下每个独具特色文化的品牌一样。在收入水平日渐提高的当下，人们追求个性化定制和追逐时尚的消费审美，目标文化能满足人们心理的需求。因此，文化创意产品应该以每种目标文化为核心进行设计开发，所设计的产品应该完全符合并传承这种目标文化。例如上文中提到的故宫文化创意产品，是完全以故宫文化为核心设计制作的文化创意产品，这样的产品具有极强的针对性，继承故宫文化，在面对喜爱故宫文化的消费者时自然是十分畅销。

三、文化新经济下文化创意产品的设计创新

文化创意产品应是经济性和文化性、继承性和创造性的统一。目前市场上存在的文化创意产品良莠不齐，且可以借鉴的研究成果较少。研究文化新经济可以为文化创意产品设计提供创新思路。文化新经济下设计师们可以借助新技术、新媒介扩充文化创意产品形式，使文化创意产品以更具现代气息的形式为人们展示鲜活的文化内涵。综上提炼以下两种文化创意产品的创新方式。

（一）结合新媒介创新

传统媒介的文化创意产品营销是直接推销产品，文化新经济下新媒介环境下的文化创意产品营销需要对产品本身、新媒体传播内容及用户需求三者关系进行深入思考，可制造出别具一格又具有亲和力的网络新媒介传播形象，从而征服消费者，实现营销目标。文化新经济下数字媒体的运用，

可以加大文化创意产品和需求者的接触面积,通过现代媒体的传播,以最有效地方式将文化创意产品信息传播出去。

例如,故宫淘宝从2010年开始上线,相应开设了微博和微信,同时上线了8款故宫自主研发的APP,将故宫文创以一种新的形式传播给游客。顾客将以更轻松、便捷的媒介方式获取这批优秀文化创意产品信息。

(二)结合新技术创新

新技术的发展往往会为经济发展、产品更新带来巨大动力。文化新经济下虚拟现实设备和3D打印设备实惠的价格和成熟的技术,被越来越多的文化创意产品设计师所使用,与技术的碰撞将为文化创意产品带来意想不到的机遇,为使用者带来新体验、新感受。

例如使用3D打印技术定制个性化文化创意产品,能加快产品的制作速度,让文化创意产品的个性化定制成为可能。虚拟展示技术即VR、AR和MR的运用,给人们带来颠覆性的体验。如浙江大学推出的AR明信片,配合使用免费的APP,受众只需将摄像头对准明信片或画册,学校建筑立体模型就立即显现,摄像头离开明信片后,离线模式仍让模型停留在空中让消费者观赏。

文化新经济为文化创意产品的设计提供了新思路。文化新经济下的文化创意产品设计应该围绕目标文化展开,遵循绿色设计原则、倡导更加科学的生活方式,且具有深刻的文化内涵和鲜明的时代特点。

第六节 非遗文化与文化创意产品的设计

非物质文化遗产是人类宝贵的精神财富和物质财富,是人类长期生活的智慧结晶,是中华文化代表性的符号,将其发展和传承是一项时不待我的事。同努力下,我国文化遗产保护取得了明显成效。非遗文化从理念上看来与文化创意产业有着一定的契合性。文化创意产品为新载体完成文化创意产业背景下非遗文化在现代文明中的传承与活化，对非遗文化与文化创意产品的结合进行论证，发掘出非遗文化创新的具体方法，提升经济价值和文化价值。

一、非遗文化创意产品的创新设计

"传统文化的开发越来越离不开创意元素的加入，创意产业呈现出向传统文化加速渗透的态势。"可以说，将非遗的文化元素引入文化创意产业，是对非遗传承保护的措施，更是文创产业发展的契机。因此，非遗文化创意产品的设计应满足以下条件。

（一）文化性

文化是文化创意产品的灵魂，更是一个地域的标签，将非遗文化合理提取并用全新的方式表现出来，再根据载体的不同进行转化和调整，使其具有更高的文化价值，充分体现出传统风格与现代风格的结合，同时体现了民间艺术家的巧思及当地深厚的民俗文化底蕴。

（二）创新性

为解决现在市场文化创意产品种类单一问题，还需要具有创新性，产品的定位需要根据人的审美需求进行实时创新，紧贴人们的生活，使其达到本身的最高纪念价值与收藏价值。

（三）可行性

可行性主要体现在文化创意产品的品质方面，作为一种纪念品质量必须有保证，不可存在粗制滥造，这样不仅实用性差，也是对中国传统文化的一种不尊重，因此需要以可行性为基础进行设计。

（四）情感性

产品应满足与消费者的情感互动，将传统文化经转换以现在的表达方式展现出来，与消费者产生情感上的共鸣，让消费者感到熟悉感，感受到家的味道，让消费者在追求时尚的同时有一种家的归属感。每一件物品的设计理念以及设计思路都是产品专属的故事,不同产品满足不同消费者的情感需求。

二、非遗文化创意产品的实践思路

非遗文化创意产品线下发售初期,控制供应出售产品量,通过小部分人群购买评价,引起大众好奇心,再一点点扩大供应出售产品量,根据购买情况有针对性地控制不同类型的非遗文化创意产品生产量再到后期全面广泛出售。

下一步借助网络平台来实现线上渠道的开拓。线上提供材料包,引导手工体验。引导受众亲身进行手工制作是一种深度的体验途径,随着电子商务的普及,一些无法身临其境的受众也可以通过各种途径收到材料包,对手工艺类的非遗项目进行参与体验。

便捷是网络时代各个领域最普遍的特征。针对非遗项目,进行材料包的设计开发无疑是一种更加简单快捷、传播面更广的方法,传承人需要在确定产品后,计算好所需材料的内容与数量,配成相应的材料包。在这个过程中,成熟设计师的参与对于强化材料包的视觉效果、提高实际销售量有着较大作用。材料包中除了手工体验所需要用到的材料之外,制作教程也是必不可少的,对于一些制作步骤相对简单的产品,直接在材料包中提供说明书即可;而对于一些相对复杂的手工制品,有时需要给用户提供制作的电子教程或视频演示,相应的做法是在材料包中提供可以扫描的二维码,用户们可以通过扫描二维码,获得详细的视频教程,在观看后达到手工体验的目的,使越来越多的人了解非遗传承非遗。在此期间不断积攒口碑,不断积累用户,了解客户需求,最终扎根市场。

消费是最好的保护。为了非遗的传承和发展,用更好的设计方法体现文化的精髓,以文化创意产品的形式出现在大众视野,无疑是一个好的解决办法。

第七章 现代文创产品营销研究

第一节 文创产品市场营销策略

　　文创产业主要是指有其他产业无法相比较的创意产业内容，文创产业产品的生成主要受到了不同地区文化背景、地域特色和价值理念等多方面因素的影响。关于文化创意产业的发展，主要是结合了个人的创造力、技术才能、天赋等通过自身的文化知识的融合来创造出具有价值的产品。创意产品本身包括了多个产业，是一种生产、艺术、娱乐和服务业相结合的一种文化，对于文化产业来说是一个前所未有的维度，它延伸出来了很多的文化元素。文化产业最重视的莫过于文化的经济水平和产业的文化水平，强调文化产业的高度融合。文创产业存在的目的是为了给大众提供更多的精神需求，创意产业的发展得到了全世界的关注，并引起了全社会的共鸣。例如，在购买手机的时候，一些消费者会将品牌作为自己选择手机的第一要素，而忽视了其功能。这就说明品牌塑造的形象和地位已经在时代背景中更加深刻，而精神内容则就是文创产品中的消费者所关注的对象，也是创意产业发展的核心。精神内容是消费者所购买的主要对象，不同类型的物质载体也只是作为精神的一种传播方式和手段。

　　结合电商来提高文创产品的市场影响力。信息时代下电子商务的快速崛起，促使文化产品的营销和推广迎来了新的渠道。创意产品可以通过建设网站等方式实施，网络的营销策略也可以依托淘宝、京东等多种知名的网站，可以通过微博、微信等方式来进行销售，通过社交平台来吸引特定的消费者，打造电商的营销渠道。从营销策略的角度上来说，很多文创产品的消费群体过于专业化，他们有着自己的消费需求和消费习惯，所以在文创产品营销过程中，需要专门针对部分消费者开展相应的论坛交流，提高产品设计的专业性来吸引消费者。通过潜移默化的方式来挖掘出消费者的需求，可以加强和消费者之间的互动，解答消费者对于产品自身存在的疑惑和问题，给消费者提供更加专业化和精准化的服务，以促使营销过程中环节的不断减少，更重要的是要打造完善的网络信用体系，保证文创产品的销售。

提高产品创意深化产业体制的改革。文化产业的体制改革不能仅仅局限于在文化领域之中，同时在文化产业的改革过程中，要加强对于产业自身思想文化的改革。明确产业自身改革过程中的社会效益和经济效益，在文创产品发展的过程中，要加强对于营销渠道的建设。同时在文创产品体制改革时要遵循信息资源的发展和产品自身的属性，将文创产品自身的精神属性放在市场营销的关键环节，明确对于产品进行分类性的指导，循序渐进地开展。

降低成本为消费者创造欣赏文创产品的条件。文创产品的营销者要在产品设计过程中，从消费者的角度去思考营销的方向和角度，优先对于消费者的交易活动提供一定的便利，制定详细的营销策略。对于营销渠道的设计过程中，定价的方式要注重对于成本的控制，要让消费感觉到自己付出的金钱与自己所需要的价值相匹配，甚至高于消费者的预期，这样才能达到让顾客满意，从而形成顾客忠诚。所以文创产业的营销者要在产品营销的过程中要以最好的价值来回报给消费者。

满足个性需求，提高文创产品的灵活性。文创产品在市场营销过程中，为了避免贴上商品的标签，要满足消费者自身的需求，在设计产品理念的过程中要最大化地保留产品本身的艺术特色和艺术感，让消费者感受到产品自身的精神价值和文化魅力。此外，营销者还要积极地发掘潜在的消费群体，不断扩大文创产品的受众群，同时提高营销模式的灵活性，以扩大市场销售份额。

第二节　校园文创产品开发设计与营销

很多高校基于本校的文化内涵进行文化创意产品创作，使得文创产品事业蓬勃发展。自古以来，高校是社会的思想库，是知识的集散地，更是思潮的发源地，学校这一教育圣地承载着文化传承与发扬的重要使命，一个高校的校园文化会直接影响学生文化素质的养成，这关乎师生对于高校乃至于国家的文化认同度。高校的这些文创产品承载着高校与高校间、高校与社会间，文化沟通交流的使命；同时满足受众对校园文化、高校文创产品的需求；有助于建立校园文化氛围，提升高校师生的认同感、自信心和品牌软实力，外树形象，内聚人心，在体现校园精神的同时兼顾校园文化的传承发展与经济利益。

一、高校文创创意产品的设计开发与营销现状

（一）文化创意产品设计研发现状

首先，纪念性原则。重点在于在何处取景设计进产品中才最能显示出本高校最为独特，吸引人的一面。亦可融入校园校训进入产品设计中，让顾客购买时涌现学生时代的回忆。类似于这类的设计就是抓住校园的文化，包括校园的标志性景观，类似于建筑特征的校园独特文化。其次，实用性原则。任何产品都离不开实用性，实用性越高的文创产品，需求度越高，受众度越广，有越好的销售量。最后，多样性原则。随着网络时代的兴起，消费者眼光更多多样化，对于文创产品一定要做到种类齐全，从生活类到

文具类，都应该推出适合本高校的产品类型，以赢得更多消费者的喜爱。但对于绝大多数校园文创类产品，创意风格不够突出鲜明。

（二）文化创意产品营销现状

文创产品的营销现状分为定价分析和销售渠道分析。定价分析取决于这些产品主要满足的是较大多数消费者，价格适中，比较容易接受。但是经过私下成本分析，发现这些产品几乎没有太多的利润，主要的成本都用在了产品的制作。而渠道分析则是分为线上营销、和传统的线下实体店营销。前者意在方便消费者购买，提高消费份额，通过一些优惠券、也起到了一定的宣传作用；后者在于通过实物宣传，便利现在爱逛店面的消费者，由于存在实体店面，也可以更好地在校内做宣传工作。

二、高校文化创意产品的发展建议

（一）多元化的设计策略结合

汲取校园文化符号的同时，融入地域文化服务产品设计。情感设计引起共鸣，让产品富有人情味，一类产品，当有了情感和温度，有了风格与个性，那而在上市之前就成功了一半。这种温度和情感就是共鸣，难的是在产品本身和受众之间架起一条共鸣的桥梁。大众参与，博采众智为己所用。增加创新灵感、丰富文创产品种类、产生经济效益，对学生来说也是一种社会实践。总而言之，在创意与作品的征集中，要广开渠道，多听取师生的建议，了解需求，避免闭门造车使产品没有市场竞争力。

（二）坚持多项原则互补融合发展

校园文创产品，是校园文化输出与校园品牌推广的一个重要载体与媒介，是校内与校外沟通交流的重要方式。纪念性背后所蕴含的实质则是情感共鸣与文化认同，只有当消费者跟产品产生共鸣，认同产品所传达的文化内涵时，产品的纪念性才算实现。校园文化创意产品在设计时要充分注重受众的市场需求导向，必要的时候做充分的调研分析，去发现市场所缺乏的，学生真正需要的，是什么样的校园文化创意产品，开发设计符合受众需求的实用文化创意产品。

（三）多维的创新营销推广作助推

高校只有采取产品的多维的创新营销策略，才能够提高扩大产品的市场空间，从而实现经济效益的增长。

（1）捆绑促销。（2）饥饿营销。（3）旺季促销。在高校，要牢牢把握这几个旺季，一是开学季、二是毕业季、三是校庆。

文创产品的本质是传达产品自身的内涵，引起学生时代的情感共鸣。表达文创产品传达心意的过程，文创创意产品的设计开发与营销现状，分析确定人、产品、环境等要素在意义建构过程中起主要作用，总结文创产品的意义。举例分析现在校园文创产品出现的问题及解决方法，影响文创产品意义建构的因素及购买规律，并提出校园文创产品接下来的发展方向。

第三节 博物馆文创产品的营销

近年来，我国信息技术迅猛发展，互联网技术得到广泛普及。在"互联网+"背景下，博物馆文创产品的营销工作受到了社会各界广泛关注。博物馆文化资源丰富，给开发文创产品提供了得天独厚的条件，发展博物馆文创产业不但可拉近公众与博物馆之间的距离，还可为博物馆带来经济效益，有利于对博物馆文化的发扬、继承以及创新。因此，研究和探讨"互联网+"背景下博物馆文创产品的营销策略具有非常重要的现实意义。

一、博物馆文创产品的价值

一是可解决博物馆的资金问题。博物馆文创产品具有营利性特点，可为博物馆带来经济收益。博物馆在依靠国家拨款维持运营的基础上，可通过销售文创产品减轻经济负担，为博物馆在科研、宣传、文物保护等方面提供财政支持，有利于促进博物馆可持续发展。

二是有助于博物馆延伸教育功能。博物馆通过开发文创产品，可为参观者提供更深层次的信息，改善博物馆的教育效果。依托文创产品传播博物馆各类知识，可帮助博物馆延伸教育功能。

三是提升博物馆形象，更好地为社会服务。消费者在参观博物馆的过程中，除了观看展览之外，还想购买与博物馆文化或藏品有关的物品作为纪念。因此，通过设计有质量和创意的文创产品可更好地展示和提升博物馆形象，延续博物馆藏品的生命，拉近公众与藏品的距离，同时还可发挥博物馆为社会服务的职能。

二、"互联网+"背景下博物馆文创产品营销的不足

（一）市场调研不足

在"互联网+"背景下，博物馆文创产品可以借助网络对外销售，由此实现文创产品由文化价值向经济价值的转化，而要想顺利地把文创产品销售出去，就需要摸透受众的消费心理，使文创产品能博得受众的喜爱。如果在开发文创产品的过程中不重视对受众需求的调查，以主观意念为标准去设计文创产品，缺乏充分的市场调研，就会导致开发出来的文创产品难以获得受众的青睐。需要注意的是，文创产品不仅仅是审美工艺品，在设计过程中不但应重视对产品的美化和创新，更重要的是体现文创产品的文化内涵。在设计文创产品外观和打造文化内涵之前应开展充分的市场调研，这样设计出来的文创产品才会更加迎合大众的需求，才可使文创产品更有新意。

（二）产品个性化缺失

我国的博物馆数量众多，这些博物馆为了将文创产品的文化价值转化成经济价值，纷纷着手创新文创产品，以更好地提升文创产品魅力，吸引

受众眼球。但从近几年博物馆研发的文创产品来看，不难发现部分文创产品存在个性化不足、创新性不强等情况，导致文创产品缺乏吸引力。一些博物馆只是简单地对馆内文物进行实体复制，或者把字画类文物印记到其他实物上面，如此简单的做法根本没有创新可谈，既无法展现文物本身的审美价值和文化价值，也不能很好地体现博物馆深厚的文化内涵。

（三）营销渠道单一

以往博物馆文创产品营销的主要渠道是线下实体商店，消费者只有到博物馆的实体商店才可购买到文创产品，在时间和空间方面很受限制，同时也给营销工作带来了很大的局限性。另外，消费者接触和了解文创产品的方式也非常有限，在对文创产品缺乏充分接触和了解的情况下，很难激活消费者的购买欲望，销售效果也会大打折扣。

三、"互联网+"背景下博物馆文创产品的营销策略

（一）加强市场调研，把握用户需求

博物馆不但肩负着教育职能，而且承载着文化传播使命，因此，博物馆文创产品营销一定要契合受众的心理诉求，在设计文创产品之前应充分开展市场调研，切实了解和掌握广大受众的诉求角度和需求方向，根据大众喜好来设计和开发文创产品，在凸显文创产品文化价值的同时，更好地满足受众审美要求。在开展市场调研工作时，博物馆要对文创产品进行准确定位，仔细揣摩受众的消费心理，确保文创产品价格合适，让广大受众易于接受。博物馆还可通过互联网宣传自身文化，构建信息交流宣传平台，通过平台搜集广大受众的建议和意见。

（二）重视品牌效应，做好产权保护

每一个博物馆的典藏文物都不相同，而不同文物会营造出不同的文化氛围，所以每一件博物馆文创产品都应具有独特的文化特色。博物馆只有抓住文创产品的文化特色，全力打造文创产品的品牌效应，才可更好地推

广文创产品,特别是在"互联网+"背景下,可依托互联网使文创产品的品牌迅速发酵,大幅提升文创产品的文化价值。为此,博物馆应积极分析和挖掘自身文化特点,精心设计并塑造出能彰显自身独特文化特点的优秀文创产品,以更好地吸引广大受众眼球,扩大文创产品销量。需重点强调的是,为防止他人模仿和盗用博物馆文化特色,博物馆需高度重视文化管理,增强维护知识产权的意识。目前,博物馆行业经常出现一些有关专利权和著作权的法律纠纷,因此,各博物馆应增强知识产权保护意识,唯有如此,博物馆才能更持久地维持文创产品品牌,不断将品牌做大做强,全面提升文创产品的知名度。

(三)丰富影响渠道,借力新媒体

一是微信。博物馆可利用微信主动推送文创产品信息,结合文创产品特点精心制作具有特色的、图文并茂的信息介绍,充分运用微信点对点功能进行推送,人们可第一时间在博物馆官方微信上了解文创产品的营销动态,假如有自己喜欢的文创产品,还可通过微信支付直接进行购买。

二是微博。博物馆可通过官方微博建立自己的网上商店或营销社区,发布文创产品营销信息,还可配发图片或者视频等内容,将文创产品信息更加全面详细地展示给广大消费者,并且还可将博物馆相关信息一同进行展示。与网站信息相比较,微博的信息发布和更新更为方便,可为人们提供与博物馆之间的便捷交流渠道,还可更直观地展示文创产品有关信息。

三是官方App。博物馆可以开发属于自己的官方App,直接在App上介绍博物馆的文物信息、相关游戏,或者实现导览功能。利用官方App,博物馆可直接在线上开展文创产品营销工作,还可通过App进行线上销售,有效拓宽文创产品的销售渠道。

总而言之,在"互联网+"背景下,博物馆文创产品营销应紧跟时代发展步伐,做到与时俱进,积极构建"互联网+"产业链条,更好地发挥博物馆肩负的教育和文化传播职能,实现经济效益和社会效益的"双赢",促进博物馆实现健康可持续发展的目标。

第四节　宫廷刺绣文创产品营销

一、宫廷刺绣文创产品营销背景

（一）宫廷刺绣文创产品发展历程

宫廷刺绣，对于现在的我们来说是一种比较古老的刺绣工艺，它存在的历史久远，从出现、兴盛、繁荣经历了很多朝代。宫廷刺绣大多是用于修饰服装样式和制作装饰品等其他用途，所以它的配色都很鲜艳，所使用的刺绣技艺也都是数一数二的。宫廷刺绣顾名思义起源于宫廷，为突出皇家崇高的地位，仅皇亲贵族可以使用的皇家刺绣种类，因此这种刺绣用料十分讲究，刺绣样式也要求格调风雅，其中最著名的就是龙袍和官服补子上的纹样。经济全球化理念的提出，人们的生活质量变好，越来越多的人在满足了自身的基本需求之后，也想要满足精神方面的欲望，消沉已久的古文化又重新被人们提及，出现在我们视野中的次数越来越多，对于宫廷绣重新兴起来说这是一个很大的机遇。

（二）宫廷刺绣文创产品消费模式

创造出别具一格的文创产品不仅可以减少古文化和现代文化之间的差异，也能更大程度地展现文化自身的魅力，宫廷刺绣文创产品也就当仁不让地成了传递宫廷刺绣文化的一种载体。随着市场的不断开发，产品消费趋势开始往年轻、潮流的方向上发展。数据显示，市场上主要消费的人群大多是90后、00后这些年轻人，大部分文创产品的生产方向也随着年轻人的思想变化而变化，更加追求使文创产品本身的文化性与现代人类审美进行融合，进而使生产出的文创产品既具文化性又具时尚性。作为消费主力的年轻人成功带动了线上的购物方式，很多产品采用线上线下一体化进行的销售方式，使产品的销售更加便捷。并且，在家居、美妆、时尚等领域也处处彰显着我们的文化自信,通过这种随处可见的物品让中国文化以更加生动、人性化的方式传播。

(三) 宫廷刺绣文创产品相关政策

由于国家政策的鼓励和支持,"十三五"规划纲要进一步提出使文化产业成为国民经济支柱性产业的发展目标,以及上海文创 50 条的颁布,文化创意产业成为推动中国经济增长模式转型的新动力。人们不再把购物的范围局限在基本的日常用品中,带有文化元素的产品也加入到大多数人的购物清单。在普通的产品中加入文化的元素,不会影响产品的正常使用,反而还会让人们在潜移默化中把这种文化记在心里,这样也更有利于文化的传承。宫廷刺绣具有深厚的历史渊源,只要抓住这次机会将刺绣文化传承创新,就可以再次发扬刺绣文化,让它更加吸引消费者的目光。当然这不是对传统文化的简单挪移,它的价值是利用我们当代人的思想创意,使文化走进生活,既符合了当代人的审美,又有很强的实用价值。同时,宫廷刺绣属于纺织工艺的一种,纺织非遗在非物质文化遗产中占据了很重要的地位,也是现代纺织工业发展的基石,它带给产品浓厚的文化自信和雄厚的文化表达,对国家文化软实力起了很强的支撑作用。

二、宫廷刺绣文创产品营销策略

(一) 抵制盗版,不断提高文创产品的创新性

首先,针对市场上存在的假冒伪劣宫廷绣文创产品,应该严厉打击此类破坏市场公平,侵害宫廷刺绣文创品原创者权益的行为,同时也要让购买文创品的消费者体验到真正的精致的宫廷刺绣文创产品,而不仅仅是为了获取便利和暴利的机织刺绣或抄袭别人的盗版文创产品。所以,更加需要不断创新和丰富宫廷绣文创产品种类,使宫廷刺绣文创产品更加富有生命力,更加具有创新性。抓住宫廷刺绣所具备的独特的文化意象,将这些极具文化性、历史性的宫廷刺绣文化符号融入服饰、美妆、装饰品、工艺

品以及家居用品等相关产品中,用新颖而不失传统韵味的设计,打造更加现代化、时尚化和年轻化的宫廷刺绣文创产品,更加贴近年轻人的生活习惯和审美品位,打破宫廷刺绣只适合年长者的呆板印象,将宫廷刺绣文创产品打入年轻一代。宫廷刺绣文创产品不仅可以作为极具历史文化底蕴的珍藏品,也可以作为复古精致且时尚可爱的生活用品。不仅紧跟时代的步伐,还开拓了广阔的文创品市场,更加走近了现代人的生活中和心中。这样的创新,在不改变宫廷刺绣文化本质的基础上,将传统文化与现代审美融合再创新,可以使原本静态的宫廷刺绣文化生动起来,也更加具象起来。

(二)持续营销,打造文创产品品牌的故事性

宫廷刺绣文创品是一种极具文化附加值的产品,发挥其品牌故事优势能够带来独特的文化体验,所以对于宫廷刺绣文创品,讲好打动人心的品牌故事,也是营销的一个重要方面。随着经济的不断发展,人们生活水平和质量都在不断提高,当代人不仅仅追求物质上的满足,更加渴求精神上的富足。而在当下文创产品越来越受人们的喜爱和追捧,人们对一种文化情怀的诉求也更加深。为不同宫廷刺绣文创品定义不同的故事,以说故事的形式,表达出宫廷刺绣文创产品的文化情怀以及历史底蕴,消费大众可以从这些故事中,去了解绣娘如何一针一线的绣出极具特色的刺绣,体会其精湛的技艺,也可以去感受宫廷刺绣的历史渊源,体验满满的文化风貌,以"说故事"这样一种通俗易懂的方式,给大众传递宫廷刺绣文创产品蕴含的文化理念,打造宫廷刺绣文创产品的品牌故事性,不仅促进宫廷刺绣文创产品的营销,另外也有利于人们对宫廷刺绣这种文化产生共鸣,使人们更多的感受宫廷刺绣的魅力。

(三)打破局限,开辟文创产品多元营销渠道

开辟多元的宫廷刺绣文创产品营销渠道,不仅局限于线下博物馆商店,也要不断拓宽线上途径。第一,利用微信公众号营销,抓住受众眼球,在微信阵地,发布相关宫廷绣文创产品的图文、视频的推送,旨在朋友圈形成广泛传播,通过社交媒体进行共鸣化传播。同时微信公众号,对产品进

行详尽的展示，消费者关注微信公众号可以浏览相关文创产品信息，同时根据提示可以通过微信公众号下单支付。第二，利用互联网微博营销，建立宫廷绣官方微博号平台，积极利用线上平台最大化宣传宫廷刺绣文创品，使更多人感受宫廷刺绣文创品包含的文化内涵和创新性，利用较低的营销成本带来较大的营销热度，重视和粉丝、品牌的互动，拉近与客户之间的关系，同时发掘潜在消费者，通过在微博上发布广告片进行宣传，同时在微博上发起参与活动领取小礼品以及抽奖活动等增加热度。第三，近年以来伴随着平台经济持续的发展壮大，直播越来越成为许多品牌产品宣传和销售的重要渠道。利用淘宝、京东等电商平台对可量产宫廷绣文创产品进行直播带货。不仅打造强大的线上宣传与销售渠道，还要尝试创新线下销售渠道，开设线下宫廷刺绣文化创意体验馆，利用现代互联网媒体技术，比如虚拟现实，AR 技术以及 3D 等核心现代技术，对宫廷刺绣文创品中蕴含的文化故事情节进行还原，让体验者如临其境感受其原始的文化冲击力，使大众在这样的体验中文化情怀得到释放，同时也对我们的宫廷刺绣文创产品产生浓厚兴趣，达到促进文创产品营销的目的。

（四）跨界合作，推出创新性宫廷刺绣文创衍生品

在互联网快速发展的时代，为了使宫廷刺绣的文化意象更加生动活泼，仅仅依靠自身所带来的热度和营销效果是远远不够的，应该与其他大品牌和大平台进行跨界合作，打造独具特色的创新性宫廷刺绣文创衍生品。以潮流思维与不同品牌联动，融合宫廷绣此类传统技艺打造文创衍生品，推出极具创意的新产品，将宫廷绣延伸至更多领域，拥抱更多元化更年轻化的消费者群体。出人意料的跨界以及精彩绝伦的文案很难不吸引大众的目光，对于宫廷刺绣和它的文创衍生品来说，与大品牌、大平台跨界合作，是对宫廷刺绣本身文化性的一种创新性传承，找到其被大众接受的另一条途径，对于和它合作的品牌方来说，是一次独具特色的尝试，同时也可以增加其品牌的文化附加值以及热度，所以是对双方来说都各有益处的合作。

第五节　文创产品网络营销中的知识产权

在"科技创新、文化创新"的新理念和互联网科技广泛应用的双重影响之下，应运而生了文创产品网络营销的新手段，它是科技与文化相互碰撞的产物，对当今社会经济文化发展起到促进作用。文创产品网络营销是以"科学技术"为垫脚石，通过计算机网络平台，将艺术转变为商业，利用电子商务营销手段出售文创产品。为更好地促进发展文创产品的网络营销，知识产权问题就要重点关注。

一、文创产品网络营销中的知识产权问题

（一）文创产品抄袭现象屡次出现

文创产品采用网络营销策略进行产品销售的同时，会出现原创者的作品被侵权的问题。因为文创产品本身就比较注重创作者的灵感和智慧，必然也会出现创作者文思枯竭、灵感殆尽的状况，这就使得创作难以继续进行，从而出现剽窃抄袭他人作品的心理和做法。

（二）商业授权混乱，不正当竞争频出

网络营销有两种模式，一种是自己创立网站出售文创产品，但是由于自身创立网站需要耗费人力、物力、财力，造成支出成本增加；就出现了另一种网络营销类型，借助第三方平台，例如淘宝、天猫、京东等电商平台，出售文创产品。但是，由于要多方合作出售，可能同件文创产品出现在不同的平台销售，这就特别容易出现授权混乱问题。因为每个平台的运营者不同，可能会出现平台销售的产品名称相似、产品不同的现象。

（三）司法渠道维权较少，维权困难

文创产品的原创性不仅体现在作品设计上还体现在营销方案上，比如：广告宣传或者公众号营销宣传等，有关营销策略方案的原创问题。就拿微

信公众号营销文创产品来说，营销文案是集文创产品、文创所代表的文化思想内涵以及科技应用为一身的综合体现，编辑完成之后就已经受到著作权的保护。营销文案在创作完成之后迅速借用网络平台进行传播，但是由于公众号内容可以随意分享，这就极易造成侵权现象。

（四）权属界定不明确造成纠纷出现

知识产权问题中，除了剽窃问题存在较多之外，还有就是产权归属纠纷问题。智力成果属于谁，成为文创作品知识产权争议的问题所在。产权纠纷问题有两种情况，一种是自己独立作品创作，但是未及时申请专利，就有可能出现他人仿造设计出雷同产品先已一步登记注册，造成自己被侵权却无从辩解；另一种是双方合作共同设计产品，但是创作之前并未事先制定合同约定，或者合同制定不精细，对于权属问题未具体明确。权属界定不明确，这就造成著作权归属出现纠纷，双方利益都得不到保障。

二、文创产品网络营销中知识产权保护的建议

（一）加强维护产权意识

创作者要树立维权意识，坚决抵制侵权行为，对私自使用、假冒、剽窃等侵权行为要加大打击力度，及时采用法律手段武装自己，保护自身权益，在此基础上，文创产品方应该构建一支专业的维权团队，通过法律手段针对文创产品之中出现的侵权行为进行大力打击，坚决不让不法竞争者有机可乘。一流的专业维权团队还可以明确知识产权范围、传播维权知识、为全员树立维权意识的培养起促进作用。

并且，相关工作者还可以在网络上营销文创产品的同时，加大维权意识的宣传力度，通过激励的方式鼓励全民参与维权活动，让全民监督文创产品、全民支持维权活动、全民打击抄袭行为，坚决打击侵权行为。比如：有关部门和相关单位在微博、微信公众号以及公告宣传栏等公众平台上，利用插播新闻视频、发表短篇文章或者张贴短篇广告等方式，大力呼吁宣传依法维权，积极鼓励全民参与其中，能够做到在发现侵权行为时，及时

举报。大力宣传维权，可以使全民维权意识和法律意识提高，学会拿起法律武器维护自己的合法权益。

（二）构建完备知识产权体系

只有构建完备的知识产权管理体系，才能够改善知识产权保护制度不完善的现象。首先，要开展知识产权教育培训，提高人员知识产权保护意识，及时对知识产品进行版权注册。其次，文创产品知识产权保护制度建设要紧跟社会时代的发展潮流，精细化地从各个方面进行完善，比如：专利制度、诉讼制度以及产品授权管理制度等。只有通过完整的产权授权体系，明确产品授权方，才不会出现授权混乱问题。最后，相关人员要专门设立知识产权管理部门，并引进专业的人才队伍进行管理。利用部门统一管理的方式，不仅可以针对网络平台上的产权纠纷设立解决专案小组，有目的地进行专项解决，还可以及时发现自身存在的有关知识产权的问题，及时改正、及时预防，避免发生产权纠纷。

（三）加强法律保护力度

现如今，互联网先进技术的不断发展进步，要求相关人员的专业技术和知识以及相关法律法规都要与时俱进。针对当前的网络营销环境以及存在的知识产权问题，提出加强法律活动的解决策略。

1. 加大立法保护

我国可以通过立法来规范网络服务商或者网络平台的侵权责任，为产品保护提供保障。首先，要先从完善制度方面进行加强。例如完善知识产权保护对象和保护方式。其次，要具体明确侵权行为造成的不同侵权后果的评判标准，针对不同被侵者的受伤害程度，制定不同的处理方法。比如法律没有明确具体的解决方案，无法针对性解决侵权者不是以"营利为目的"而是为了炫耀技术或者其他缘故，而侵害原创者的权益的现象，就要采取与"营利为目的"的侵权行为后果不同的解决方法。最后，有关人员要采取一定的监督、审查方式加大监管力度和保护力度。

2. 加大司法保护

"加强司法保护体系和行政执法体系建设，发挥司法保护知识产权的主导作用，提高执法效率和水平，强化公共服务。"因此，要想解决知识产权存在的问题，这就要求原创者了解法律的相关规定，利用司法保护作为维权的手段，发挥司法保护知识产权的主导作用。

比如：杜某在淘宝网上出售的衣服图案和某时装贸易有限公司的商标图案雷同，该服装公司发现此行为之后，认为杜某侵犯了公司的商标权。该公司起先是在淘宝阿里巴巴平台上进行举报，但是处理结果未尽人意，于是公司通过相关法律程序提起诉讼，依据法律维护了自己的合法权益。这就是加大司法保护的益处，能够很好地维护产权所有者的权利。而且采用司法保护维权，可以有效地解决被侵权者因为维权渠道单一或者维权方式不当而造成自身利益受损的状况。

（四）明确权属界定

在双方协同之下进行文创产品的创作极易出现产品所有权属于哪方人员的问题，想要解决这一问题，首先，要加强对合作对象知识产权相关法律保护知识的灌输，避免出现产品权属问题纠纷。其次，还要增加自身知识储备，加强自身知识产权维护意识，以免出现由于自身法律知识和意识欠缺造成产品权属出现不明确的问题。最后，预先明确自己开发的技术申请专利的所有权。如若是多方协作共同创作文创产品就要事先拟定合约。合作双方要在合同条约里，明确规定产权归属问题，以免事后出现不必要的纠纷，从而造成双方利益损失或者单方利益损失。提前做好预防措施，能够降低知识产权风险的出现概率。

随着信息时代的到来，文创产品经济的增长十分迅猛，相伴而生的知识产权问题也频频出现，因此，文创产品的知识产权保护也十分必要。要加强维护产权意识、构建完备知识产权体系、加强法律保护力度。其目的是让文创产品在网络营销中发挥其应有的文化传播以及效益创收的作用，也是为了防止不法人员侵犯原创者权益。因此，要不断分析、不断提出改革策略，进而加快文创产品的发展速度，为消费者提供更优质的服务，推动社会经济的发展。

第八章 现代文化创意产品设计的应用研究

第一节 文化创意产品的交互设计与应用

本节主要谈论了文创产品的研究范畴、体验价值以及市场竞争力方面，希望我国的文创产业能够丰富多彩，富有特色。

科学技术的进步和发展使许多行业都有了效率和质量的飞跃进步，对于文创产品来说，科技手段应用其中也是社会文明进步发展的必然之路。利用科技手段将历史文化、民间习俗、节日庆典、传统手工艺等文化遗产等内容更多更好地融入文创产品中，利用交流互动的方式促进文创产品市场繁荣，传播、保护和传承中华传统文化瑰宝。

一、研究范畴

当前文创产业中，文化创意产品交互设计创新活动主要用于几个方面：传统美工艺，利用科学技术将传统手艺这种非物质文化遗产加以设计再创造；历史人文方面，五十六个民族各有特色，不同的地域民俗都是值得探索的，将地方特色元素应用到文创产品中才是最独特的；自然主题的文创领域也需要科技的融入；动漫影视方面，在这一领域科技交互性就显得更为重要也更加有优势了，根据动漫作品衍生出的周边组装手办，娱乐体验等互动方式是十分吸引动漫爱好者的；文博、科技场馆等也可借助交互设计更好地传播推广场内陈设产品，展示其由来和发展，使场馆更加有活力和吸引力。

二、文创产品与体验经济

文创产品与一般产品不同，除了普通的使用功能以外，情感交互层面甚至更高级的自我实现的心理需求的功能价值给人带来的价值体验更加重要。文化创意产品的交互设计通常以历史文化、民俗习惯等文化内涵为设计的主要创意内容。这些非物质文化的加持加强了文化创意产品的文化厚重感，历史内涵和收藏价值，使文化创意产品更具情感上的重要意义，获得消费者对其价值的认同感，消费者愿意为这些文化创意产品买单，从而使具有交互设计的文化创意产品创造更优越的市场价值。把体验变成产品或者产品服务，消费者愿意购买，并可以在特定的环境或者平台上交易时，那么这一系列的行为就变成了经济行为，产生了价值。因此就有了一个新的经济学概念——体验经济。

三、交互设计的文化创意产品的竞争力

随着全球科技时代的到来，互联网技术发展迅速，使得文化创意产品的交互设计能够向更加精致化、个性化、有针对性的方向发展。用信息交互设计方法，以信息化和数字技术手段设计文创产品和服务的体验设计，是科技发展驱动下的文化创意产品的体验经济模式创新，是文化产业市场提升竞争力的策略。对比传统文化创意产品，带有交互设计的文化创意产品具有更加强大的竞争力。

交互感增强体验参与感。以往的文化创意产品大都以单纯摆放及欣赏

为主要价值,细致的做工,考究的花纹等,这种文创产品固然十分值得收藏、摆放、欣赏。但发达的科学技术赋予了这些文化创意产品新的生命般的活力,以互动性的体验方式,让用户在过程中身心体智状态完全沉浸与满足于与文创产品提供的内涵之间互动作用的结果中,并全程参与其中。

个性化、有针对性的交互设计。现代社会人们的生活水平在大幅提升,早已不再为吃饭温饱的问题发愁,现在的人们越来越追求满足自身的内在需求,每个人都有不同的家庭环境、社会经历,造就不同的性格特点和需求点,文创产品的交互性设计可以依据每个人的喜好设置,达到个性化的设计模式。另外,由于每个人对同样的体验都有着不同的体验感,因此即使是同样的交互式设计方式,个体也会有个性化的体验感。这种不同满足了当代人追求个性自我的心理需求,也就是交互设计文创产品的竞争力所在。

科技驱动体验的竞争力,信息交互设计下的文创产品与服务,用户体验的方式依据信息内容特征,分析目标用户在此特征影响下的认知与交互行为特点,因人而异地设计具体的用户体验方式,借助信息技术手段与设备实现文化内涵的数字化互动体验,更加能吸引年轻用户对于非物质化文化内容的注意力,有利于社会文化价值的延续及传承。

我国是历史悠久的文化大国,物质与精神文化遗产丰富,值得每个国人用心欣赏。而文化创意产品是这些文化、历史的载体,是经济时代的精神支柱。将科学技术应用其中,使文创产品更加有生命力,有互动性,不仅满足人们情感沟通的精神层面自我价值的实现,也是让我国传统文化再现生命,充满趣味性也更具市场价值的方式。

希望通过科技与文化的完美融合,借助文化创意产品这一载体,将中华瑰宝传承发扬,让更多的人了解和欣赏中国博大精深的历史文化。

第二节　3D 打印在文化创意产品设计中的应用

随着全球经济快速发展，人们对文化意识需求越来越高，私人定制的文化创意产品越来越迎合市场需求，而传统的制造方式已经不能满足消费者需求。3D 打印技术与文化创意产品设计相结合，不仅可以拓展设计人员的创新思维，还能促进文化和技术的完美融合。

目前，3D 打印应用在各行各业中发展越来越成熟。3D 打印机不是一场技术革命，而是一场社会革命，它赋予个人制造自己的产品能力，这确实是一场革命。3D 打印最大的魅力是为创意设计提供无限的可能性。如今，全球经济快速发展，人民需求越来越高，对文化意识需求越来越大，追求新意的人也越来越多，每个人的眼光都有自己独特的地方，市场上已有固定成品，但不能满足消费人群的需求；个性化的文化创意产品越来越迎合市场需求，而 3D 打印正好满足消费者的这一需求。传统制造业的设计首先考虑的是工艺设计，设计时一定要考虑用传统方式能不能做出来，并且要考虑制作周期。而 3D 打印设计首先考虑的是结构和性能，尽量忽略制造工艺限制，这样就可以拓展创新、创意空间，激发设计人员创新思维。利用 3D 打印技术，我们可以根据客户需求，设计出具有创意的产品，这些产品的艺术价值远远超过实用价值。所以，3D 打印技术与文化、时尚、艺术、创意、设计及教育等融合起来，在高端个性化定制产品设计中应用越来越重要。

一、文化创意产品的设计方法

随着人们生活水平日益提高，审美也在逐渐提升，从简单衣食住行到较高的文化、娱乐与休闲等层面更加注重内涵和品质，这为各种文化创意产品开发和设计带来了很好机遇。

文化创意产品设计，首先要在特色文化上提炼符号价值，其次要在创意能力上下功夫，最后要在市场上找需求。特色文化可以按区域、行业特色一级历史特色等分为无穷类别，对文化内涵进行整理，整合细分特色文化；根据一定的价值取向，选取有价值、有内涵的文化内容作为设计来源；通过外形和内涵，抓住灵魂本质，提炼出特色文化符号，找到文化产品设计形象。在产品设计时，创意观念、思维、方法和手段等要应用到整个设计过程中，可以提炼传统文化元素，将文化意蕴、思想以及观念等融入产品设计中，实现形神兼备、出神入化的效果。产品是创意设计的最终对象，能够满足人们生活、工作和娱乐等方面需求，所以要综合考虑市场因素、市场需求和消费者心理问题，保证文化创意产品满足市场需求，实现经济效益最大化。

二、3D打印在文化创意产品中的应用

（一）创意灯具的设计应用

现在市场上的灯具造型已经不能满足年轻人个性化定制要求，灯具企业面临产品档次不够高、产品基本相同以及没有特色等问题，影响了国内和国际市场。灯具制作从设计到加工，制作周期长，而且要考虑到企业实际加工情况，产品造型不够多样化，所以可以借助3D打印技术；设计师从客户私人订制要求出发，设计出复杂多样的灯具产品，在设计过程中，不需要考虑到企业实际生产情况，以满足客户要求为主；将设计的模型通过3D打印机一层层堆积而成；再经过后处理，去除支撑，并进行产品表面打磨；如果打印产品颜色为原材料树脂本身的颜色，还可以通过丙烯等颜料对产品进行再次加工，得到最终设计产品造型。

（二）玉雕产品的设计应用

因为玉器雕琢是具有破坏性的，对玉器只能雕琢去料，不能填料，一旦加工玉料就不能重新再来，所以设计构思必须慎之又慎。

3D打印技术可以解决这一问题，设计师在电脑上设计出拟雕的形状，

确定要表达的主题，然后通过 3D 打印机打印出来，经过后处理，玉雕的产品就展现出来。设计师根据打印出来的产品，找出设计缺陷和不足，再进行改进—设计—打印，直到设计出完美的产品为止。3D 打印机与玉雕产品设计相结合，可以减少生产成本，提高玉雕加工效率。

（三）博物馆文创产品的设计

节假日去博物馆看展览已经成为社会潮流，许多参观者看完展览之后想把博物馆里面的文物带回家，但是文物珍贵且独一无二，如何解决消费者需求呢？可以利用 3D 打印中的逆向扫描技术，用三维扫描仪将文物进行三维扫描，形成点云数据，将点云数据进行处理，得到文物的三维数字模型；再利用 3D 打印机打印出来，就会得到跟文物一模一样的复制品。博物馆可以将这项立体文物模型服务渗入到参观者观感体验中去，使博物馆社会功能发挥最大值。

21 世纪产品设计需要新方法，当下私人订制服务已经成为一种社会风尚，利用 3D 打印技术在文化创意产品设计中的应用会给消费者带来新的感受和体验。如何利用 3D 打印技术开发文化创意产品设计，并且有更多创新点，这是设计师和企业需要考虑的问题。在文化创意产品设计中融入 3D 打印技术，将文化和艺术深度融合，结合丰富人类文明，可以更好地促进技术和文化协调发展。

第三节　传统元素在文化创意产品设计中的应用

中国传统元素种类繁多，是中国传统文化的重要载体。本节通过阐述中国传统元素及其发展现状，对中国传统元素在文创产品设计中的实践应用展开探讨，为推进中国传统元素与文创产品设计的有机融合，提高文创产品的文化内涵，实现传统文化的传承发展提一些依据。

随着经济全球化发展的不断深入，全球各国经济联系变得越来越紧密，并建立起相互影响、相互促进的关系，与此同时，各种思想文化不断发生碰撞，文化交流已然转变成当前时代的一大热点话题。中国传统文化具有几千年的悠久历史，深厚的文化底蕴为我国文化创意产品发展创造了良好契机，利用中国传统文化元素开展文化创意产品设计，可实现产品的创新发展。由此可见，对中国传统元素在文创产品设计中的应用进行研究，具有十分重要的现实意义。

一、中国传统元素

（一）中国传统元素的内涵特征

如今人们所提及的传统指的是一个国家、民族历经历史长河沉浮所形成的思想、道德、艺术、风格等，作为一项时间概念，传统是不断运动的，而并非静止的。中国传统元素主要由两种形态构成，即具象形态、抽象形态，前者包含汉字、茶叶、民间手工艺等，后者包含中国人的社会文化、生活方式、价值观等。即便中国传统元素种类繁多，但不管是具象的还是抽象的中国传统元素的基本内涵均可基本概述为两大方面；其一，中国人尤为提倡的和谐观，即为"天人合一"的思想，其作为中国传统文化的思想基础，得到了一致推崇；其二，"厚德载物""自强不息"，彰显了中国传统文化的基本精神。另外，对于中国传统元素的特征而言，主要表现为：其一，世代相传，中国传统元素在一些短暂的历史阶段中有中断，在各个历史时期有不同程度的转变，但是总体上没有中断过，且变化不大。其二，民族特色，中国传统元素是中国特有的，与世界其他民族文化元素存在极大差异；其三，博大精深，中国传统元素丰富多彩，高深莫测。

（二）中国传统元素的发展现状

在长期以来的发展历程中，我国文创产品历经了由认识到理解、由模仿到反思创造的过程，如何推进中国传统元素设计向大众化、主流化发展，传承发展中国传统文化是一条重要途径，设计师们应当注重从日常生活中挖掘中国传统文化的设计元素，推进传统元素与现代设计理念实践的有机融合，推进传统理念与新时代元素的有机融合。当今时代科学技术、材料、媒介不断推陈出新，再加上新思想、新观念等不断涌入，民族文化、地域文化相互间不断碰撞、交融。基于此，广大设计师更不可静止看待中国传统，而应当深刻领会传统文化的寓意，从不同方位、不同角度探寻中国传统元素在文创产品设计中应用的各种可能性。

二、中国传统元素在文化创意产品设计中的应用分析

将中国传统元素作为传统文化载体，基于中国传统元素的内涵特征，推进中国传统元素与创意思维、现代技艺的有机融合，实现创新一体化设计，使衍生文创产品的造型、色彩、图案纹样等可以充分满足社会大众的审美情趣与精神需求，实现文化创意产品的实用性、艺术性、文化性的高度统一。现以剪纸艺术、传统吉祥观、秦腔艺术等中国传统元素为例，对文创产品设计中中国传统元素的实践应用进行探究。

（一）文化创意产品设计中剪纸艺术的实践应用分析

剪纸是我国一项重要的传统元素，作为一种民间手工艺，随着时代的发展，其生命力及表现形式不断发展演变，再加上纸品种类的日益丰富及机器雕刻工艺的不断发展，使剪纸的形式及功能实现长足扩展。将传统剪纸艺术应用于文创产品设计中，可实现两者的双赢，即一方面可为文创产品设计提供丰富的素材，另一方面可赋予剪纸以新的形式，延续剪纸的时代感、时尚感。

剪纸的外在形象在文创产品设计中的应用。作为对传统剪纸的简单延续，可以剪纸纹样为基础，传达符号信息，以此为人们提供美的视觉体验。这一应用形式包括单层传统剪纸装饰画、单层现代剪纸砖饰面及多层现代剪纸装饰画等，它们均属于传统剪纸的一种发展延续，是剪纸外在形象在文创产品设计中的应用。

剪纸文化形态在文创产品设计中的应用。随着现代雕刻机器的诞生，为剪纸工艺传承发展创造了一定契机。例如，立体贺卡便是通过雕刻机器生产出的一种文创产品，其不仅具备较高的附加值，更可使人们领略到如何将一张普普通通的纸张通过加减处理使其转化得生动立体的场景，使人们直观体验到剪纸的乐趣。

剪纸艺术精神内核在文创产品设计中的应用。相关史料记载，剪纸最初起源于唐朝用于装饰的方胜，后来文人骚客赋予其以祭祀的用途，在重要时节里剪纸又可作为祈福的道具。剪纸工艺有着向往美好生活的精神内涵，诸如"龙凤呈祥""鸳鸯戏水""连年有余"等典型的剪纸作品，无不揭示了剪纸对美好延续的精神内核。因此，一些设计师将这些精神内核应用于文创产品设计中，以设计出诸如纪念日贺卡等文创产品，为人们日常生活增添色彩。

（二）传统吉祥观在文化创意产品设计中的应用分析

传统吉祥观是我国一项重要的传统元素，作为由中国历史传承下来的传统文化符号，其是其他艺术文化形式所不可取代的。将传统吉祥符号引入现代文创产品设计中，开展创新应用，可实现文创产品的文化性、传播性。首先，传统吉祥观中"形"在文创产品设计中的应用。传统吉祥观在文创产品设计中的应用，尤以吉祥纹样的表现形式最为直接。吉祥纹样可传达鲜明的吉祥语意，消费者通过外观便可实现对吉祥寓意的理解。例如，在文创产品设计中，可直接将植物、动物、器物的吉祥纹样装饰应用于文创产品外观上，使吉祥纹样成为文创产品装饰设计的一大亮点。其次，传统吉祥观中"意"在文创产品设计中的应用。文创产品是表达内在意义的一种形式，所以在文创产品设计中，单纯应用吉祥纹样进行造型装饰是远远不够的，还应当深入领会传统吉祥观的文化内涵，使文创产品可实现对吉祥寓意的切实传达。

（三）秦腔艺术在文创产品设计中的应用分析

秦腔艺术作为我国非物质文化遗产，在历史、文化、情感价值等方面均表现出独特的艺术价值，其不仅可为文创产品设计提供丰富的思想源泉，还可实现对传统文化的有效传承保护。首先，秦腔角色性格在文创产品设计中的应用。秦腔角色可分为四生、六旦、二净等，不同角色有着不同的性格特征，由此构筑了秦腔艺术丰富多彩的视觉体验。将秦腔角色性格特征符号，诸如满腔正义的生角武松、端庄灵动的旦角穆桂英等，应用于文创产品设计中，不仅可彰显设计师的文化素养，还可使赋予文创产品以深厚的文化底蕴，并且还可促进非物质文化的传承与保护。其次，秦腔角色造型在文创产品设计中的应用。秦腔角色造型是在戏剧实际内容基础上所刻画出的独特形象，诸如戏剧服装、脸谱造型等，均是秦腔戏剧必不可少的视觉表现形式，可极大地提高秦腔戏剧的视觉冲击力。将秦腔角色造型应用于文创产品合计中，通过对其具代表性的特征的创新处理，不仅可在造型上弥补当前市场中一些文创产品过于单一的不足，还可有效增进文创产品的视觉体验及文化性。最后，秦腔色彩在文创产品设计中的应用。秦腔色彩源自古代舞祭祀活动中的"假面""途面"，随着时间的推移，秦腔艺术根据角色性格、身份不同，进行各种色彩选择，造型色彩应用大胆、简洁明了，常以一种或若干种色彩描绘不同角色的性格特征，诸如红色象征忠勇正义，黑色象征刚正不阿、黄色象征勇猛残暴等。将秦腔色彩应用于文创产品合计中，设计师可通过推进工艺美术与色彩学的相关理论进行巧妙结合，以实现对秦腔色彩进行概括提炼，以此提高文创产品的美感及装饰性，进一步为文创产品外观塑造提供丰富素材来源。

总而言之，中国传统元素是中华民族数千年历史文化的重要载体，具有十分宝贵的文化价值，是现代文创产品设计生存发展不可或缺的土壤。与此同时，发掘中国传统元素为现代社会服务，是现代文创产品设计发展的一条重要途径。因此，文创产品设计相关人员必须要革新思想认识，提高对中国传统元素文化内涵的深刻领会，以现代化艺术语言来表达传统元素文化寓意，推进中国传统元素与文创产品设计的有机融合，提高文创产品的文化内涵，实现传统文化的传承发展。

第四节 蓝印花布在现代文化创意产品中的应用

将现代科学、文化元素与我国非物质文化遗产蓝印花布相结合,设计出符合现代人审美和应用需求的文化创意产品,是对蓝印花布文化内涵和手工技艺的一种传承和创新。通过对蓝印花布审美价值、文化价值和情感价值三方面的探讨,分析蓝印花布现有文化创意产品的存在形式及其特点。

随着经济水平的提高,人们对文化娱乐产品的需求日益提高,蓝印花布作为中国传统印染工艺品之一,以手纺、手织、手染的民间工艺和朴素鲜明的蓝白印花闻名于世,但其文化创意产品设计仍然属于停滞状态。在新形势下,充分发挥现代文化、科学技术的优势,发展蓝印花布文化创意产品,成为唤醒非物质文化遗产活力的关键,也直接关系到我国传统文化技艺的长远发展。

一、蓝印花布在文化创意产品中的应用价值

(一)蓝印花布的审美价值

蓝印花布是我国传统的印染工艺品,用途十分广泛,经常被应用于服装、床品、包袱、头巾等生活用品上。从侧面反映了蓝印花布上具有民族特色的中国传统图案是中国古代劳动人民大众审美的浓缩,独具韵味。

蓝印花布在色彩的选择上只选用蓝色和白色两种,因此,蓝印花布通常被划分为蓝底白花和白底蓝花两种形式。在纹样的运用方面,蓝印花布取材广泛,大致可分为以下几类:①植物纹样,例如"梅兰竹菊"、"牡丹莲花"等吉祥纹样;②动物纹样,动物纹样表现起来更为复杂,最具有代表性的是寓意吉庆有余的锦鲤;③人物纹样,蓝印花布的人物纹样多源于民间流传的神话故事、戏曲人物,"八仙过海"就是其中最为常见的纹样元

素；④几何纹样，常以规律组合的三角形、波浪形构成，运用重复、对称等组合形式产生韵律之美；⑤文字纹样，多以"福、禄、寿、禧"等吉祥文字作为纹样中心，以表达美好愿望。

（二）蓝印花布的文化价值

蓝印花布背后蕴藏着深厚的文化价值，不单单指其艺术的表现形式，还有其背后代代相传的手工制作技艺。蓝印花布的制作工艺十分复杂，将事先镂刻好花纹的油纸板蒙在准备好的棉布上，刮上特制的石灰粉糊，晒干粉糊后投入靛蓝染料中进行染色，等靛蓝完全渗透后洗净棉布表面粉糊，再次晾晒即可。

蓝印花布丰富的纹样、明亮的色彩归因于传统手工艺。受油纸板手工镂刻的工艺限制，蓝印花布的纹样图案通常都是以断续的点、线元素来表现，点、线的形态决定了图案元素的单一。因此，手工艺人只能不断增加和变换点、线组合来刻画图案。但也正因如此，蓝印花布才得以与其他的艺术形式区分开来，被民众接受，流传至今。

（三）蓝印花布的情感价值

中国有借物抒情的传统，例如莲花表达了清廉高洁的品质，梅花表达了一身傲气。蓝印花布同样也通过纹样图案表达了劳动人民的情感，使蓝印花布不但拥有外在图形的形式美，也蕴含了人们对美好生活的向往，以及祈求健康平安、多子多孙、丰衣足食的美好愿望，这也是人们喜爱它的原因之一。

设计不能徒有其表，具备了美好的寓意才能形神兼备。蝴蝶纹样是蓝印花布最常见的动物纹样，在现有收藏和收集的作品中不难见到其身影。蝴蝶纹样的织物常作为婚嫁时的赠礼出现在陪嫁物品中，寄托了人们对于新人婚姻的祝福与对美好爱情的向往。蓝印花布中以蝴蝶纹为主的纹样有蝶恋花、百蝶图、寿居耄耋等，蝴蝶展翅起舞与侧飞收翅形态均有，且活灵活现，有翩翩起舞之意。以蝴蝶为辅助出现的纹样有凤凰牡丹图、四季平安、金鱼戏莲等，用以装饰画面，衬托主题。除此之外，鸳鸯双宿双栖，象征着甜蜜的爱情；牡丹是"花中之王"，自古让人喜爱，象征着富贵；莲蓬、石榴内多果实，则象征着多子多孙。中华民族历史悠久，文化内涵丰富，深深的引入了蓝印花布的纹样图案之中，寄托了人们对生活的向往和憧憬。

二、蓝印花布文化创意产品现状

蓝印花布的文化创意产品目前还相对处于较为滞后的阶段，大多是传统的蓝印花布周边产品或者旅游纪念品。目前，蓝印花布的产品主要以三种形式出现：旅游景区纪念品、博物馆周边产品以及专门的品牌专卖店。

蓝印花布作为优秀的江浙地区非物质文化遗产，经常以旅游景区纪念品的形式在江浙地区的旅游景区销售，尤其是江浙独具特色的水乡。其中，以浙江桐乡的乌镇最为著名，乌镇河岸两旁随处可见销售蓝印花布产品的摊位，多以蓝印花布为材质制成提包、雨伞、衣服为主。除此之外，乌镇还设有蓝印花布展览馆，展示蓝印花布的悠久历史和制作工艺。

蓝印花布作为非物质文化遗产，它的保护和传承问题近年来逐渐受到了人们的关注，成立蓝印花布博物馆成为一种保护和传承此手工技艺的重要途径。蓝印花布博物馆多出现在江浙一带，例如江苏南通的蓝印花布博物馆、江苏无锡的民间蓝印花布博物馆、上海的中国蓝印花布博物馆。

目前，蓝印花布专门的品牌还比较少。以浙江桐乡的丰同裕为典型，该品牌获得了"中华老字号"的称号，在江浙一带颇有影响力。但这一类品牌缺乏创新性，在产品的设计上也没有做出改良顺应新的时尚元素，仍然是最古老的蓝印花布纹样，反映的是古时劳动人民的生产画面和美好愿望，不易让现代人产生共鸣。

三、蓝印花布文化创意产品设计策略

（一）基于蓝印花布深厚的历史文化背景

蓝印花布具有深厚的文化价值，它以简单、原始的蓝白两色，创造出一个淳朴自然、绚的艺术世界,形成独特的艺术风格,深刻反映了中国传统文化的历史底蕴。

道家崇尚的"天人合一"观念深深根植在蓝印花布的制作技艺中,来自大自然的天然染料与面料,抽象古朴的纹样设计,手工制作,平淡真实,恰好遵从了道家崇尚自然、天人合一的观念,也迎合了现代人返璞归真、追求天然的需求。蓝印花布的蓝底白花与白底蓝花两色通过对比产生和谐之美,体现了中国传统文化思想的精髓。同时,蓝印花布纹样的设计通常遵循了"天圆地方"的理念,方中有圆、圆中有方的设计格局最为常见。因此,蓝印花布文化创意产品的设计虽然有创意的部分,但仍然要基于蓝印花布背后深厚的历史文化背景,基于中国千年的传统文化思想。

(二) 以现代科技为载体

如今,蓝印花布的生产主要集中在江浙一带,多以民间工坊的形式出现,最具代表性的是位于江苏南通的蓝印花布博物馆。博物馆致力于复原传统手工技艺,以民间艺人收徒培养后人手工制作的方式传承,但技艺并不能广泛传播。如今科技发展迅速,在很多环节可以用机器来取代手工制作技艺以节省制作的周期,例如可以用计算机设计蓝印花布的纹样,机器取代手工镂刻油纸板,其他环节则仍然保持手工制作,即保持了手工制作的原汁原味,又可以在一些环节上省时省力。

现在设计的主流方向是智能化,因此,在设计开发蓝印花布文化创意产品的时候有必要将智能化作为重要参考。可以从以下几个角度思考:(1)设计关于蓝印花布织物的移动设备 App,在移动客户端设计蓝印花布的相关 App,蓝印花布背后最珍贵的就是其手工制作技艺,可以此为切入点设计一款 App 展示蓝印花布的制作技艺,用交互的方式使用户体验制作蓝印花布的过程和了解其背后的文化内涵;(2)与电商合作,用户可以定制蓝印花布纹样,将自己设计的纹样上传至电商下单,足不出户即可获得独一无二的蓝印花布产品,线上线下同步销售有利于蓝印花布的推广和传承;(3)运用虚拟与现实增强技术,虚拟现实技术是一种可以创建和体验虚拟世界的计算机仿真系统，利用计算机生成一种模拟环境，是一种多源信息融合的、交互式的三维动态视景和实体行为的系统仿真使用户沉浸到该环境中。我们可以将此技术运用到蓝印花布文化创意产品设计中，让用户通过设备体验采摘蓝草、浸染蓝印花布等工艺，达到普及蓝印花布制作工艺与文化背景的目的。

（三）结合地域文化进行纹样设计

传统的蓝衣花布质地过于单一是阻碍蓝印花布成为流行的因素之一。蓝印花布以粗棉布为材料，弹性差、易起皱、受湿易霉变、光泽暗淡等缺点直接影响了外观效果。同时，单一的面料质地极大地制约了实际应用层面上的造型设计与风格。绝大部分的蓝印花布在纹样的表现和内容上如同民间花纸、窗花一样，多选用传统民间吉祥图案为主，这对于生活在都市的现代人来说虽然能从内容上、形式上感觉到一丝新奇，但却不能充分满足现代人对纹样的各种要求，其局限也是显而易见的。蓝印花布作为纺织品虽在江浙地区广为流传，但进一步的流传和发展仍然需要努力在全国乃至全球范围让大众接受和熟知。蓝印花布文化创意产品的设计应与地域化的文化结合，根据丰富的地域文化而延展不同造型、不同功能的特色产品。美国著名连锁咖啡品牌星巴克销售咖啡的同时也在销售自己设计的咖啡杯，并且销量惊人，这与星巴克与地域特色相结合是分不开的，例如每年日本樱花盛开的季节星巴克会推出樱花系列水杯，星巴克还会根据每个城市的地标建筑推出城市杯供该城市的消费者选择。

蓝印花布作为中华文化的强大载体，具有无限的设计潜力与空间。在设计蓝印花布文化创意产品时可融入其他城市元素，以城市地标为纹样元素设计，或者在当地特色文化产品上融入蓝印花布的元素，以丰富目前文化创意产品的种类。蓝印花布在文化创意产品设计策略上首先以品牌建设促企业发展；其次，突出蓝印花布产品生态环保的特征，以实用型、生活化是未来蓝印花布文创产品的发展方向；最后，蓝印花布一些设计产品上需要适度包装，应跳出"蓝印"的框框。

蓝印花布是我国传统的印染工艺品，是中华民族的文化瑰宝与精神财富，要将蓝印花布与文化创意产品融合，不仅要研究蓝印花布的艺术特征，而且要领会蓝印花布纹样所蕴含的文化内涵，在传承的基础上创新。除此之外，还要充分考虑市场经济的因素，运用现代设计的思维和特点将传统手工艺与时尚元素、科学技术相结合，为蓝印花布的发展寻找一条现代设计开发的道路，帮助蓝印花布更好地发展下去。

第五节 茶文化创意产品设计在数字平台上应用

经济的高速发展，推动了国民性普及度较高的茶叶消费。茶叶产品的发展除在自身茶种的工艺手法上多有不同外，其余茶叶周边创新产品较少。面对巨大的茶叶创新产品市场，以海南高校文创艺术设计活动案例为基点，本节论述了茶文化创意产品设计在数字平台上应用的可行性及对策。

一、茶产品设计数字平台可行性分析

（一）推动周边产品多元发展

茶文化创意产品的数字平台十分可行，有了平台的支撑，便能推动茶文化周边的各种创意产品。在平台上，人们的信息共享、透明，像茶经、茶书、茶联等小众的、无法厂家大规模生产的茶元素，都可在平台上售卖，甚至还可以定做。茶商与设计师及顾客三方直接联系，省去了物流成本和门店成本，以及先买后做、先沟通后开发的模式，也有助于茶文化产品的良性发展。数字化平台上，人人都可以发表自己对茶产品的需求见解，茶商还可就新出产品进行投票，这样创意产品开发不脱离群众，避免了创意开发误区。数字化平台的建立有强大的信息处理功能，方便线上交流可以促进茶周边产品的多元发展，线上还可开设茶艺、茶道讲解课程，在建立

了又一新线上周边产品的同时,促进了茶文化的传播。

(二) 提高茶叶创意征集渠道

数字平台的建设,可以提高茶叶创意产品征集渠道。在以往的茶叶创意产品设计中,都是设计师动脑,自己完成设计,这不仅对设计师是个巨大的任务量,也是对茶产品思维想象的限制。单独一人的想法当然抵不过平台上群众的共同想法。在数字化平台上共享茶叶信息,征集茶叶产品创意设计,群众可以根据自己的喜好或者想法提出天马行空的茶产品创意,经过平台群众投票认可、茶商取用后,再去交由设计师设计。这样不仅可以扩大茶创意产品的受众面,吸取各方的创意精华,还方便了设计师的工作。并且,由群众票选征集出的茶创意产品,必将回归于群众,可解决以往茶创意产品不被群众认可、销售不出的情况。艺术创意来源于生活,最终回归群众生活,因此产品既要有创意,又要贴合实际,符合人民大众的审美及使用意义。

(三) 完善茶文化产业链体系

必须在数字平台上设置茶文化创意产品的一系列产业链体系,才能真正地促进茶产品市场的发展。茶文化产业链体系包括创意提出、产品开发、销售渠道、售后服务等等一系列完整的组织结构。这一系列产业体系都在数字平台上得以开发建立,既方便了茶农茶商及消费者三方群体,还便于茶产品的创意研发及管理。茶产品的创意研发必须是积极向上的,不能是猎奇的、为吸引眼球降低下限的。因此,完善茶文化产业链体系,有助于促进茶创意产品产业良性发展。

二、茶产品设计数字平台发展对策

(一) 培养茶文化产品设计人才

基于海南省高等学校关于高校文创产品艺术设计人才培养的案例,对于茶文化创意产品的数字平台运用,也急需培养其相关人才。一方面,培养茶产品创意设计人才。主要用于茶产品的创意研发、功能测试及后期修复等等。茶产品设计人才不仅要对茶制作有了解,也要对茶文化下的精神元素例如茶道茶德等有深刻的学习;另一方面,培养互联网数字平台设计人才。在茶创意产品蒸蒸日上的同时,数字平台的更新及设计也要跟上茶产品设计的发展。两者相辅相成,互相促进。只有双向发展人才,才能使茶产品数字平台跟得上大众的软件更换率。

(二)开发茶文化周边隐性产品

茶创意产品中,茶艺、茶具、茶器都是茶产品中运用最广的显性元素。除此之外,应该在数字平台上大力开发茶隐性产品元素。对于茶叶尚未被开发成产品的区域来讲,开发周边隐性产品是最大限度的发展茶创意产品的平台,不仅促进了茶叶市场的发展,还能使茶叶文化完成一次跨时代的复兴传播。隐性产品除能作为物质来拿的茶书、茶对联和制茶工具等,还可以开发精神类茶产品。例如以茶为纲进行企业管理的体系核心;例如茶道精神的学习、茶德的培养、茶习俗的学习、茶歌的声乐方式及茶戏的伴奏学习等等,任何茶元素都可以在这个互联网数字时代得到最大限度的发展利用。这些茶精神文化元素吸引人们对茶文化的兴趣,在销售产品的同时,提高了茶文化工作者的积极性,传播普及了茶文化。

(三)建造人工智能茶数字平台

人工智能是现今互联网数字化的进一步发展,也是现如今科技发展的最高体现。人工智能能够模拟人类语言系统和思维脉络,这就说明了它也可以模仿人的创意系统并给出机器自己的思维创意。人工智能数字平台是数字平台的进一步发展,它可以最大限度地使茶创意产品进行发挥、整合,并不需人工,自动根据用户需求推荐需要的产品。人工智能代替了人脑进行创意设计,并在数字平台上进行自动统筹规划、编码运行。根据用户注册时的喜好及网页点击量,人工智能可自动推送不同用户最感兴趣的创意产品,便于用户查找及产品推广。大大提高了数字平台的使用及茶文化创意产品的发展,反之人工智能数字平台也是茶文化的最高创意产品。在人工智能的时代里，茶文化创意产品将会得到前所未有的发展。

　　茶文化创意产品设计在数字平台上的应用，可促进茶产品自身创意研发；且数字平台上茶文化产品产业链的完善，也将推动茶产品市场进行大幅革新。综上所述，茶文化创意产品设计在数字平台应用具有可行性。

参 考 文 献

[1] 张紫馨.博物馆文创实践——首博文创开发与思考[M].首都博物馆，编.首都博物馆论丛，北京：北京燕山出版社，2013.

[2] 吴翔.产品系统设计：产品设计（2）[M].北京：中国轻工业出版社，2000.

[3] 财政部教科文司编.深入贯彻科学发展观开创财政教科文工作新局面［M］.北京：中国财政经济出版社.2006.

[4] 倪镔.智设计·活文化[M].北京：清华大学出版社，2015.

[5] 张子康，罗怡，李海若.文化造成：当代博物馆与文化创意产业及城市发展[M].桂林：广西师大出版社，2011.

[6] 国家文物局博物馆与社会文物司.新形势下博物馆工作实践与思考[M].北京：文物出版社，2010.

[7] 张尧.基于博物馆资源的文化创意产品开发设计研究[D].苏州：苏州大学，2015.

[8] 许彬欣.台湾文化创意产品发展思辨[D].北京：北京理工大学，2005.[9] 马琳.博物馆艺术衍生品开发研究[D].南京：南京艺术学院，2013.

[10] 韩爱霞.我国博物馆旅游创新开发模式研究[D].济南：山东师范大学，2009.

[11] 江天若.博物馆文化创意产品开发研究——以台北故宫博物院和苏

州博物馆为例 [D]. 陕西：陕西科技大学，2016.

[12] 程辉. 基于产品视角的旅游文化创意产品设计探析 [D]. 杭州：浙江理工大学，2015.

[13] 高璐瑜. 浅析品牌价值升与降——品牌设计中的艺术性 [D]. 北京：中央美术学院，2014.

[14] 阴鑫. 中国博物馆文化创意产品开发研究——以北京故宫博物院为例 [D]. 开封：河南大学，2016.

[15] 包富华，王志艳，程学宁. 旅游纪念品消费特征及其满意度分析 [J]. 河南科学，2017，35（03）：494-500.

[16] 杨咏，王子朝. 浅析非遗博物馆文化创意产品的开发策略 [J]. 艺术与设计（理论），2018，2（03）：93-95.

[17] 周坤. 浅谈博物馆文化创意产品开发设计发展思路 [J]. 教育观察，2017，3（10）：123-125.

[18] 陈康. 浅谈自然科学类博物馆文化创意产品开发策略 [J]. 自然科学博物馆研究，2017，3（12）：66-67.

[19] 金青梅，张鑫. 博物馆文化创意产品开发研究 [J]. 西安建筑科技大学学报（社会科学版）2016，35（06）：42-46.

[20] 邱玲菁，朱丽梅，颜丹，吴晓英. 博物馆文化创意产业的发展现状和对策——以江西省博物馆为例 [J]. 遗产与保护研究，2018，3（10）：112-116.

[21] 单士鹍. 博物馆与文化创意产业——以淮安市博物馆为例，浅析博物馆文化创意产业现状 [J]. 艺术科技，2013，26（4）：61-61.

[22] 蔺晓，王敏. 博物馆与文化创意产业开发——以新疆维吾尔自治区博物馆衍生品开发为例 [J]. 新疆艺术（汉文），2018，144（05）：110-114.

[23] 郝畅. 博物馆文化创意产业的现状分析 [J]. 北京印刷学院学报，2018，26（01）：125-128.

[24] 张春. 新媒介环境下的博物馆文创研究——以台北故宫博物院为例[D]. 兰州：兰州大学，2016.

[25] 曹玉茁. 博物馆文化创意产品的新媒体营销推广——以故宫淘宝为例[J]. 新媒体研究，2018，4（09）：54-55.

[26] 穆筱蝶."互联网+"背景下博物馆文创开发策略研究——以北京故宫博物院为例[J]. 新闻研究导刊，2017，8（21）：251-252.

[27] 黄美. 博物馆文化创意产品的开发与创新设计研究[J]. 艺术科技，2017，30（9）：